VROUWEN IN DE EGYPTISCHE OUDHEID

Peter H. Schulze

Vrouwen in de Egyptische oudheid

Uitgeverij BZZTôH
's-Gravenhage, 1993

Bij gebrek aan eensluidende richtlijnen voor de transcriptie van Egyptische geografische namen en namen van goden en historische personen, is zoveel mogelijk de spelling van de oorspronkelijke Duitse editie aangehouden.

Vertaling: Ivo Kievenaar
Foto omslag: Rijksmuseum van Oudheden, Leiden
Ontwerp omslag: Tokkio Synd.
Zetwerk: No lo sé prod.
Druk- en bindwerk: WSOY, Finland

ISBN 90 6291 352 0

CIP-GEGEVENS KONINKLIJKE BIBLIOTHEEK, DEN HAAG

Schulze, Peter H.

Vrouwen in de Egyptische oudheid / Peter H. Schulze ; [vert. uit het Duits door Ivo Kievenaar]. - 's-Gravenhage : BZZTôH
Vert. van: Frauen im Alten Ägypten. - Lübbe.
ISBN 90-6291-352-0
SISO 922.1 UDC 3-055.2(032) NUGI 641
Trefw.: vrouwen ; geschiedenis ; Egyptische oudheid.

Inhoud

INLEIDING 9

Herodotus verbaast zich over de verhouding tussen man en vrouw in Egypte

1. DE GROTE ZIELSVREUGDE 13

Vrouwen maken liefdesliederen – beschrijvingsliederen en deurklaagzangen, morgenliederen en het 'ziek zijn van liefde' hebben een voorbeeldfunctie voor millennia – de vogeljacht als symbool voor de liefde – erotische spanning – bomen spreken tegen hen die liefhebben – Egyptische poëzie: metriek, stijlmiddelen en artificiële vorm – liefdesgedicht uit de piramidentijd – gelijkwaardige partner in liefde en leven – tederheid als basisgevoel – hymnen voor de godin van de liefde – de farao zingt en danst – het hof als voorbeeld – schoonheidsideaal: slank en sierlijk

2. VERBLIJD HAAR HART, ZOLANG JE LEEFT! 43

Huwelijk zonder kerk of burgerlijke stand, maar met contract – vrije partnerkeuze – maagdelijkheid geen waarde op zich – erotiek geen taboe – ingehouden realisme – liefde: weg naar wedergeboorte – gelijke rechten bij huwelijk en echtscheiding – bezits- en beschikkingsrecht van de vrouw – wijsheidslessen voor een ordentelijk leven – liefdesbrieven aan gestorvenen

3. DRAAG HAAR, ZOALS ZIJ JOU DROEG 65

De moeder wordt geprezen – beslissingen over opvoeding – zwanger worden en voorbehoedmiddelen – bescherming van de zwangeren – geboorte – godinnen als vroedvrouw – een soort gynaecologie – magie, zoals ook nu nog – ook goden worden geboren en sterven – de namen van beide ouders – de rol van de moeder bij het dodengericht – periode van borstvoeding en de kraamvrouw – kinderen van boeren – testament van een arbeidersvrouw

4. LEIDSTER VAN DE VROUWELIJKE ARTSEN 83

Vrouwen als schrijfsters – Seschat, beschermvrouw van de schrijfkunst – taalonderwijs ook voor prinsessen en hun vriendinnen – vrouwelijke farao geeft schriftelijke bevelen – vrouwelijke bestuurders in alle rangen – vrouwelijke arts en balsempriesteres – vrouwelijke vorsten, viziers en drosten – haremdame of hofdame? – beroep voor vrouwen als mogelijkheid, niet als regel – 'de Meesteres van het huis' is de baas – deeltijdarbeid – zelfbewuste boerinnen – muzikantes en danseressen – slavin wordt geadopteerd – gelijk loon voor gelijke arbeid – dodenpriesteres als belangrijkste erfgenaam – vrouwelijke rechter

5. ZIJ DIE GODEN VOORTBRACHT 107

Godinnen als Schepsters – meervoudigheid van het goddelijke – androgyne goden – koningsgodinnen – duistere krachten – vrouwen in de cultus – priesteressen in alle rangen – overerving van het priesterambt ook aan vrouwen – opperpriesteressen voor piramiden – koningin als piramidemoeder – de rol van vrouwen in het geloof in een leven na de dood – koningin als Hathor – vrouwen kalmeren de farao – godsgemalin versterkt de schepping – geen tempelprostitutie – koningin richt priesteressencollege op – Hatschepsuts 'Rode Kapel' – godsgemalin ontdoet zich van de vijanden van mensen en goden

6. MOOIER DAN ALLES 131

De bijzondere rol van vrouwen aan het hof – de koning als god en mens – 'Grote Koningsgemalin' beheert het paleis en de 'harem' – waarheid en werkelijkheid – voorkeur voor huwelijkssluiting binnen de koninklijke familie – erfbemiddeling voor koningen (en dynastieën) door vrouwen? – huwelijk met zus of dochter – ook burgerlijke koningsmoeder – koninginnen in de buitenlandse politiek – koningsmoeders als succesvolle regentessen – verwekking en geboorte van het godskind – invloed op de bijbel – haremcomplotten – moord op de koning – processtukken van hoogverraad

7. HEERSERES OVER BEIDE LANDEN 161

Vijf regerende vrouwelijke farao's – reeds in de Vroege Tijd: regentes en vrouwelijke farao – Nitokris aan het einde van 6de dynastie – Sebeknofru regeert vier jaar – de belangrijkste: Hatschepsut – kroning door Amun-orakel – erfdochter van Thutmosis I – natuurlijke dood – problemen rond mummie – willekeurige uitwisseling en vernietiging van namen en figuren – de rol van haar stiefzoon – mannelijke vooroordelen – na Echnatons reformatie: vrouwen in goddelijke rollen – geen idylle in de 'heilige familie' – Nofretete als godin van de vernietiging (van het kwade) – bijvrouw Kijê wordt koningin – Nofretete verdwijnt – complot van de koningsdochters – mislukte staatsgreep Kijê – Merit-Aton wordt farao – Tausret heerst drie jaar na moord op haar zoon – geen matriarchaat in Egypte ondanks vrouwelijke farao's – 'Dynastie der maagden' beheerst Boven-Egypte – schootdiertje bezorgt Makarê slechte reputatie – 250 jaar vrouwelijke bestuurders in plaats van farao – opvolging door adoptie – lange regeerperiodes – 'Hogepriesteres van Amun' – groot hof in oude residentiestad – graf in tempelhof

8. GELIJKWAARDIGE PARTNERS 205

Moederrecht of matriarchaat? – matrilineaire overerving? – Afrikaanse erfenis – vrije beschikking over zichzelf, het bezit en de overerving – fases in de Egyptologie – er zijn grenzen aan gelijkschakeling – het Egyptische tweevoudige denken – de verwerkelijking in religie en in het dagelijkse leven

NOTEN 215

LITERATUURLIJST 219

CHRONOLOGISCHE TABEL 233

REGISTER 243

BRONNEN EN FOTO'S 255

INLEIDING

'Bijna alle zeden en gebruiken van de Egyptenaren staan diametraal tegenover die van andere mensen,' merkte de Griekse historicus Herodotus vol verbazing op, toen hij vijfhonderd jaar voor Chr. Egypte bezocht. 'Bij hen staan de vrouwen op de markt om te handelen en zitten de mannen thuis achter het weefgetouw...'

Net zoals een toerist vandaag de dag op een buitenlandse markt voor het eerst echt met het hem onbekende openbare leven kennis maakt, ziet Herodotus juist op die plek, waar hij ook kijkt, alleen maar vrouwen - heel wat anders dan hij in Athene gewend is, waar immers mannelijke arbeiders en boeren hun spullen aanprijzen en de heer des huizes de inkopen doet, terwijl een fatsoenlijke vrouw het huis niet verlaat. Zo komen misverstanden in de wereld, aangezien wij als toeristen net zoals Herodotus alleen van de ons bekende verhoudingen uit kunnen gaan. Omdat in Griekenland de vrouwen thuis achter het weefgetouw zitten, moesten de Egyptische mannen, die je op de markt nauwelijks tegenkomt, wel thuis achter het weefgetouw zitten.

De verbazing bij Herodotus is begrijpelijk en maakt zich ook van ons meester, al beperken we ons tot dit simpele voorbeeld. Dit toont ons namelijk niet alleen Egyptische vrouwen in het openbaar; ze oefenen ook een beroep uit en talrijke geschriften vormen een bewijs van het feit dat ze zelf de winst behielden, en daarover, net zoals over hun eigen vermogen, vrijelijk konden beschikken en dit niet, zoals vrouwen in Rome en Athene, aan hun vader, man of zoon af moesten staan. Een baan als zakenvrouw, op de markt of in een groter verband, was één ding maar er waren veel belangrijkere functies die voor Egyptische vrouwen openstonden en die in dit boek naar voren zullen komen. Van medisch directrice ('leidster der artsen' heette dat in Egypte) tot hoge ambtenaar, van priesteres tot drost aan het hof, bij al deze beroepen hebben we naam en toenaam. Zakenvrouwen, vroedvrouwen en dienstmeisjes werden gerespecteerd en kregen hetzelfde loon als mannen die gelijksoortige arbeid verrichtten!

Als het om loon of eigendom ging, kon de Egyptische vrouw zelfstandig een aanklacht indienen - en aan de andere zijde van het gerecht, bijvoorbeeld als schepen kon een vrouw zich ook verdienstelijk maken. Ons enthousiasme en onze verbazing over de hoge positie van de vrouwen aan de Nijl kunnen ons gemakkelijk te ver voeren en bij ons het idee wekken dat het Oude Egypte met een moderne geïndustrialiseerde samenleving te vergelijken zou zijn, waarin vrouwen op bijna alle gebieden werkzaam zijn. Maar het zijn nu juist die beroepsmogelijkheden en beroepskansen, waarin de Egyptische vrouw zich van haar zuster in de Antieke Wereld onderscheidt.
De meeste Egyptische vrouwen waren getrouwd; maar ook thuis gingen ze niet, zoals bij de Romeinen, gebukt onder het geweld van de 'pater familias', het hoofd van het gezin, maar waren ze 'de vrouw des huizes'. En wanneer zo'n vrouw des huizes het wilde, trok haar man - en die was in specifieke situaties gewend de bevelen te geven - zelfs de opzegging van een pachttermijn weer in.
En zo komen we terecht bij een centraal punt van het Egyptische denken en daarmee ook van dit boek: de man-vrouwverhouding werd heel anders bezien dan in veel andere culturen. De relatie tussen twee mensen is gebaseerd op wederzijdse aanvulling en niet op een tegenstelling.
Dit samengaan heeft de eerste liefdesliederen van de mensheid opgeleverd, die ons qua vorm en inhoud, in hun fijne schildering van vreugde en pijn in de liefde en zowel in hun onthutsend realisme als in hun verbloemende poëzie (met morgenzangen, deurklaagzangen), tot op heden versteld doen staan; bovendien hebben ze voor dichters van ontelbare volken en generaties als voorbeeld gediend. En toch hierin vindt men iets specifiek Egyptisch: net zo goed als de jongeling spreekt het meisje haar gevoelens uit en maakt haar wensen duidelijk. Op deze basis zijn ook echt huwelijken uit liefde mogelijk en het gezin is voor zowel man als vrouw het belangrijkste in het bestaan. Dat de moeder een voorname rol speelde, ook na haar dood, in de 'andere' wereld, kunnen we in veel graven zien.
Binnen het koningshuis was het niet anders. Het wederzijds respect werd hier nog door religieuze zienswijzen versterkt. Aangezien de koning als verschijningsvorm van God de schep-

ping belichaamde en deze dagelijks veilig moest stellen en voort moest zetten, was een vrouwelijke vervollediging noodzakelijk. Het hoofdstuk over goden en godinnen zal ons duidelijk maken dat de Schepper voor de Egyptenaar twee geslachten incorporeerde, aan elkaar gelijk, soms als godin voorgesteld, zoals Hathor en Neith, soms als god, zoals Atum en Ptah.

Op zulke diepe fundamenten berust de hoge positie van koninklijke vrouwen in mythen en sagen en door de verstrengeldheid van godsdienst en dagelijks leven ook in de familie en bij officiële gelegenheden, in het openbaar en niet in de laatste plaats in de politiek. Heel wat moeders van koningen waren bekwame regentessen voor hun onmondige zonen. Zelfs de volledige overname van de heerschappij door een vrouwelijke farao was voor de Egyptenaar niets ondenkbaars. Behalve de bekendste en belangrijkste onder hen, de aan iedere bezoeker van Egypte door haar terrassentempel bekende Hatschepsut, hebben er nog heel wat meer vrouwen op de Egyptische troon gezeten met bijbehorende titels en macht.

Maar bijna niemand weet iets van de ‘Dynastie der maagden’, heerseressen, die eeuwenlang Boven-Egypte bestuurden en die door adoptie aan de macht kwamen. Deze ‘Godsgemalinnen van Amun’ hadden een grote hofhouding en waren zo machtig dat ze uiteindelijk de hogepriester van Amun afzetten en dit ambt overnamen.

Wat betekent dit alles in een tijd waarin sprake was van Germanen noch Trojaanse helden? In een cultuur, die na drieduizend jaar tot stilstand kwam, versteend, onbeweeglijk en slechts door mannen beheerst scheen? En dat in een omgeving, waar vrouwen op maatschappelijk of cultureel vlak verder nergens een rol speelden? Met deze vragen zullen we ons ook moeten bezighouden, willen we begrijpen of, hoe en waarom de vrouwen aan de Nijl een bijzondere positie innamen, en we zullen ons helaas vaak moeten behelpen met termen als matriarchaat, moederrecht, gelijkstelling en emancipatie. Of is hier toch gewoon sprake van een patriarchale samenleving, die alleen maar van een vrouwvriendelijk vernisje is voorzien?

We zullen zien dat al deze begrippen niet geschikt zijn om de Egyptische werkelijkheid afdoende weer te geven. We willen ook veel liever proberen de wezenlijke wortels van bijvoorbeeld de verhouding tussen man en vrouw binnen het Egyptische denken te zoeken, een zoektocht, die ons ongetwijfeld ook de nodige helderheid over ons eigen bestaan zal opleveren.

1. DE GROTE ZIELSVREUGDE

Het meisje spreekt:

Mijn hart klopt snel,
zodra ik aan mijn liefde voor jou denk.
Het brengt me van slag
en trilt op zijn plaats.

Het laat mij zelfs geen jurk aantrekken.
Noch pak ik mijn waaier op.
Noch maak ik mijn ogen op.
Noch besprenkel ik me met geurtjes.

'Sta er niet bij stil! Je bereikt het doel!'
zegt het mij, steeds als ik aan hem denk.
Mijn hart, bezorg me geen leed!
Waarom gedraag je je zo dwaas?

Wacht rustig af! De geliefde richt zich naar jou,
zo ook trouwens de blikken van velen.
Laat de mensen niet over mij zeggen:
'Die vrouw is verliefd geworden!'

Blijf rustig, als je aan hem denkt,
mijn hart, en probeer niet op te springen!

Alle verwarring die de liefde veroorzaakt, al het leed dat het verlangen naar de geliefde meebrengt, wordt in dit lied, dat meer dan drieduizend jaar geleden in Egypte bedacht en opgeschreven is, door een vrouw bezongen[1]. Ja, het is zeer waarschijnlijk dat deze woorden niet door een mannelijke dichter in de mond van een vrouw zijn gelegd, maar dat dit gedicht, evenals de andere uit deze cyclus, inderdaad door een vrouw geschreven is.[2] Juist in deze verzameling hebben de liederen van het meisje in vergelijking met die van de geliefde een bijzonder warme, persoonlijke en directe toon, die zelfs in vertaling en bewerking nog te bespeuren is, zoals in de volgende strofen:

2

Het meisje spreekt:

De geliefde verleidt mijn hart met zijn stem
en laat me er ziek van worden.
Hij is een buurman van mijn moeder
en toch weet ik niet hoe ik hem moet benaderen.
Geschikt zou in mijn geval misschien mijn moeder zijn.
Ach, mocht ik haar zien!

Zie, mijn hart is niet bereid aan hem te denken,
en toch word ik door liefde voor hem gegrepen.
Zie, hij is degene, die dwaas is.
Maar ik ben net als hij.

Hij kent mijn wens niet hem te omhelzen,
en dat hij mijn moeder om mijn hand vraagt.
Geliefde, ach was ik je maar aanbevolen
door de Goudene, de godin der vrouwen.

Kom naar mij toe, zodat ik je schoonheid zie,
en vader en moeder zich verheugen,
en alle mensen jou samen toejuichen,
dat ze jou toejuichen, geliefde!

'De Goudene' of 'Het Grote Goud' is een bijnaam van Hathor, de godin van de liefde, de muziek en de roes (tegelijkertijd ook van de dood!). Laten we nu ook eens de geliefde aan het woord laten. Zijn lied vormt voor de vertaler een van de weinige mogelijkheden de stilistische kunstgreep na te doen, waarmee de dichteres van deze liederen haar gedichten verbonden heeft: alle zeven liederen beginnen en eindigen met een van de getallen één tot en met zeven of een in de Oudegyptische taal precies gelijkklinkend woord.

3

Hij die liefheeft spreekt:

Die ene, geliefde, die haar gelijke niet kent,
mooier dan wat ook ter wereld.
Zie, ze is als een stralende nieuwjaarsster
aan het begin van een mooi jaar.

Dat voorbeeld van deugd, die schitterende huid,
met ogen, die helder kijken,
met lippen, die zoet spreken.
Ze heeft geen woord te veel.

Met slanke hals en schitterende boezem
heeft ze lapis lazuli in het haar.
Haar armen zijn mooier dan goud,
haar vingers zijn als lotuskelken.

Naast zware lendenen en smalle heupen,
strijden haar enkels om wie het mooist is,
haar edele tred, waarmee ze over de aarde stapt,
ze steelt mijn hart met haar groet.

Ze laat de hoofden van alle mannen
zich omdraaien, om haar aan te zien.
Een ieder die ze groet, voelt zich gelukkig.
Hij voelt zich als de belangrijkste jongeling.

Wanneer ze het huis uit treedt, is het
alsof je kijkt naar die enige, die ene.

Voor de eerste maal hebben we hier, als eerbetoon van hem die liefheeft, met een 'beschrijvingslied' te maken. We kennen deze bloemrijke vergelijkingen van ieder lichaamsdeel met iets fraais uit het 'Hooglied van Salomon' alsook uit het werk van Griekse en Romeinse dichters en later uit de minnezang en de moderne poëzie. Voor een juist begrip van dit Egyptische 'beschrij- vingslied' is het nodig te weten dat de Egyptenaren in de heldere Sirius, die op Egyptisch nieuwjaar weer voor de eerste maal aan de ochtendhemel verschijnt, de godin Sothis zien, die voor de gewenste overstroming van de Nijl zorgt.
Nu is het weer de beurt aan het meisje om iets te zeggen - de aanduidingen 'hij die liefheeft spreekt' en 'het meisje spreekt' zijn voor een grotere duidelijkheid aan de vertaling toegevoegd. In het Egyptisch komt dit niet voor, wat ook overbodig zou zijn, aangezien het in de Egyptische taal aan alle uitgangen te zien is of het een man of een vrouw is, die iets schrijft of zegt.

4

Het meisje spreekt:

Ik ging op korte afstand aan zijn huis voorbij
en trof de deur open.
De geliefde stond daar naast zijn moeder.
Al zijn broers en zussen waren bij hem.

Het hart van een ieder, die voorbijkwam,
werd door liefde voor hem gegrepen,
deze voortreffelijke, unieke jongeling,
deze uitmuntende geliefde.

Hij keek naar mij, toen ik voorbijkwam,
en ik juichte in mijzelf,
gelukkig van hart, gerust,
geliefde, toen ik (het) zag.

O, kende zijn moeder mijn gemoed maar,
en had ze het maar snel door!
Jij Goudene, breng haar op de hoogte,
dan haast ik me naar mijn geliefde.

5

Hij die liefheeft spreekt:

Zeven dagen zag ik de geliefde niet.
Ziekte overviel mij.
Mijn hart wordt zwaar.
Ik ben mezelf vergeten.

Wanneer er artsen bij mij komen,
ben ik met hun middelen niet tevreden.
Voor de bezweerders is er geen uitkomst.
Mijn ziekte wordt niet ingezien.

Als men mij zegt: ‘Kijk, daar is ze,’ fleur ik op.
Haar naam geeft me een gelukzalig gevoel.
Het komen en gaan van haar bedienden
is dat, wat mijn hart in leven houdt.

Voor mij is de geliefde beter dan alle middelen,
ze is meer dan het receptenboek.
Haar binnenkomst van buiten is mijn amulet.
Als ik haar zie, zal ik beter worden.

Wanneer ze haar ogen opent, wordt mijn lichaam jong.
Wanneer ze spreekt, sterk ik aan.
Wanneer ik haar omhels, verjaagt ze mijn ellende.
Ze liet me zeven dagen geleden alleen.

Het thema van de liefdessmart, van het letterlijk ziek zijn van liefde, is er een, dat we over de hele wereld in allerlei liefdesliederen weer terugvinden - in het meisjesgedicht nr. 2 weerklonk het ook al. Bovenstaand 'zevengedicht' vormt het slotstuk van een verzameling liefdesliederen, die samen met andere, totaal van elkaar verschillende literaire teksten op een papyrusrol staan, die met grote waarschijnlijkheid in de regeringstijd van farao Ramses V (omstreeks 1156-1152 v.Chr.)[3] tot stand is gekomen en die geheel volgens de schematische manier waarop de Egyptologie werkt naar de eerste bezitter 'Papyrus Chester Beatty I' genoemd is. In zeer zorgvuldig hiëratisch, de geschreven taal van Egypte in die tijd, luidt de titel van dit handschrift 'Liederen van de Grote Zielsvreugde'. Wellicht heeft deze titel meerdere betekenissen, wat gezien de Egyptische voorliefde voor woordspelletjes niet vreemd is: hij kan slaan op de inhoud van de gedichten, op de liefde dus, alsook op de naam van de dichteres 'Grote Zielsvreugde'. Namen waarin het woord 'hart' of 'ziel' voorkomt, waren in Egypte erg geliefd. Zo heette een koningsgemalin uit de 1ste dynastie, 3000 v.Chr., 'Bener-Ib' 'Lieftallig Hart' en haar dochter 'Ima-Ib' 'Vriendelijk Hart'.[4] Een bijzondere aanduiding voor een vrouwennaam, zoals dat in het Egyptisch vaak maar niet altijd het gebruik is, ontbreekt hier echter.[5] Toch kunnen we hier de eerste ons overgeleverde naam van een dichteres in de cultuurgeschiedenis van de mensheid begroeten.

De omvangrijkste en tot op dit moment oudste verzameling liefdesliederen is de 'Papyrus Harris 500', die waarschijnlijk in de tijd van Sethos I (omstreeks 1303-1290 v.Chr.) of in de decennia daarvoor na Echnatons heerschappij geschreven is.[6] Deze bevat naast andere geschriften - die jammer genoeg tijdens hun vondst en verwerking erg beschadigd zijn - gedeelten van drie verzamelingen liefdesliederen. Een van deze liederenreeksen, waarvan het origineel beschadigd is, is in een eerste vertaling onder de titel 'De macht van de liefde' aan de wereld prijsgegeven. Ze wijken qua sfeer en geografische situatie geheel van 'De Grote Zielsvreugde' af. Ze spelen zich op de Nijl of aan haar oevers af, zijn (in onze ogen) veel sterker religieus bepaald en regelmatig wordt van de oude residentiestad Memphis gewag gemaakt, die na Toetanchamon en zijn vroege vertrek uit Echnatons Tell-el-Amarna weer hoofdstad was geworden. Hier vlakbij lag het zeer oude heiligdom van de Scheppergod Atum-Rê in On, dat de Grieken omdoopten in Heliopolis - en onder die naam is het tot op de dag van vandaag een voorstad van Kaïro, de stad die het oude Memphis als hoofdstad is opgevolgd. Laten we eens kijken naar de specifieke sfeer van deze liederen:

6

Hij die liefheeft spreekt:

Ik ga stroomafwaarts met mijn boot,
een bos riet op mijn arm.
Ik wil naar Memphis en Ptah, de heer van de waarheid
zeggen:
'Geef me mijn geliefde vannacht!'

De rivier is mijn wijn.
Ptah is zijn rieten dak, de 'Machtige' zijn bladeren,
hun voorbodes zijn knoppen.
De lotusgod is zijn bloesem.

De Goudene verheugt zich,
onder haar schoonheid wordt de aarde helder.
Memphis is een schaal met liefdesappels,
die hun 'die mooi van gezicht zijn' wordt voorgezet.

Ptah, de oude handarbeider en Scheppergod, zijn echtgenote Sakhmet 'de Machtige', de leeuwenkoppige godin van de oorlog en tegelijk van de geneeskunst en hun zoon Nefertem, die als jonge zonnegod bij zijn schepping uit een lotusbloesem ontsproot, vormen de goddelijke drieëenheid van Memphis. Granaatappels, die Hathor, 'de Goudene', aan Ptah geeft, om hem wat de minnaar betreft gunstig te stemmen, zijn voor de Egyptenaren liefdesvruchten. Dezelfde sfeer treffen we in het lied van het meisje aan:

7

Het meisje spreekt:

Ik voer het 'kanaal van de heerser' af
en draaide het 'kanaal van Rê' op
met de wens het tentenkamp te bereiken
ter hoogte van de lagunemonding.

En toen ik daar heenging, met de grootste spoed,
was mijn hart bij de zonnegod,
opdat ik het binnentreden van de geliefde mocht zien,
die naar het huis van de verhevene wil.

Ik stond met jou aan de monding van de lagune.
Jij nam mijn hart mee naar Rê's 'pijlerstad',
en ik ontsnapte met jou tussen de bomen,
die bij het huis van de verhevene behoren.

Ik plukte van de bomen bij het huis van de verhevene
een twijg als mijn waaier
en keek wat hij deed,
mijn gezicht op de boomgaard gericht.

Mijn armen waren vol twijgen,
mijn haar was zwaar van de balsem.
Ik voelde me als de Heerseres van Beide Landen,
en was (met jou, liefste).

Die 'pijlerstad' heette On - Heliopolis naar de imposante granietpijler, die daar als oerbeeld van de Scheppergod vereerd werd. De 'heilige boom' is opnieuw een zinspeling op de aanwezigheid van Hathor, die in een van haar gedaantes als boomgodin (zij onder haar sycomoor) wordt voorgesteld. De 'Heerseres van Beide Landen' zou een zinspeling kunnen zijn op de farao Hatschepsut, van wie dit een van de lievelingstitels was[7], en tegelijkertijd een aanwijzing voor hoe oud de oorspronkelijke tekst van dit lied wel niet is.

Van de tweede gedichtenverzameling van dezelfde papyrus(rol) is gelukkig het Oudegyptische opschrift bewaard gebleven: 'Begin van de mooie, blijmakende liederen voor je geliefde, die jou bemint, als ze van het land af komt'.

8

Het meisje spreekt:

Mijn liefste, die ik bemin,
ik maak me ongerust over jouw liefde.
Voor jou is alles geregeld.
Ik zeg je: 'Zie, wat gebeurd is!'

Ik ben vogels gaan vangen,
in de ene hand mijn val,
in de andere mijn vangnet
en mijn werphout.

Allerlei vogels uit Punt streken neer
op Egypte, met mirre gezalfd.
De allereerste,
hapte meteen toe.

Zijn geur bracht hij uit Punt mee,
zijn nagels zitten vol balsem.
Omwille van jou willen we hem samen bevrijden,
zodat ik met jou alleen ben.

Ik liet jou de noodkreet horen
van mijn met mirre gezalfde schoonheid,
op het moment dat jij daar bij me was,
en ik de val zette.

Het land op gaan, is het mooiste
voor degene, die bemind wordt!

De vogeljacht in de papyrusmoerassen is al op de muren van de Mastaba-graven uit het Oude Rijk afgebeeld, meer dan duizend jaar voor het ontstaan van dit gedicht dus. Toen had het beeld nog overwegend magisch-religieuze betekenis: de vogel- en de (vaak daarmee verbonden) nijlpaardenjacht betekenden en bewerkstelligden het onschadelijk maken van alle vijanden en boze geesten, die een bedreiging vormden voor de orde in de wereld. Maar ook toen was er sprake van een erotische bijbetekenis; papyrus was voor de godin Hathor immers een heilige plant. In een rotsgraf uit de 6de dynastie, omstreeks 2200 v.Chr., wordt in een Hathor-hymne al duidelijk het verband tussen de godin van de liefde en de vogeljacht gelegd:

9

De Goudene is in de vogelvijver
op haar lievelingsplek!
Jij bent gelukkig,
gelukkig, o Goudene.

Het nauwe verband tussen liefde en dood was voor de Egyptenaren volstrekt vanzelfsprekend: aangezien voor hen het leven na de dood een voortzetting van het huidige was, hoorde de liefde, dat onafscheidelijke en natuurlijke bestanddeel van ieder mensenleven, daar ook bij. In dit kader valt ook te begrijpen dat op de grafafbeeldingen de gestorvene op vogeljacht bijna altijd door vrouw en kinderen begeleid werd.
Nu, in de nadagen van de 18de dynastie treedt vooral de laatste betekenis van dit beeld op de voorgrond. De papyrusstruiken waren ideale toevluchtsoorden voor de jonge stelletjes, die het rumoer van de stad wilden ontvluchten. Dat hierbij op de achtergrond het oude magisch-religieuze aspect nog een rol speelt, is voor het Egyptische denken met zijn complexe betekenisgelaagdheid zeer waarschijnlijk. Bovendien werden in deze tijd vogels als erotische beelden gebruikt, in het bijzonder de wilde gans:

10

Het meisje spreekt:

De stem van de wilde gans slaat over,
als ze in de val is gelopen.
Jouw liefde, die mij op afstand houdt,
kan ik niet loslaten.

Ik zal mijn net afdoen.
Wat moet ik mijn moeder vertellen,
naar wie ik iedere dag ga,
met de vangst beladen.

Vandaag heb ik geen val uitgezet.
De liefde voor jou heeft mij gevangen.

Tot deze reeks van 'veldliederen', zoals ze kortweg genoemd worden, behoren acht bewaard gebleven gedichten, waarvan er één een thema bevat dat in 's werelds liefdespoëzie, van Shakespeare tot Goethe, wijdverbreid is, namelijk dat van het 'ochtendlied' dat de beminde voor de dag die komen gaat waarschuwt. In Egypte, waar men geen leeuweriken kent, zijn de waarschuwende vogels zwaluwen en duiven.

11

Het meisje spreekt:

De stem van de duif spreekt;
ze zegt: De aarde wordt licht. Wat is jouw weg?
Toch niet, o vogel!
Jij brengt me in de war.

Ik heb de geliefde in zijn kamer aangetroffen.
Mijn hart stroomde over van geluk.
Wij zeiden: ik zal niet van je weggaan!
Mijn hand is in jouw hand!

Ik verander, wanneer ik bij jou ben,
op die mooie plek.
Hij maakt mij tot het belangrijkste meisje
en doet mijn hart geen zeer.

Een derde liederenverzameling van 'Papyrus Harris 500' wordt door een kunstgreep bijeengehouden, ieder gedicht begint namelijk met een bloemennaam. Van de drie bewaarde liederen heb ik er een uitgekozen, dat trekken vertoont die ook in de andere Egyptische liefdesgedichten naar voren komen. Zodra de liefhebbende vrouw zich als tuinierster voorstelt, wat net zo goed tot de 'pastorale-idylle' van deze tijd behoort als de vogelvangster, zijn de erotische zinspelingen niet meer te overzien, zinspelingen die de Egyptenaren graag in beelden verpakken, die zoveel woordspelletjes en andere tekens bevatten, dat wij ze met onze beperkte kennis van de Egyptische taal absoluut niet meer kunnen onderkennen.

12

Het meisje spreekt:

Windstoten zijn in hem,
waardoor men stijgt.

Ik ben je geliefde, je beste.
Ik behoor jou toe, zoals de grond,
die ik met bloemen beplant heb
en met allerlei zoetruikende kruiden.

Liefelijk is daarin het kanaal,
dat jouw hand gegraven heeft,
om ons in de noordenwind te kunnen verkwikken,
een prachtige plek om te wandelen.

Jouw hand ligt op mijn hand,
mijn lichaam is een weldaad bewezen.
Mijn hart is gerust omdat wij samengaan.

Jouw stem klinkt mij als zoete wijn.
Ik leef ervan haar te horen.
Iedere blik, waarmee ik word aangezien,
geeft mij meer dan eten en drinken.

Bij de 'rivierliederen' treffen we ander schrijfmateriaal dan papyrus aan. Ze zijn op grote potscherven geschreven en stammen uit ongeveer dezelfde tijd als de 'Papyrus Harris 500', uit het begin van de elfde eeuw v.Chr. De bewaard gebleven gedichten hebben geen uiterlijke overeenkomsten in de zin dat ze met een bepaald getal of een bepaalde bloem beginnen, ze vormen geen cyclus, maar het is een toevallige keuze van iemand die ze voor de gelegenheid bij elkaar heeft gelegd. Vanwege dezelfde atmosfeer sluit het volgende gedicht goed aan bij het vorige:

13

Het meisje spreekt:

O mijn geliefde, het is zoet naar de rivier te gaan
en als jij het ziet te baden en je mijn schoonheid te tonen
door mijn linnen kleed van het mooiste koningslinnen,
als het nat is en nauw om het lichaam sluit.

Ik ga voor je het water in
en kom weer bij je met een rode vis,
die fraai in mijn hand ligt.
Kom en zie mij aan!

Deze beide laatste gedichten met hun overduidelijke erotische spanning en ook voor ons begrijpelijke zinspelingen (zoals 'het kanaal, dat jouw hand gegraven heeft', dat immers het lichaam van het meisje is, of 'de rode vis' in het andere gedicht) staan bepaald niet alleen in de Egyptische liefdeslyriek. De Egyptenaren waren allesbehalve preuts. Tekenend voor de rol van de vrouw in het Egypte van de farao's is dat ook meisjes voor zulke zinspelingen niet terugschrikken.
Mijn keuze tot nu toe lijkt erop te wijzen dat in de liefdesliederen voornamelijk meisjes aan het woord zijn. Wanneer je alle overgeleverde teksten en brokstukken bij elkaar zet, dan klopt dat niet. Man en vrouw komen evenveel aan het woord. Maar aangezien ik hier niet een volledig overzicht van de Oudegyptische liefdesliederen wil en kan geven en het me eigenlijk alleen om de plaats van de vrouw gaat, heb ik de meisjes meer aan het woord gelaten - niet in de laatste plaats om het specifieke van de Egyptische cultuur aan te geven. Nu komt een man aan het woord als vertolker van een genre liefdesgedichten dat eveneens school heeft gemaakt: 'de deurklaagzangen' voor de gesloten deur:

14

Hij spreekt:

's Nachts ging ik aan haar huis voorbij.
Ik klopte, er werd niet opengedaan.
Een mooie nacht voor ons die aan de deur liggen!
O poort, open krijg ik je!

Grendel, jij bent mijn lot.
jij bent mijn (goede) geest.
Binnen zal men voor jou onze ossen slachten,
grendel, vanwege je geweldige roem!

Een os zal voor de deur geslacht worden,
een rund voor het slot,
een vette gans voor de drempel,
en er zal reuzel voor de sleutel zijn.

Allerlei uitgezochte delen van onze os
zijn voor de knecht van de timmerman,
opdat hij voor ons een deur uit riet
en een grendel van stro maakt!

Als de geliefde op een bepaald moment langskomt,
treft hij haar huis open aan,
ziet met linnen beklede bedden
en daarbij een prachtig meisje.

Dan zegt het meisje tegen mij:
Dit huis is van de zoon van het stadshoofd!

Dit prachtig degelijke gedicht laat duidelijk zien hoe de liefdeslyriek in Egypte uit religieuze liederen is ontstaan. In dit geval zijn het gezegdes uit de offercultus en magische bezweringen, die ook in het origineel door een heel ander, ouderwets ritme opvallen, wat door de spotlustige Egyptische toehoorders van dit lied zeker als parodie moet zijn opgevat, te meer daar de ernst van de liturgische tekst snel overgaat in het uitgekookte idee een deel van het offer als fooi aan de timmerknecht te geven, voor een deur, waar hij die liefheeft ieder moment van de dag doorheen kan. Dit lied is afkomstig uit een verzameling van 'Papyrus Beatty I' die als opschrift heeft: 'Liefelijke, bij het optekenen gevonden spreuken van de hand van de schrijver Nakht-Sobek uit Necropolis.' De Egyptologen stonden al op het punt om in gejuich los te barsten, omdat hier eindelijk eens de naam van een auteur naar boven kwam - totdat nauwkeurigere onderzoekingen aantoonden dat Nakht-Sobek de oorspronkelijke auteursnaam keurig had verwijderd en daarvoor in de plaats de zijne had neergeschreven.
In het Museum van Turijn worden twee papyrusrollen bewaard uit het begin van de 20ste dynastie met daarop wederom een cyclus bij elkaar horende gedichten. De sprekers zijn namelijk bomen, die om belangrijkheid strijden. En aangezien het lied van de 'kleine sycomoor' (een in Egypte veel voorkomende

vijgeboom) nog een keer alle elementen in zich heeft, die voor de Egyptische liefdeslyriek zo kenmerkend zijn, nauw verbonden gevoelsleven tussen de liefdespartners, verbondenheid met de natuur, erotische allusies, humor en het doorklinken van religieuze gedachten (zo was de sycomoor de plek van godinnen van waaruit ze hun geschenken gaven), heb ik dit lied als slot van de keuze genomen.

15

De kleine sycomoor,
die zij met haar hand geplant heeft,
zet haar mond tot spreken aan.
Het ruisen (van haar bladeren)
(is als) de geur van honing.
Ze is mooi. Haar fijne takwerk
(is van fris- en nieuwigheid) groen.

Beladen is ze met rijpe vruchten,
die roder dan jaspis zijn.
Als turkooisen zijn haar bladeren.
Als faience is haar huid.

...

Degenen, die onder haar zijn roept ze bij zich,
haar schaduw koelt de lucht af.
Ze stopt een brief in de hand van een meisje,
de dochter van haar hoofdtuinman.
Ze laat haar zich naar de geliefden spoeden:
Kom, breng een ogenblik onder de vriendinnen door!

De grond viert haar dag.
Onder mij staan bomen en een tent.
Mijn mensen verheugen zich
als jongelingen, als ze je zien.

Laat van tevoren je bediende komen,
overladen met spullen.
Men is dronken, als men zich naar jou spoedt,
nog voordat men gedronken heeft.

Het personeel met huishouding is gekomen
en bracht allerlei soorten bier en brood,
oude en verse bloemen,
en allerlei verfrissende vruchten.

Ach breng de dag toch mooi door,
morgen en (over)morgen tot over twee dagen,
terwijl je in mijn schaduw zit.
Haar vriend staat tot haar beschikking.

Ze maakt hem dronken
en luistert naar wat hij zegt,
terwijl het bier dronken makend wordt,
en zij zich met haar geliefde terugtrekt.

Het gebeurt onder mij
de geliefde aan de wandel.
Ik sta verstomd
en verraad met geen woord wat ik zie!

Ja, zo komen we deze gedachte van de geliefden beschermende en over deze liefde zwijgende natuur, ons uit de minnezang, uit de klassieke en romantische literatuur zo bekend, hier voor de eerste maal in een drieduizend jaar oud Egyptisch lied tegen!
Na deze vele voorbeelden van Egyptische liefdeslyriek, moeten we ons, voordat we ons met de inhoud bezighouden en met wat die ons vertelt over de verhouding van de geslachten in het oude Egypte, afvragen hoe we aan de kennis komen dat het hierbij om gedichten gaat en of ze ook in het Egyptisch al rijmden.
Het eindrijm, zoals wij dat in Europa ook pas aan de hand van Arabische poëzie hebben leren kennen en waarderen, was de Egyptenaren onbekend.[8] Ze maakten veel meer van het ritme gebruik, het metrum, om verheven taal van prozaïsche teksten te onderscheiden. Pas enkele jaren geleden lukte het de Duitse Egyptoloog Gerhard Fecht deze metrische regels bloot te leggen.[9] Dat dit pas zo laat gebeurde ligt aan onze nog steeds beperkte kennis van de Egyptische taal, vooral de gesproken taal, die voor het metrum immers van beslissend belang is.
Jammer genoeg hebben alle drie de taaltekensystemen van het Egypte der farao's voor ons het grote nadeel dat ze alleen

medeklinkers kennen en geen klinkers, zoals de A, E, I, O en U. Dat geldt voor het Hebreeuws en Arabisch momenteel nog steeds, maar dat vormt voor ons geen probleem, omdat dit (opnieuw of nog steeds) levende talen zijn. Alle klinkers waarvan wij gewend zijn ze in Egyptische namen of woorden te lezen, zijn bedachte, kunstmatige klinkers of uit het Grieks overgeleverde hulpwegen, om hun die geen specialist zijn in ieder geval een middel tot uitspraak in handen te geven. Een aantal oplossingen zijn inmiddels door egyptologen aangedragen: het fonetische schrift van Egyptische namen voorkomend in spijker- schriftteksten, die gevocaliseerde lettergrepen bevatten en die we vooral uit de diplomatieke briefwisseling tussen farao's en oosterse heersers uit die tijd kennen, die uit het Oudegyptisch stammen en in Griekse letters, dus ook met klinkers, geschreven worden. Ten slotte heeft de algemene taalwetenschap ons intussen bekendgemaakt met bepaalde wetten die opgaan voor het tot stand komen en veranderen van klanken.
Toch blijft het erg moeilijk om opnieuw de oorspronkelijke uitspraak van volledige Egyptische teksten te bepalen. Het karwei wordt extra lastig als je nagaat dat de Egyptische taal zich tijdens de drieduizend jaar durende Egyptische cultuurgeschiedenis constant gewijzigd en ontwikkeld heeft, en daarmee ook de uitspraak, zonder dat tegelijkertijd een bepaald woord in de hiëroglyfen of in het hiëratisch alfabet anders gespeld werd. Ik wil hierbij slechts twee voorbeelden uit het Egyptisch aanhalen van namen die met een heel andere uitspraak aan ons bekend zijn geworden: de naam van de farao Hatschepsut werd destijds als 'Huschpeswa' uitgesproken, die van de beroemde Nofretete als 'Naftiti'!
Zo is het ook voor de leken mogelijk om althans in grote lijnen de geweldige verdienste van de Duitse onderzoeker Gerhard Fecht in te zien en op haar waarde te schatten.
Hij ontdekte dat de klemtoon altijd op woorden of zinsdelen lag die inhoudelijk het belangrijkst waren - net zoals in het Nederlands dus; dit in tegenstelling tot de Griekse en Latijnse poëzie. Het aantal beklemtoonde lettergrepen varieert in de Egyptische taalgeschiedenis nog al eens, maar houdt het midden tussen twee tot vier in iedere versregel. In enkele Egyptische handschriften staan rode punten om verschillen te markeren,

die Fechts ontdekking dan ook wat vergemakkelijkt hebben - al zijn ze soms ook, vergissen is menselijk, door een slaperige schrijver op de verkeerde plaats gezet...
De Egyptenaren maken gedichten uit versregels, coupletten en strofen, die vaak heel smaakvol in elkaar overlopen. Of je uiteindelijk beter van 'liederen' kan spreken is in wezen onbelangrijk. Het is heel waarschijnlijk dat de liefdesliederen, net als de overige gedichten, tijdens feestmaaltijden voor de gasten of op de markt met harp- en luitbegeleiding werden voorgezongen.
Nu maakten de op alle gebieden van de kunst zeer begaafde Egyptenaren bij gedichten niet alleen van het metrum en een bepaalde versopbouw gebruik. Veel voorkomend is het 'ideeenverspaar', waarbij de inhoud door twee uitgangspunten scherpte en diepte verkrijgt.[10] In onze gedichten zijn ze iedere keer weer terug te vinden: soms als nauwkeuriger omschrijving, soms als tegenstelling met de bedoeling om te verduidelijken, zoals in het tweede gedicht: 'Hij is een buurman...' Het ideeënverspaar is het Egyptische denken zeer vertrouwd, omdat de Egyptenaren vanaf het begin van hun cultuur ertoe neigden, een eenheid door twee van elkaar tegengestelde of elkaar juist aanvullende delen te bereiken. Zo wordt Egypte wel 'De Beide Landen' of 'De Beide Oevers' genoemd, en onder het Al, het totale Zijn, voor ons zeer verbluffend, verstaan ze: 'Alles, wat er is en alles, wat er niet is.'
Naast dit verspaar, dat door nagenoeg iedere lezer zelfs in (vrije) vertaling begrepen en nagevoeld kan worden, bestaat er een ander buitengewoon geliefd Egyptisch stijlmiddel, waarbij dit nauwelijks mogelijk is: het woordspel.
Alleen al vanwege de eigen aard van de Egyptische taal en haar schrift, waarin slechts de basismedeklinkers de betekenis bepalen, is een woordspel veel vaker mogelijk dan in bijvoorbeeld onze taal. Deze voorliefde voor het woordspel is vooral gegrond op het magische denken in de Vroege Tijd, volgens welke een naam of aanduiding het wezen bepaalde en klankgelijkheid of klankovereenkomst meteen ook wezensgelijkheid of wezensovereenkomst betekende. In de tijd van het ontstaan van de ter sprake gekomen liefdesliederen is het woordspel eigenlijk alleen nog een kunstgreep, waar heel in de verte iets van dat magische denken doorheen klinkt.

Uit vertalingen valt niet op te maken hoe vaak er van woordspelingen gebruik wordt gemaakt. Desondanks zijn er voorbeelden, zoals het getalspel aan het begin en einde van de eerste vijf gedichten, alsook het gebruik van het woord 'arts' in het vijfde gedicht (letterlijk: 'hoofdarts') in combinatie met het woord 'nuttiger' (letterlijk: 'zij is voor mij belangrijker...'), dat ongeveer gelijk geklonken moet hebben als 'worsenji'.[11]
Citaten uit wijsheidsleren, rituele spreuken, vertellingen en vertelsels worden niet alleen aangetroffen bij de scholing van schrijvers, maar worden ook door reizende vertellers en zangers onder de aandacht van het volk gebracht, zodat men vaak aan één woord genoeg had en bijzonder genoot - spotlustig als de Egyptenaren waren - wanneer iets bekends werd geparodieerd. Aangezien ook van deze literatuur slechts delen zijn overgeleverd - overigens niet in de laatste plaats door middel van schoolschriften met de daarbij horende fouten! - zullen ons vele van deze citaten ontgaan, waar dichters en dichteressen nu juist zo trots op waren, omdat ze er hun eruditie mee toonden.
Ook het stijlmiddel van het beginrijm, dus het gelijk klinken van beginletters of beginwoorden, ontbreekt in de Egyptische verskunst niet. In de vertaling is het in de tweede strofe van het eerste gedicht het beste te zien, in de vier regels die met 'niet' beginnen. Zelfs het voorkomen van eindrijm is in enkele gevallen, zeker in magische spreuken, aangetoond.[12]
Deze kleine keuze uit de metrische en stilistische mogelijkheden van Oudegyptische teksten en gedichten, waar onze liefdesliederen rijkelijk gebruik van maken, geeft er ons een voorstelling van over wat voor artistieke en gecompliceerde structuren het oude Egypte op het gebied van de poëzie beschikte.
Werkelijk verrassend is de constatering dat de verzamelingen liefdesliederen die we aangetroffen hebben alle uit een verhoudingsgewijs korte tijdspanne afkomstig zijn: alle verkregen handschriften stammen uit de tijd tussen Amenophis IV en Ramses V, dat wil zeggen uit de 200 jaar tussen ongeveer 1360 en 1160 v.Chr.[13] Ze zijn alle voor zover we de vindplaats kennen ten westen van de voormalige hoofdstad Thebe gevonden, meestal in de omgeving van het 'dorp van de grafbouwers', het huidige Dêr-el-Medineh in de westelijke woestijn. Hier leefden de arbeiders, kunstenaars en schrijvers die de graven

van de farao's van de 18de tot de 20ste dynastie, en van hun vrouwen en kinderen in de rotsen van 'het Dal der Koningen' en 'het Dal der Koninginnen' uithieuwen en ze met die beeltenissen, reliëfvormen en inscripties versierden, waar we heden ten dage nog vol bewondering voor staan.

Het ging hier niet om eenvoudige handwerkslieden, maar om geschoolde vakmensen. De meesten konden lezen en schrijven, en niet alleen 'de dorpsschrijver' (dat was meer een ambtenaar dan een kunstenaar), zoals vele spontane rotsinscripties momenteel nog bewijzen. Als artiest waren ze ook bijzonder ontvankelijk voor andere prestaties dan beeldende, en het wekt dan ook geen verbazing dat ze graag naar liefdesliederen luisterden en deze zelfs verzamelden. De ligging van het dorp in de woestijn buiten de vruchtbare zone speelde eveneens een rol bij de conservering van zulke 'wereldlijke' literatuur juist op deze plaats, want papyrus bedierf snel door de jaarlijkse Nijloverstromingen, en de als schrijfmateriaal geliefde brokstukken van grote kruiken verwerden in het water al ras tot het Nijlleem waaruit ze gemaakt waren. Als je dan voor ogen houdt dat bijna alles wat via hiëroglyfen of hiëratisch tot ons is doorgedrongen, uit tempels en graven komt, waar naar onze voorstelling nauwelijks liefdesliederen te verwachten zijn, dan ben je geneigd de qua tijd en plaats nauw begrensde vindplaatsen van liefdesliederen op toevallige conservering terug te voeren.

In deze mening worden we wellicht bevestigd door een vondst, juist in een graf gedaan, dat aan het begin van de 6de dynastie, dat wil zeggen 2400 v.Chr., voor de koninklijke ceremoniemeester Mereruka en zijn vrouw op het kerkhof van Saqqara gemaakt werd. Op een deel van de deur van het graf van zijn vrouw zien we een voorstelling van enkele danseressen tijdens een acrobatisch aandoende rituele begrafenisdans. Bij een van hen staat een gedicht. Dit is werkelijk nu het oudste liefdeslied, niet alleen van Egypte, maar van de gehele wereldliteratuur.

De tekst is moeilijk leesbaar en de betekenis van verschillende details nog onduidelijk. Maar qua vorm is het onweerlegbaar een gedicht, waarin een vrouw de titel 'leidster der danseressen' krijgt en haar behendigheid en vaardigheden worden geprezen en dat met de volgende versregel eindigt: 'Wie haar ziet, raakt in vuur en vlam!'[14]

Men heeft in Egypte dus niet alleen liefdesliederen gemaakt in de twee eeuwen waar wij een aantal verzamelingen uit kennen, nee, liefde en verering voor een vrouw werden al heel vroeg op een poëtische manier uitgedrukt.
Dat dit eerste liefdeslied nu juist in Egypte gevonden is, is geen kwestie van toeval. De plaats van de vrouw in de maatschappij en de manier waarop man en vrouw tegenover elkaar stonden, vormen belangrijke voorwaarden voor dit soort liefdesgedichten (er zijn ook liefdesgedichten vanuit een volkomen andere geest geschreven), waarin beide partners even belangrijk zijn. Deze rol van de vrouw als gelijkwaardige partner van de man vind je in de drieduizend jaar durende Egyptische cultuur op allerlei gebieden, juridisch, zedelijk, beroepsmatig, in de godsdienst, in het huwelijk, in de maatschappij etcetera terug, zoals uit de volgende hoofdstukken nog zal blijken. Aan dit gelijkwaardig verbond in de liefde danken we ook het feit dat de stem van het meisje in de liefdespoëzie even duidelijk en belangrijk klinkt als die van de jongen.
Er is nog een karaktertrek van het Egyptische volk die bepalend is voor de uitdrukkingswijze en gevoelstoestand in deze gedichten. Muurschilderingen in graven uit het Oude Rijk, vanaf de zevenentwintigste eeuw v.Chr., verrassen ons al om de tederheid waarmee Egyptenaren kinderen en dieren uitbeelden. Het zijn stellig niet alleen prinsen, hoogwaardigheidsbekleders en andere mensen uit de bovenlaag van de maatschappij, die deze hypersensibiliteit vertonen, maar juist ook eenvoudige lieden, herders, boeren en arbeiders, die steeds weer, ondanks hun zware werk, een dergelijke gevoeligheid aan de dag leggen; vooral kalfjes en andere jonge beestjes worden op veel van deze muurschilderingen liefderijk gekoesterd. Zoals elk gevoel, dat rechtstreeks uit de ziel van het volk komt, sowieso in verband staat met het religieuze, met het goddelijke, zo wordt bovengenoemde gevoeligheid, die door haar afbeelding op grafmuren toch al iets religieus krijgt, ook in Egyptische mythen uitgedrukt: Hathor, de godin van de vreugde, de liederen, de liefde en het moederschap, wordt reeds in een zeer oude mythe als koe aangesproken en er wordt uitgebeeld hoe ze zich vol tederheid naar haar zuigende kalfje omdraait en het daarmee niet alleen haar goddelijkheid maar ook haar liefde

toont. Deze zoon van Hathor geldt onder zijn naam Ihi als god van de muziek, wat Hathor weer verrukt en haar liefdes- en moedergevoelens versterkt - een voor het Egyptische denken veel betekenende kringloop van liefde, tederheid en overleven, die de orde van de wereld in stand houdt en voor ons nog eens duidelijk wordt op een muurreliëf in de tempel van Medamud:

16

Kom, jij Goudene, die teert op gezangen,
die als grootste wens de dans heeft,
die van feest tot stilte straalt,
die zich in de dans en in de nacht gelukkig weet.

Kom en verplaats je naar de staat van dronkenschap,
in iedere zuilenhal van de lust.
Haar orde blijft, haar verordening eveneens.
Ze heeft geen onvervulde wens.

Koningsliederen geven je dat waar je van houdt.
Vorsten brengen steeds weer offers.
De feestpriester zingt vol lof over jou.
De geleerde leest jouw feestboek.

De muzikant roemt jou op zijn trommel
en de tamboerijnmeisjes (met hun vingers).
Vrouwen eren je met kransen
en meisjes met bloemen.

Over jou wordt door dronkelappen 's nachts lawaai gemaakt,
over jou zingen zij, die ('s ochtends) wakker worden.
Rond jou dansen de bedoeïenen met hun gordels
en Nubiërs met staven.

De Libiërs klauteren voor jou (in de klauterboom).
Jou groeten de bebaarden (onder de goden).
Jou prijzen nijlpaarden met opengesperde muilen
en voor jou heffen ze hun poten op.

Het fraaie idee van Hathor-koe en Ihi-kalfje wordt in deze hymne op de gehele schepping geprojecteerd, op het Alles en de aarde, de goden en hun wereldorde, mensen en dieren. Zo wordt in andere mythen de aarde- en zonnegod Rê net als Ihi

als zoon van Hathor voorgesteld, terwijl hij toch eigenlijk haar vader is, dus ook als een zuigend kalfje die aan de goddelijke koe zijn goddelijkheid komt versterken.
Ook de koning kan Ihi's plaats innemen en door Hathor gevoed worden om zo een nog betere ordebewaarder te worden. Op die manier passen de vele voorstellingen van farao's, of ze nu aan de uiers van Hathor-koe drinken of van Hathor op liefelijke wijze halssieraden krijgen omgehangen - een tegelijkertijd licht erotische zinspeling - eveneens bij het geheel van de besproken liefdesgedichten.
De Hathor-hymnen oefenen op de liefdeslyriek niet alleen invloed uit waar het gaat om het voor de Egyptische relatie tussen man en vrouw zo belangrijke gevoel van tederheid en het het creatieve element van de liefde, het zijn ook voorbeelden voor een bepaalde dichterlijke uitdrukkingswijze. Uit de tijd van voor zelfs het eerste liefdeslied dateert een piramide-tekst, die, ingebeiteld in de piramiden van de 5de en 6de dynastie, als religieus taalgebruik waarschijnlijk nog veel eerder ontstaan is:

17

O, jij Grote, verstrekkende,
jij die smaragd, malachiet en turkoois als sterren verstrooit,
gedij jij, gedij ik,
gedijt het voedsel van de levenden.

De vorm van deze vroege rituele lyriek is nog eenvoudiger, archaïscher dan in de erop volgende tijd, maar het metrum volgt al dezelfde wetten, en de voorstelling van Hathor als de hele wereld - en dus ook de dode farao - onderhoudende godin is eveneens zeer duidelijk. Opmerkelijk is ook dat de godin getutoyeerd wordt, zoals dat in de liefdesliederen ook zo vaak gebeurt. Deze samenhang tussen de moeder- en liefdesgodin en de farao als representant van heel Egypte komt in de Egyptische cultuur tot op het laatst nadrukkelijk voor. Kijk maar naar een nu ook qua vorm zeer gecompliceerd lied, aangetroffen op de muur van de Hathor-tempel van Denderah, die ongeveer 100 jaar v.Chr. tegen het einde van de Ptolemeïsche Tijd gebouwd werd en waarin de farao de levensinstandhoudende rol van Hathors zoon Ihi vervult:

18

Farao komt, om te dansen.
Hij komt, om te zingen.
    Heerseres, zie hoe hij danst!
    Vrouw van Horus, zie hoe hij springt!

Farao met geurige handen,
met schone vingers.
    Heerseres, zie hoe hij danst!
    Vrouw van Horus, zie hoe hij springt!

Hij offert jou,
deze wijnkaraf.
    Heerseres, zie hoe hij danst!
    O vrouw van Horus, zie hoe hij springt!

Zijn hart is zuiver, zijn innerlijk open,
geen duisternis is in zijn borst.
    Heerseres, zie hoe hij danst!
    Vrouw van Horus, zie hoe hij springt!

O Goudene! Wat mooi zijn deze liederen,
zoals het lied van Horus zelf.
    Farao zingt als voorzanger.
    Hij is de knaap die het sistrum beroert.

Wat betreft de relaties tussen gelijkwaardigen en de formele en inhoudelijke verbondenheid met het religieuze zijn er echter nog twee voorwaarden voor de bloei en wijde verbreiding van Egyptische liefdespoëzie in die tijd nodig: de geliefden moeten zichzelf en hun partner als individu en hun liefde als persoonlijk lot ervaren, en alleen in een maatschappelijk-cultureel klimaat met een zekere welstand in brede lagen van de bevolking kon naar liefdesgedichten die al lang gemeengoed waren en typisch bij de volksaard pasten, op een nieuwe artistieke manier gekeken worden. Als je naar al dan niet geautoriseerde vertalingen van gedichten kijkt, zie je onmiddellijk dat deze gedichten nooit 'volksliedjes' zijn geweest, maar altijd zeer artificiële poëzie.
Beide voorwaarden staan weliswaar op zich, doch horen bij elkaar, want ze zijn door dezelfde historische ontwikkelingen ver-

oorzaakt en met elkaar verbonden. Het bewustzijn van de eigen persoonlijkheid ontwikkelde zich in Egypte vanuit de gespleten situatie die ontstond na het instorten van het Oude Rijk, de staat van de piramidenbouwers. In het Middenrijk zette deze ontwikkeling zich voort, gesteund door landwinning die het gevolg is van interne kolonisatie en de daarmee gepaard gaande verhoging van de welvaart. Met de nieuwe val van de Centrale Regering en de vreemde overheersing van de Hyksos in de Tweede Tussentijd komt weliswaar een einde aan de Egyptische welstand, maar het verzet tegen de vreemdelingen, uitmondend in hun verdrijving en een herstel in de eenheidsstaat onder Ahmose, de stichter van de 18de dynastie, brengt een gevoel van verbondenheid teweeg dat alle Egyptenaren treft en maakt eens te meer duidelijk hoe belangrijk persoonlijke daden zijn, en dus de eigen persoonlijkheid überhaupt.
Onder de eerste krachtige heersers van deze kunstzinnige Dynastie werd Nubië veroverd tot diep in de Soedan en Syrië-Palestina, met als gevolg een ongekende stroom aan goud en luxe goederen, culturele impulsen en niet in de laatste plaats slaven, die als arbeidskrachten konden dienen, kortom de welvaart en de kwaliteit van het leven in alle lagen van de bevolking stegen zienderogen en daarmee steeg ook het individuele zelfvertrouwen. Deze ontwikkeling kende een eerste hoogtepunt in de meer dan 20 jaar durende regeringsperiode van farao Hatschepsut (1489-1468 v.Chr.).[15] Hoewel er uit die tijd geen liefdesliederen gevonden zijn (veel is door latere heersers vernietigd) is het door de delicate, gestileerde kunst van toen en door de persoonlijke toon die ze aan haar hoogst artificiële hymnen en oproepen aan haar vader Amun en haar moeder Hathor heeft weten te geven, zeer waarschijnlijk dat in haar tijd de eerste liefdesliederen in de vorm van kunstpoëzie ontstaan zijn, die helaas door ons nog niet zijn aangetroffen.
Onder haar oudoudoom Amenophis III was het beschavingsniveau ook economisch gezien op een hoogtepunt gekomen, dat generaties lang zou aanhouden - dit kan in verhouding met de totale Egyptische geschiedenis een korte tijdspanne lijken, voor de tijdgenoten gold het als een eeuwig, gouden tijdperk. Ze versterken het blijmoedige, van alle zaligheden van het leven genietende levensgevoel, waarvan tot op de dag van van-

daag de muurschilderingen van Thebaanse graven getuigen. Voor de samenhang zijn in deze tijd drie ontwikkelingen bijzonder belangrijk: op de grafschilderingen speelt het vrolijk-feestelijke samenzijn van mannen en vrouwen een belangrijke rol; in de tijd van Amenophis III komen we voor het eerst de tedere benaming 'broer en zus' voor geliefden tegen - wat niets met incestueuze liefde te maken heeft, maar een teken was voor de vertrouwde gelijkwaardigheid van man en vrouw. Daarbij komt een voor de eerste keer op openbare voorstellingen naar voren gehaalde intimiteit tussen koning en koningin, zoals bijv. Amenophis III met zijn (burgerlijke) echtgenote Teje, Amenophis IV en Nofretete en Toetanchamon met zijn 'Grote Koningsgemalin' Anchesenamun. En het was toen niet anders dan nu: het voorbeeld van het koningshuis werd door de bevolking met graagte overgenomen en ook de Egyptische 'vrouwen en mannen van de straat' volgden hen na.
Zo is het buiten het algemene vraagstuk van het min of meer toevallig bewaard gebleven zijn toch van belang, dat juist uit de twee eeuwen na Amenophis IV-Echnaton de verzamelingen liefdesliederen gevonden zijn. Na de helft van de Ramessidentijd, dus zo rond 1150 v.Chr., nam met het verlies van de militaire, buiten- en binnenlandse politieke stabiliteit ook de economische en culturele rijkdom af. Dat wordt ons weer bijzonder duidelijk uit de schriftelijke nalatenschap in het koningsgrafdorp Dêr-el-Medineh, die niet slechts liefdesliederen omvat, maar ook een bijna oneindige reeks rekeningen, arbeidslijsten en aantekeningen over de voortgang van het werk aan de koningsgraven, ja zelfs ziektes worden vermeld en het 'spijbelen' van arbeiders. Deze in de woestijn zo goed bewaarde nalatenschap kan veelal als voorbeeld voor andere Egyptische steden en dorpen gelden. Graf- en tempelroven nemen toe, de eerste beschreven stakingen uit de wereldgeschiedenis breken uit, omdat de grafbouwers niet genoeg te eten krijgen en over onvoldoende materiaal beschikken, de kwaliteit van reliëfs en schilderijen en tempels en koningsgraven verslechtert zichtbaar. Het is dus ook geen toeval dat men in deze tijd niet doorgaat met het verzamelen van liefdesliederen.
Maar hoe dan ook, veel later vinden we nog enkele voorbeelden van liefdespoëzie, zoals onderstaand gedicht:

19

De zoete, zoet aan liefde, de priesteres van Hathor Mutirdis.
De zoete, zoet aan liefde, zegt koning Menkheperrê.
Meesteres van de zoetheid, zeggen de mannen.
Heerseres van de liefde, zeggen de vrouwen...

Met dit vers begint de inscriptie op een gedenksteen die een vader - misschien een van de koningen van de uit Nubië stammende 25ste dynastie - ongeveer 500 jaar na onze verzamelingen voor zijn dochter in een tempel van godin Mut plaatste. De tekst heeft verder alle kenmerken van het beschrijvingslied en maakt op die manier de overgang naar de liefdesliederen bijzonder duidelijk. Ook de verwijzing naar Thutmosis III, die bij zijn troonnaam Men-kheper-Rê genoemd wordt, maakt het waarschijnlijk dat hier in een als oud en klassiek beschouwde tekst de naam van de geprezene later is toegevoegd.
En ook hier komt de houding in de liefde overeen met de houding ten opzichte van God: de toon van de grafschilderingen wordt serieuzer, de vrolijke feestmaaltijden en danseresjes van de vroegere 18de dynastie worden door de nieuwe grafbezitters als 'frivool' beschouwd en overgeschilderd, en de persoonlijke vroomheid, de innige band tussen de mens alleen en 'zijn' God wordt in en buiten de officiële tempelcultus sterker, tegelijk met het 'schuld en boete-idee', waarbij ook religieuze zaken en bloedzaken betreffende invloeden[16] uit Vooraziatische landen een belangrijke rol speelden.
Net zoals het bewustzijn van het individu, relaties, tederheid en historisch-maatschappelijke ontwikkelingen Egyptische grondslagen voor dit soort liefdespoëzie zijn, wordt haar inhoud ook bepaald door details, typisch voor het Egyptische denken, die duidelijk de stempel van de Egyptische cultuur dragen en die zich onderscheiden van de liefdespoëzie van andere volken, culturen en tijden, hoeveel invloed ze qua opvatting en inhoud ook gehad hebben.
In alle Egyptische liefdesliederen zijn de geliefden ongebonden. In geen enkel voorkomend geval is een van de partners getrouwd, zoals dit in de minnezang wel vaak voorkwam. Soms wordt gesuggereerd of openlijk gezegd, dat de twee partners een huwelijk willen aangaan. Maar vaak is de liefde hier een

gevoel, dat nog pas bij een van de geliefden bestaat, maar die door zijn aandringen de partner dwingt zich steeds meer met de ander en met elkaars liefde te bemoeien.[17]
Anders dan bij de minnezang behoren de geliefden niet tot de adel, maar gewoon tot de burgerij. Natuurlijk zijn dit geen begrippen die in het Egypte der farao's opgingen. In plaats van 'adel' zou men hier beter van 'hofhuishouding' kunnen spreken. Bij de Oudegyptische burgerij ontbrak, in ieder geval in deze tijd, een groep mensen die er in Europa het hoofdbestanddeel van vormden: de handelaren. Ze bestond veel meer uit eenvoudige ambtenaren en priesters (de hogeren behoorden tot het hof), de vakarbeiders en een deel van de boeren, die zich toen nog niet gesplitst wisten in grootgrondbezitters, kleine boertjes en dagloners. De grenzen tussen de rangen en standen waren nog erg vaag en het gebeurde niet zelden dat men tot in de onmiddellijke nabijheid van de koning wist op te klimmen; de bijna vanzelfsprekende erfelijke overname van een beroep en de positie van de vader/moeder ten opzichte van de dochter/zoon komt in Egypte pas veel later.
In deze voor een agrarisch land toch vrij grote burgerij had de ontwikkeling van oude bij het volk populaire liedjes naar artistieke poëzie plaatsgevonden. Tot de burgerij hoorden de dichters en dichteressen en onder de vertegenwoordigers van deze stand speelden zich de romances af, die zij bezongen. Het voorbeeld was - zowel toen als nu - het gebeuren aan het koninklijke hof. Een zekere 'prins Mehi', zoon van een koning dus, met het koosnaampje van Amenophis als naam, speelt in vele liefdesliederen een rol als bemiddelaar in of bevorderaar van de liefde. Misschien is dit een zinspeling op een farao met deze naam en het geroddel aan het hof over zijn affaires toen hij nog kroonprins was. Maar deze Mehi is zelf nooit een van degenen die liefhebben, en als een meisje zich in haar liefdesgeluk voelt als 'Heerseres van Beide Landen' zegt dit even weinig over haar werkelijke verbondenheid met het hof als tegenwoordig een nieuwsgierige, verlangende blik op Lady Di of een of andere filmster.
Zeer regelmatig vinden we in de gedichten verwijzingen naar de beroepen van de meisjes, zoals tuinierster of vogelvangster en naar de wensen van de jongeling om deurwachter of was-

man bij zijn geliefde te zijn. Ook hier is niet aan een bepaald beroep, dat bij een bepaalde stand hoort, gedacht, het zijn veel eerder literaire beelden. We moeten ons de burgerij van toen zeer verstedelijkt voorstellen met dichte concentraties in de verschillende residentssteden, zoals Thebe, Tell-ell-Amarna, Memphis en later Ramsesstad. Hier waren scholen bij het koninklijke hof en bij de grote tempels, hier waren de grote voorbeelden, hier was het centrum van de cultuur, maar dit was ook het gebied van de nauwe doorgangetjes, de muffe lucht, de roddel en achterklep, zo kenmerkend voor de grote stad, en zo bood de landelijke idylle tenminste in de fantasie van de dichter een toevlucht voor de geliefden, hoven en tuinen, lotus- en papyrusstruiken aan de Nijl-oever alsook verborgen holen aan de woestijnrand. Een waas van herdersromantiek en escapisme is onmiskenbaar.

Het verlangen van de jongeling om dicht bij zijn geliefde te zijn en de intimiteit tussen beiden te vergroten, brengt hem op de wensdroom haar persoonlijke dienaar te zijn. Als in een Arabisch liefdeslied de sultan zijn lievelingsslavin toeroept: ‘En ook al ben ik jouw meester, in de liefde ben ik toch je slaaf,’[18] of als in de minnezang de minnende zijn geliefde als die ‘hoge vrouwe’ aanbidt, zijn dit twee geesteshoudingen die met de Egyptische en de daaruit voortgekomen liefdesliteratuur niets te ma- ken hebben: zelfvernedering hoorde net zo weinig bij het liefdesspel als het zich onderwerpen aan de wensen van een grillige vrouw.

Het Egyptische schoonheidsideaal van de vrouw, zoals het zich in de ‘beschrijvingsliederen’ toont, kennen we van talloze afbeeldingen, schilderijen en beeldhouwwerken: een hoofd met fijne trekken, grote uitdrukkingsvolle ogen en lang zwart haar, dat rust op een lange, sierlijke hals op een zeer slank lichaam met zeer dunne polsen en voetgewrichten en lange gracieuze vingers; de borsten, de schaamheuvel en licht geprononceerde heupen worden absoluut niet verborgen, je kunt ze zelfs onder het fijne linnen van het kleed duidelijk zien; maar ze worden niet benadrukt of speciaal naar voren gebracht, zoals bij Indische of Vooraziatische sculpturen. Hier zien we weer een bijzonder duidelijk voorbeeld van het feit dat vormen en motieven in de kunst van volk naar volk, van cultuur naar cultuur kunnen overgaan, terwijl ze toch iets geheel anders uitdrukken: 'beschrijvingsliederen' kom je in de meest uiteenlopende culturen en hun poëzie tegen, maar het beschrevene, de schoonheid van het meisje volgt steeds totaal verschillende ideaalbeelden.

Het genre van het beschrijvingslied is typisch Egyptisch. Het voldoet volkomen aan de Egyptische manier van denken en voorstellen, die erin bestaat een geheel in al zijn details te willen weergeven. In de piramidenspreuken uit het Oude Rijk stuit je reeds op verzen die 'godenverbindend' worden genoemd, waarin steeds weer een dode met een god gelijk wordt gesteld of een god krijgt toegekend om zo de absolute goddelijkheid van de farao in het dodenrijk te garanderen. Een blik op ons derde gedicht toont ons bovendien, dat niet alleen het lichaam van een geliefde geprezen wordt, maar ook haar geestelijke begaafdheden. '... Met lippen die zoet spreken. Ze heeft geen woord te veel,' heeft een veel grotere betekenis dan dat ze niet zomaar wat zegt of uit haar nek kletst. Het is veel meer een door alle Egyptische ontwikkelde mensen direct begrepen verwijzing naar de 'wijsheidsleren', die sinds het Oude Rijk het Egyptische mensbeeld gevormd hebben, waar zowel de 'kunst van de eloquentie' als de 'kunst van het zwijgen' toe behoorden. Beide zijn een deel van de geestelijke en ethische houding, die tijdens de Egyptische cultuur als ideaal werd gezien.[19]

Tot de bekende genres liefdespoëzie behoorden ook de 'deurklaagzangen', denk bijvoorbeeld aan ons dertiende gedicht, die eveneens met grote waarschijnlijkheid in Egypte ontstaan zijn. De deur speelt vanaf de Vroegdynastische Tijd aan het begin van het derde millennium v.Chr. Zowel in het Egyptische denken als in de Egyptische religie een wezenlijke rol. Ze is als 'schijndeur' de ontmoetingsplaats van doden en levenden; aan de deur (of poort) van het graf worden de doden weer levend; de tempelpoorten zijn de meest op de voorgrond geplaatste delen van het Egyptische Godshuis, omdat ze God en de mensen met elkaar in contact brengen. In de onderwereldliteratuur, zoals in het 'Dodenboek' of het 'Poortenboek', is kennis van de poorten van de andere wereld (het leven na de dood), hun bewakers en binnenkomstgaranderende spreuken beslissend

voor het doordringen van de dode tot Osiris en daarmee voor het overwinnen van de doodscrisis. Hoe levendig deze voorstellingen in op het eerste gezicht toch heel 'wereldlijk' schijnende liefdesliederen waren, toont ons de plotselinge verandering qua vorm en taalgebruik van het dertiende gedicht, de offerzang.
Het daglied als derde genre van Egyptische liefdesliederen is waarschijnlijk ook uit religieuze voorstellingen ontstaan. De ochtend, het verschijnen van de zonnegod aan de horizon, wordt door alles wat leeft als het opnieuw beginnen van de schepping bejubeld. Slechts geliefden en tortelduifjes worden door het morgenlicht uit elkaar gehaald en bodes en zwaluwen worden betreurd.
Natuurlijk heeft de liefde in Egypte niet alleen poëzie opgeleverd. Geliefden staken elkaar briefjes toe of schreven stralende liefdesbrieven in het geval dat de ander zich op een andere plaats in het land bevond. En wanneer hij of zij niet schrijven kon, dicteerde men zijn liefdesgroeten aan een schrijver, een ambtenaar dus, die deze samen met andere post verzond, zoals in de volgende brief: 'De schrijver Mehi groet de schrijver Eje jr. met leven, geluk en gezondheid, met lof van Amun-Rê, de koning der goden!' Na enige formaliteiten gaat men zo verder: 'De zangeres van Amun, Isetnofret (de mooie Isis) zegt: Hoe gaat het met je??? Hoe erg verlang ik ernaar je te zien. Mijn ogen zijn zo groot als Memphis, omdat ik ernaar honger, je te zien...'[20]
In de zielsverbondenheid van de geliefden speelt naast goden en prinsen slechts één persoon een vooraanstaande rol: de moeder. Op vader, broer of zuster wordt voor het tot stand brengen van een huwelijk niet vertrouwd, zelfs niet voor het regelen van een ontmoeting. Dat is zeker geen toeval, en we zullen de belangrijke rol die de moeder in de Egyptische familie en samenleving innam, nog vaak moeten vermelden.

2. VERBLIJD HAAR HART, ZOLANG JE LEEFT!

Egyptologen en cultuurhistorici hebben zich er vaak over verbaasd, dat in Egyptische bronnen geen sprake is van verwijzingen naar welke religieuze handeling bij het sluiten van een huwelijk dan ook, en ook de openbare, staatsrechtelijke vastlegging, in de vorm van een huwelijksverdrag, stamt uit (voor Egypte) later tijd, zo rond 900 v.Chr.[1] Deze verbazing, die we ook aantreffen ten opzichte van zoveel andere Egyptische verschijnselen, is vooral te wijten aan het feit dat wij de verhoudingen in het huidige Europa of desnoods die in de Grieks- Romeinse tijd beschouwen als een vanzelfsprekende voorwaarde voor een hoogconjunctuur en een humane samenleving. In het bijzonder geldt dit voor de betrekkingen tussen de geslachten, zodat zich soms de vraag voordoet of er zonder sacrament of burgerlijke stand of op zijn minst daarop gelijkende instellingen en instituties in het oude Egypte überhaupt wel sprake is geweest van een formeel huwelijk, dat vrouw en kinderen beschermde.

Tegenwoordig weten we daar meer over - niet alleen door nieuwe vondsten en moderne interpretaties, maar vooral door inzichten van de volkenkunde en volkspsychologie.[2] Verschillende fundamentele Egyptische verklaringen over het thema huwelijk zijn we in de reeks liefdesliederen reeds tegengekomen: 1) de vrijheid van het meisje bij de keuze van haar partner; 2) haar vrijheid ook in seksueel opzicht. Maagdelijkheid is - althans in de tijd, waarin de liederen ontstonden - geen huwelijksvoorwaarde; 3) de huwelijksbemiddelaarster en huwelijksstichtster is de moeder; 4) het doel van de geliefden is, vaak uitdrukkelijk genoemd, een huwelijksvoltrekking. Laten we eens kijken of en in hoeverre hier wellicht een poëtische of tijdsgebonden verklaring voor is, of dat er in de liefdesliederen ook andere aantoonbare feiten voor deze Egyptische houding te vinden zijn.

De vrije partnerkeuze is een van de voorwaarden voor een liefdespoëzie als de Egyptische en ze komt ook in andere bronnen in het Egypte der farao's voor. In het Oude Rijk en in het Middenrijk wordt over deze vrije partnerkeuze weliswaar zelden

direct gesproken, maar het gebeurde vaak genoeg dat een koningsdochter of een meisje uit de hoge hofadel met een 'burgerlijke' man zonder hoge titel trouwde. Een populair voorbeeld is dat van de dwerg Seneb uit de beginperiode van de 6de dynastie, dus rond 2300 v.Chr., die weliswaar een zeer vermogend man met een grote veestapel was en als dodenpriester levenslang onderhouden werd door de dan al lang gestorven, maar al bijna legendarische koning Cheops, maar geen hoge hoftitel bezat en ook geen lid was van de koninklijke familie - in tegenstelling tot zijn vrouw, die naast hem zit en hem liefdevol omarmt.[3] Van een echte dochter van koning Cheops, Merit-Ites, is bekend, dat ze met een niet bij de koningsclan behorende expeditieleider, Acht-Hotep, getrouwd was.[4] En zo zijn er nog vele andere voorbeelden te noemen.
Nu zou het van weinig (Egyptische) werkelijkheidszin getuigen om te denken dat deze vrijheid van partnerkeuze in alle gevallen opging. Zo vermeldt een beambte van een koningin uit de 18de dynastie dat zijn 'bazin' hem met een van haar dienstmeisjes in het huwelijk heeft verbonden, en nadat hij weduwnaar geworden was, weer met een ander. Uit dit verslag blijkt onver- hulde trots over het bewijzen van een dergelijke gunst! In alle periodes komen we verslagen van hoge hofambtenaren en priesters tegen, die zich erop beroemen dat ze door de koning zelf met een meisje uit het Vrouwenhuis van de farao getrouwd zijn. Hoewel dit Vrouwenhuis iets heel anders was dan de huidige benaming 'harem' doet vermoeden, is het vaak lastig om in dit soort gevallen te besluiten of het om een vroegere slaapgenote van de koning ging dan wel om een echte hofdame. In al deze berichten uit de grafbiografieën wordt hier op passende wijze als gunst over gesproken, en er bestaat geen aanwijzing dat het met zulke huwelijken slecht afliep of dat ze tot hoge scheidingspercentages leidden.
De wil van de farao was in zulke gevallen weliswaar belangrijk en zijn vervulling goed voor de carrière, maar het ging niet om opgelegde of gedwongen feiten. We horen vaak, dat bij zulke en andere 'privé-aangelegenheden' de koning zijn wensen kenbaar maakte waar zijn autoriteit achterstond. Maar hij gaf nooit bevelen op de manier van een godgelijkende heerser (en de Egyptenaren maakten een scherp onderscheid, ook in hun

taalgebruik, tussen het goddelijke koningsambt en de koning als mens); vandaar dat ons ook afwijzingen bekend zijn, wat voor de betroffene geen vervelende gevolgen meebracht.
Een heel mooi voorbeeld daarvan is de geschiedenis van koning Snofru, een verhaal dat nog eeuwenlang van mond tot mond ging. De stichter van de 3de dynastie en de eerste bouwmeester van echte piramiden van steen, een bijzonder machtig heerser dus, liet zich ter ontspanning door twintig jonge meisjes in opengewerkte kleren over de paleisvijver roeien, toen van een van hen een turkooizen sieraad overboord viel en zij met roeien stopte. 'Roei door!' beval de koning. 'Ik zal je een ander sieraad geven.' 'Ik heb mijn koekepan liever dan zijn portret' snauwde het meisje kribbig terug. De machtige koning liet vervolgens door een tovenaar de ene helft van de vijver op de andere leggen, het sieraad van de bodem afhalen en wachtte rustig af tot er kon worden doorgeroeid.[5]
In de huizen van de middenklasse of bij de boeren was het met de huwelijkstotstandkoming niet veel anders gesteld. Zeer zeker hebben ouders regelmatig huwelijken voor hun kinderen proberen te arrangeren, en afhankelijk van hun gezag en het gevoel van eigenwaarde van de betreffende jonge mensen en zelfs soms ondanks de opgevatte liefde voor een andere partner, is hun dit ook gelukt. Er is geen enkele vondst in de zo talrijk bewaarde Egyptische procesakten bekend, die aantoont dat kinderen een van de ouders hebben aangeklaagd vanwege pogingen tot een gedwongen huwelijk. Dit duidt misschien op een wel erg geavanceerde maatschappij, maar het is niet te hoog gegrepen: hoewel wij ons zo'n aanklacht voor de rechter in het oude Rome of in Griekenland, ja zelfs nog tot ver in de twintigste eeuw bij ons nauwelijks kunnen voorstellen, zijn in Egypte aanklachten van kinderen bewaard gebleven, bijvoorbeeld die van een jongeman en zijn zusje tegen hun hardvochtige vader, die hen mishandelde en hun het erfgoed van hun overleden moeder onthield; deze klacht werd door de rechter overgenomen en hun vader werd veroordeeld.[6]
Aan een van de voorwaarden, zonder welke van een vrije partnerkeuze überhaupt geen sprake kan zijn, is in Egypte in tegenstelling tot vele andere antieke beschavingen in ieder geval voldaan: dat namelijk jongens en meisjes elkaar ook na hun

kindertijd buiten het huis van hun ouders kunnen treffen en spreken. Het maakt dus niet uit: zelfs in die uitzonderingsgevallen waarin ouders hun kinderen min of meer tot een huwelijk hebben gebracht: de huwelijkspartners kennen elkaar altijd al.
De seksuele vrijheid van het jonge meisje voor het huwelijk, die in de liefdesgedichten naar voren komt, is eerder een poëtische fictie dan een algemene morele realiteit. Het blijft overigens opvallend dat in tegenstelling tot de situatie in het oude Oosten, in Griekenland en Rome en ook nog in het christendom, in Egypte van maagdelijkheid als deugd op zich nooit sprake is geweest, ja, zelfs dat er in het Egypte van voor de Griekse tijd niet eens een woord voor kuisheid in de seksueel terughoudende zin bestond.[7] Priesters en priesteressen moesten weliswaar het gebod van de rituele reinheid opvolgen. Dit betekende echter alleen dat ze de tempel met gewassen kleren, een schoon lichaam en witte, schone sandalen moesten betreden en voor alles wat de verzorging en dus aanraking van de godenbeelden betreft alles moesten vermijden wat de betreffende god op het gebied van voedsel etcetera had tegengestaan.
De hoofdreden voor deze van andere culturen afwijkende visie op het omgaan der geslachten is diep geworteld in de Egyptische manier van denken: lichaam en ziel, 'vlees' en 'geest' staan niet diametraal tegenover elkaar - zoals dat vooral in het hurritische denken8, maar ook na Plato in Griekenland het geval is.[9]
Er schijnt één uitzondering te zijn, waarmee we ons nog uitvoerig gaan bezighouden: de 'godsgemalinnen van Amun' in de Late Tijd (ongeveer 750-525 v.Chr.) moesten maagden zijn en blijven. Osorkon III had dit voorschrift afgekondigd, toen hij zijn dochter deze zeer oude titel gaf en haar onder deze aanduiding tot zijn ceremoniële en wereldlijke plaatsvervangster in Boven-Egypte maakte. De maagden verzekerden zich door adoptie van ambtopvolgers. Ook hier kwam de motivatie voor de onthouding nauwelijks uit de theologisch-rituele hoek, want eerdere 'godsgemalinnen' waren getrouwde koninginnen, konings- dochters of de echtgenotes van hogepriesters, maar de farao's uit de Late Tijd wilden van het zo belangrijke Boven-Egypte geen brandpunt voor troon- en machtsstrijd maken.[10]
Buitenechtelijke huwelijksbetrekkingen werden in wijsheidsles-

sen en wetten scherp veroordeeld, echter eerder uit praktische dan ethische overwegingen. Procesakten tonen duidelijk aan dat dit ideaal zoals vele andere nooit helemaal perfect werd nageleefd, maar dat het toch een sterk maatschappijbepalende invloed had. In een brief van een weduwnaar aan zijn overleden vrouw stelt de schrijver zelfs: 'Kijk maar, ik heb (na jouw dood) drie jaar alleen geleefd en ben niet getrouwd. Ik betreed geen ander huis, hoewel een man in mijn positie dat mag doen. Ik heb geen van de zusters opgezocht die in huis zijn.'[11]
Het is vrij moeilijk om in algemene zin iets over de erotiek in het oude Egypte te zeggen. Ten eerste is er geen overvloed aan bronnen - geen wonder, aangezien de meeste vondsten in tempels of graven worden gedaan. Daar komt bij dat zulke vondsten vaak onder invloed van een burgerlijk-christelijke preutsheid, zoals die nu eenmaal in de beginperiode van de Egyptologie in de vorige eeuw heerste, verdrongen of helemaal niet openbaar gemaakt zijn, of in musea voor bezoekers en zelfs wetenschappers op een ontoegankelijke manier bewaard worden. Het is dus niet verrassend dat er op dit gebied - en op vele andere gebieden - in de Egyptologie sprake is van bepaalde 'trends'. In dit opzicht is ze zeker geen uitzondering binnen andere wetenschappen, in het bijzonder, de geesteswetenschappen. Het wegdrukken van de erotiek in de Egyptologie heeft de laatste decennia het tegenovergestelde tot gevolg gehad. Beide houdingen doen aan de Egyptische realiteit geen recht.
De Egyptenaren waren in de tijd van de farao's een zeer opgewekt en levenslustig volk. Ze kenden geen door de religie of door de maatschappij opgelegde schaamte voor seksualiteit. Maar hun specifieke aard, die op goede smaak en de juiste maat der dingen gebaseerd was, strookte meer met een wat terughoudend, verhullend taalgebruik, vooral op het gebied van kunst en literatuur, zoals we in de liefdesliederen gezien hebben. Aan directe zinspelingen en grofheden ontbrak het echter niet.
Uitzonderingen bevestigen deze algemene regel van artistieke terughoudendheid. Hoe vaak en hoe omvangrijk deze uitzonderingen oorspronkelijk geweest kunnen zijn, daarover kunnen we slechts speculeren, want de toevalligheid van onze vondsten doet afbreuk aan een objectief inzicht op dit gebied. Een extra probleem vormen iedere keer - hier nog meer dan op an-

dere gebieden - de uiteenlopende omstandigheden bij de ontdekkingen uit de diverse periodes van de Egyptische cultuur. In ieder geval vinden we duidelijke aanwijzingen wat betreft de onbevangen omgang met de lichamelijkheid van de mens reeds in het schrift uit het begin van de Egyptische hoogconjunctuur. De hiëroglyfen, die immers tot aan de ondergang van de Oudegyptische cultuur door hun voorstellingswijze voor inscripties op tempelmuren gebruikt werden, tonen bijvoorbeeld als aanduidingsteken ter onderscheid van gelijkklinkende woorden de fallus of de vrouwelijke schaamdelen, of beide in elkaar, als het woord 'bijslaap' van andere betekenissen moet worden afgegrensd.

Goden met een opgerichte fallus als teken van hun scheppingskracht worden vereerd en een wel zeer oude versie van de ontstaansgeschiedenis van de wereld laat de eerste goden uit de masturbatie van oergod Amun ontspruiten. In één van de weinige en direct overgeleverde godenverhalen wordt verteld, hoe de zeer oude en neerslachtig geworden zonnegod Rê door de godin Hathor opgehitst werd, toen zij haar kleed omhoog trok en haar schaamdelen toonde.[12] In een strijdlustige briefwisseling tussen twee hoge militairen uit de Ramessidentijd windt de ene de andere op, met het vertellen van een avontuur in het toentertijd door Egypte bezette Jaffa in Palestina, waarbij een meisje het met hem aanlegde en hem 'de bekoorlijkheid van haar schoot verschafte' terwijl de wapens van deze vrouwenheld ondertussen werden gestolen.[13]

Ook in de beeldende kunst is er geen gebrek aan overduidelijke voorstellingen. Terracotafiguren tonen de geslachtsdaad even duidelijk als kalksteentabletten, potscherven en rotsafbeeldingen. Een grote papyrus, bekend geworden onder de naam 'Erotische Papyrus Turijn' en stammend uit de Ramessidentijd toont in een reeks tekeningen, die met lichte, maar vaste streken voor de eeuwigheid op papier zijn gezet, in alle details hoe een meisje het met een ruige, er onverzorgd uitziende man in allerlei standjes doet. De schaarse begeleidende teksten spreken van lust en genoegen: 'Kom achter mij met je liefde' of: 'O, zon, je hebt mijn hart geraakt, het is een aangename bezigheid.'[14] Geen woord, geen gebaar bevat ook maar de geringste toespeling op dwang, onnatuurlijkheid of prostitutie. En het is het meisje, dat in iedere scène het initiatief neemt, en zo krijgen we in een heel ander kunstgenre opnieuw een bevestiging van de vele aanwijzingen in de liefdesliederen, waarin de eerste stappen op het terrein van de liefde door een meisje worden gezet.

Mag je dus stellen dat deze papyrus een soort soft porno is? Zo wordt hij in ieder geval door de meeste Egyptologen beschouwd, voorzover ze er überhaupt aandacht aan besteden en dan nog meestal op een zeer moralistische manier, hoewel ze niet om de 'briljante artisticiteit' heen kunnen.

We moeten ons echter eerst de vraag stellen of voor de Egyptenaren deze papyrus pornografie bevatte. Om te beginnen bestaat er in de Egyptische taal geen woord dat het begrip pornografie ook maar in de verste verte dekt. Wanneer wij deze papyrus met andere Oudegyptische tekeningen vergelijken, dan zal ook de leek de overeenkomst in de opbouw met papyrussen opvallen, die een religieus-rituele inhoud hebben, zoals de vignetten in het 'Egyptisch Dodenboek': duidelijk van elkaar afgeleide afzonderlijke voorstellingen, die soms van elkaar worden gescheiden door een paviljoen, waar dat in de Turijnse papyrus een bed of een strijdwagen is. Een diagonaal vormt links bij de Dodenboek-papyrussen een afsluiting, die de westelijke woestijnrand symboliseert en daarmee het hele gebeuren naar de onderwereld verplaatst. In de Dodenboek-papyrussen ligt evenwel op deze diagonaal van het westgebergte de tot leven opgewekte Osiris (vandaar meestal met opgerichte fallus voorgesteld), waar op de erotische papyrus het gaarne tot geslachtsgemeenschap bereide meisje ligt. Evenzo staat op de strijdwagen niet de zegenrijke farao, zoals op ontelbare voorstellingen op tempel- en paleismuren het geval is, maar wederom het meisje dat haar geliefde van achteren verwacht. Kunnen we dus stellen dat de Turijnse papyrus een soort satire is op het geloof in een leven na de dood en op de farao? Met 'het Grote Huis', waarnaar de titel farao letterlijk verwijst, werd overigens, naast alle respect, vaak de spot gedreven. Verhalen waarin de koning op een behoorlijk pijnlijke manier naar voren komt en tekeningen, waarop een muis in de typische faraohouding met pijl en boog, op een door honden voortgetrokken wagen een kattenburcht aanvalt, nemen in het Egypte van

het Nieuwe Rijk en van de Late Tijd zo ongeveer de plaats in van onze politieke grappen, anekdoten en karikaturen. Ook priesters werden op de hak genomen. En de goden? Daarvan is ons geen geval bekend.
De erotische papyrus zou niet echt Egyptisch zijn, als hij niet naast de overduidelijke, direct in het oog springende inhoud, nog een andere, voor tijdgenoten zeer inzichtelijke, maar veelgelaagde betekenis zou hebben. Het is daarbij echter belangrijk zich te hoeden voor allerlei mystificaties of achteraf-interpretaties, iets waar de Grieken zich bij alles wat maar Egyptisch was onmiddellijk aan schuldig maakten - wij doen trouwens tegenwoordig als het de Indische cultuur betreft niet anders.
Ten eerste hebben tekenaars en toeschouwers er eenvoudigweg plezier aan beleefd alle standjes van het liefdesspel zo kunstig mogelijk voor te stellen respectievelijk voorgesteld te zien. Zo mag de aanduiding 'hoofdkussendoek' treffend genoemd worden.[15] Alleen: het gaat nu niet om zaken die een Egyptenaar en dan vooral een geschoolde Egyptenaar gniffelend ontdekte. De satire is ook voor ons nog zeer goed navoelbaar, zeker waar het voorstellingen met dieren betreft (waaruit ongeveer een derde deel van de papyrus bestaat), die een weerspiegeling zijn van de omgekeerde wereld, zoals de voorstelling waarop een merel moeizaam een ladder beklimt die tegen een boom met vruchten staat, waaraan zich een tussen de takjes zittend nijlpaard in alle rust te goed doet.[16]
Met de zinspeling op het leven na de dood, het 'land in het westen', kom je bij een nog complexer gebied van betekenissen: zowel voor de vrouw als voor de man was ook in het leven na de dood de voortplantingskracht zeer belangrijk, juist waar het om het voortbestaan in dit leven na de dood ging; vandaar de nog voor de invoering van de mummificering in de Vroege Tijd en aan het begin van het Oude Rijk zorgvuldig uit gelijmde zwachtels gevormde 'levensechte' kunstmummies met demonstratieve geslachtsdelen; vandaar de bemoeienissen bij de latere ontwikkeling van de eigenlijke mummificering om de fallus en de vulva zo goed mogelijk te conserveren; vandaar de spreuken in het 'Dodenboek', om op een magische manier het volle leven - eten, drinken, ademen en paren - in het hiernamaals zeker te stellen; en vandaar ook die kleine 'concubines'

genoemde vrouwenfiguren met zichtbare schaamdelen, soms met een kind op een bed liggend, in de graven reeds vanaf de Vroege Tijd. Deze benaming is wederom duidelijk afkomstig van Europeanen uit de twintigste eeuw, want zulke figuurtjes kwam je niet alleen in de graven van mannen tegen, maar ook bij de teraardebestellingen van vrouwen, ja zelfs van kleine meisjes. Ze vormden een soort extra verzekering voor een volledig leven na de dood.[17]

En zo moet je ook de zinspeling op de dodenwereld in de erotische papyrus zien. Daar zit niets satirisch, laat staan macabers in, integendeel, het gaat alleen om de vereeuwiging van de macht van de liefde, zodat ze ook na de crisis van de dood nog geldt. Wanneer we ons daarbij herinneren dat Hathor, de godin van de liefde, tegelijkertijd als beschermgodin van het Thebaanse Westgebergte de doden opnam, dan zou achter de voorstellingen van de erotische papyrus zelfs een theologische getuigenis verborgen zitten.

Zoals Hathor net als alle Egyptische goden een donkere kant had, omdat de Egyptenaar zich er bewust van was dat aan het goddelijke een heldere maar ook een schaduwzijde kleefde, zo zijn onder de fabelafbeeldingen die de papyrus completeren, niet alleen komische illustraties en sprookjesachtige parodieën te vinden, maar ook portretteringen van heel wat minder aangename wezens. De aap en de krokodil, de leeuw en de ezel vormen op het eerste gezicht een fraai orkest, dat qua instrumentering en houding aan de geliefde 'vrouwenorkesten' herinnert, die met huppelpasjes op de grafmuren van de 18de dynastie liepen. Maar voor een Egyptenaar was dit een ondoorgrondelijk, ja zelfs angstaanjagend schouwspel: de ezel als symbool van de slechte, de wereldordening bedreigende god Seth, de leeuwin als Sakhmet 'de machtige', die op een bepaald moment de mensheid bijna te gronde had gericht, de krokodil als het gevaarlijkste mensenetende ondier in de Nijl, zij allen, ook de aap van de geheimzinnige god Thot, zullen de eerste lach op het gezicht van een Egyptenaar snel hebben weggenomen.

Zo betekende voor de Egyptenaar ook de lichamelijke liefde, naast lust en plezier, gevaar, al had dit gevaar niets met een vijandelijke houding ten opzichte van lichamelijkheid te maken. Misschien is ook de voorstelling van de morsige, kalende oude man, die in sommige scènes eerder voor de verlokkingen van het schone schijnt terug te deinzen, heel wat meer dan een simpele satire op het stadsavontuurtje van een naïeve plattelandsman.

Net zo verdeeld als de moderne Egyptologen waren in hun oordeel over de Egyptische erotiek, zijn ook de uitspraken van tijdgenoten. In het Oude Testament wordt naast de bewondering voor de spreekwoordelijke 'vleespotten van Egypte' keer op keer gewaarschuwd voor de Egyptische zinnelijkheid ('...want ze hebben veel vlees,' zoals Luther vertaalde) en van dezelfde aard zijn veel Griekse en Romeinse oordelen. Anderen houden niet op de Egyptenaren om hun vroomheid en onthouding te prijzen. En in feite zijn het allemaal projecties van hun eigen moraal, opvattingen en vooroordelen met betrekking tot het oude Egypte, meestal gevat in de logisch schijnende, maar zeer on-Egyptische vorm van het of-of. Het dunkt mij dat de geringe omvang van erotisch materiaal uit Egypte in vergelijking met de wezenlijk talrijkere Griekse, Romeinse en ook Indische voorstellingen, verhalen en leerboeken niet alleen toe te schrijven is aan de toevalligheid van datgene wat bewaard is gebleven, maar veel eerder dat de Egyptenaren over zaken die voor hen volstrekt natuurlijk en vanzelfsprekend waren, weinig hebben meegedeeld - dat gebeurde immers ook op vele andere gebieden, van de godenmythen tot aan de techniek (wat vaklui erg betreuren; theologisch onderzoek stuit hierdoor evengoed op grenzen als wetenschappers in de architectuur, want over details in de piramidenbouw of over de exacte opstelling van de reusachtige, uit slecht één geweldige brok graniet bestaande obelisken, bestaan slechts tegenstrijdige vermoedens).

Tot de door de Egyptenaren nauwelijks beschreven gebeurtenissen hoort ook het concrete verloop van de totstandkoming van een huwelijk. In de liefdesliederen is het de moeder van de bruid die bij de voorbereiding van het huwelijk de hoofdrol speelt. Maar er zijn ook vaak heel wat akten overhandigd voordat de bruidegom een vader om de hand van zijn dochter vroeg.[18] Of er sprake was van een verlovingstijd in de huidige zin van het woord, weten we niet. De eerste aanwijzingen voor schriftelijke huwelijksverdragen stammen uit de elfde eeuw v.Chr., de eerste echt bewaard geblevene uit de negende eeuw v.Chr. Maar het is zeer waarschijnlijk dat zulke overeenkomsten hetzij mondeling, hetzij schriftelijk ook al in de eeuwen daarvoor een Egyptisch huwelijk bezegelden. Ze somden op wat de vrouw en wat de man in het huwelijk meebracht; wat opzij moest worden gelegd voor het geval het huwelijk op een scheiding uit zou draaien en hoe de 'gemeenschappelijke vermogensvermeerdering' (gedurende het huwelijk) over de beide huwelijkspartners en hun kinderen verdeeld moest worden. Het oudste ons bekende bericht van een erfenis van iemands moeder - dat uitgaat van een van tevoren vastgelegd huwelijksverdrag - hebben we gevonden in het graf van een ambtenaar genaamd Metjen aan het begin van de 6de dynastie, dus uit de tijd rond 2500 v.Chr. Van zijn voor die tijd zeer omvangrijke grondbezit van 220 aruren (ongeveer 60,3 ha) was hem 50 aruren, een vierde dus, door zijn moeder vermaakt.[19] Dit opvallende gedeelte uit een lange grafinscriptie is een belangrijke sleutel voor de plaats van de Egyptische vrouw en moeder reeds in die begintijd; bovendien is het door zijn bureaucratische formuleringen zo amusant, dat ik het de lezer niet onthouden wil. Het is een nauwkeurige kopie van een koninklijk decreet aan een bevoegde ambtenaar in het zesde Bovenegyptische gewest, waar Metjens moeder woonde:

'Hij (Metjen) heeft gekocht tegen een vergoeding 200 aruren grond van meerdere koningsboeren. Hij heeft daarvoor gegeven 50 aruren (die van een duidelijk betere bodemkwaliteit zijn) van zijn moeder Nebes-Neith, aangezien zij daaromtrent een testamentaire beschikking voor haar kinderen heeft laten maken, door haar aandelen te laten registreren middels een koninklijke akte bij een van de bevoegde bureaus.'[20]

Juridisch en ambtenarentaalgebruik is in de loop van viereneenhalfduizend jaar dus nauwelijks veranderd, ook niet het feit dat er kopieën worden gemaakt voor alle mogelijke instanties die er ooit iets mee te maken zouden kunnen krijgen. Maar ja, alleen door deze wijde verbreiding zijn ons tenminste enige vermogensoorkonden uit het Oude Rijk bewaard gebleven en de omstandig-precieze formulering (overigens altijd met dezelfde uiterlijke vorm - er bestonden dus al formulieren!) staat een nauwkeurige analyse toe, ook met betrekking tot de erfrechtelijke en juridische positie van de vrouwelijke familieleden. Een

getrouwde vrouw beschikte dus reeds aan het begin van het Oude Rijk over eigen bezit, wat in het geval van Nebes-Neith omvangrijk geweest moet zijn, want er is sprake van meerdere kinderen, die kennelijk allen in dezelfde mate geërfd hebben als Metjen. Wat ons tegenwoordig volstrekt vanzelfsprekend voorkomt, is voor de tijd waarover we nu spreken, zeker gelet op andere culturen, een unicum: een vrouw kan over haar eigendom beschikken zoals ze wil; de naam van haar echtgenoot komt in de oorkonde niet eens voor! Na het woord 'kinderen' als erfgenamen volgen als hiëroglyfische tekens de figuren van een jongen en van een meisje - dochters hadden dus evenveel erfrechten als zonen.
Van de vele kopieën die volgens de inscripties over Metjen van deze en nog drie andere oorkonden gemaakt moeten zijn, is er niet één bewaard gebleven. Natuurlijk is veel geschreven op papyrus, hout of klei, en is in de loop der tijd op natuurlijke wijze door waterschade, vuur of ontbinding verloren gegaan. Maar bij de oorkonden van het Oude Rijk moet men ook in aanmerking nemen dat veel materiaal moedwillig en gewelddadig vernield is. Met betrekking tot de gebeurtenissen in de tijd van de revolutie, waarbij de staat van het Oude Rijk rond 2150 v.Chr. zijn einde vond, klaagde de wijze Ipu in zijn 'Waarschuwingen':

> Het is toch zo:
> De akten van het Hoge Gerecht zijn weggehaald,
> geheime archieven zijn opengegooid...[21]

Er is dus veel voor te zeggen, dat reeds in het Oude Rijk sprake was van huwelijksverdragen, die alleen door omstandigheden niet bewaard zijn gebleven. Des te omvangrijker zijn de vondsten uit de Late Tijd sinds de negende eeuw v.Chr., zodat men een goed inzicht in de maatschappelijke verhoudingen uit die tijd krijgt. Er bestaat nauwelijks een klasse die in deze akten niet als verdragsluitende partij heeft gefungeerd: schippers en herders, boeren en handwerkslieden, hogepriesters en ambtenaren, marskramers en vorsten, waarbij vooral de lagere middenklasse sterk vertegenwoordigd is. En ook vrouwen ontbraken niet als het ging om het vastleggen van documenten. Laten we eens kijken naar drie voor die tijd stereotiepe voor-

beelden, waarbij ik de tekst vanwege de eindeloze bureaucratische zinsneden en herhalingen iets heb bekort:
In een in december/januari 364/363 v.Chr. gedateerd verdrag heet het: 'Regeringsjaar 15, tweede maand van het overstromingsjaargetijde tijdens farao Nektanebos. Gesproken heeft de officier uit het Krokodil-regiment van Edfu, genaamd Osir-An, zoon van Nes-Chon, zijn moeder is Ta-meh, tegen Ta-bast, dochter van Nes-Chon, haar moeder is Ta-Amun:
Gemaakt heb ik je tot mijn echtgenote.
Gegeven heb ik je ongeveer 45,5 gram zilver, dat maakt 2 1/2 stater, als huwelijksgeschenk. Ontsla ik je als echtgenote en haat ik je en neem ik een andere vrouw als echtgenote, dan zal ik je geven 45,5 gram zilver, los van de bovengenoemde, die ik je immers als huwelijkscadeau gegeven heb, om tot 1 zilverling te komen (20 Griekse drachmen)... En ik geef je een derde deel van al datgene, dat ik voor ons verdienen zal. Terwijl de kinderen die je me geven zult heer en meester zullen zijn over al hetgeen mij toebehoort en hetgeen ik zal verdienen.
Kijk naar de lijst met spullen, die jij in mijn huis met je hebt meegebracht: ...' Hierna volgt een hele waslijst, van pruiken tot kleren, spiegels, sieraden en alles zorgvuldig in zilverwaarde uitgedrukt: 'Waarde van jouw..., die je in mijn huis met je hebt meegebracht, uitgedrukt in zilverwaarde: 1 zilverling, kite 4, dat maakt 7 staters (ca. 127,4 gram).' Hierna volgt de voor de vrouw zeer belangrijke clausule: 'Als je binnen bent, dan zijn ze (die vrouwenzaken) met je binnen. Als je buiten bent, dan zijn ze buiten bij je. Wanneer jij het bent, die gaat, als je mij als echtgenoot verlaat, dan zul je me geven de helft van mijn huwelijkscadeau.'[22] Het contract eindigt met de naam van de dienstdoende schrijver met op de achterzijde de namen van acht getuigen. Maar ook de toekomstige echtgenote kan zo'n contract opstellen:
'Regeringsjaar 1, derde maand van het overstromingsjaargetijde tijdens farao Chabbash (januari/februari 337 v.Chr.) Gesproken heeft Setat-Iret-Bin, dochter van Pa-Ti-Hor-Pa-Cheret, haar moeder is Ta-Scheri-Min, tegen de schrijnopenmaker van Amun van Luxor in het westen van Thebe (priester die de schrijn met het godsbeeld van Amun van Luxor bij de vele processies door de dodenstad van West-Thebe droeg) Djed-hor...

Gemaakt heb jij mij tot echtgenote.' Hierna volgt haar bruidsschat en wat ze daarvan aan haar man geeft, in het geval ze hem verlaat. De clausule over de meegebrachte vrouwenzaken ontbreekt hier.[23]

In het laatste voorbeeld kunnen we zien, dat klasseverschillen geen hindernis voor een huwelijk vormden, want hierin trouwt een zeer welgestelde vrouw met een eenvoudige soldaat:

'Regeringsjaar 8, eerste maand van het overstromingsjaargetijde tijdens farao Ptolemeus (V.) en van de Arsinoe, de vaderminnende goden (12 oktober 198 v. Chr.)... Gesproken heeft de man (soldaat) uit (de vesting) Afnatj, Pa-Ti-User... tegen Ta-Scheri-Nis, haar moeder is Ta-Merih: Gemaakt heb ik je tot mijn echtgenote. Gegeven heb ik je drie zilverlingen, dat maakt 15 staters... (ca. 273 gram zilver) als jouw huwelijkscadeau.'

De soldaat moet dus zeer spaarzaam met zijn soldij geweest zijn of rijke ouders hebben gehad om zich een voor die tijd zo groot huwelijkscadeau te kunnen permitteren. In het geval van een scheiding verplicht hij zich tot de betaling van 40 staters.

Hierop volgt een schier eindeloze lijst van 'vrouwenzaken, die je in mijn huis met je hebt meegebracht', waaronder gouden en zilveren sieraden, jassen en kleding, potten en koperen ketels en alleen al aan baar zilver- en kopergeld 439 staters (ook de in de Ptolemeïsche Tijd gangbare Griekse munten werden dus in de vertrouwde zilvergewichtseenheden omgerekend). Bijna even zo hoog is de waarde van de andere vrouwenzaken en je kunt dus met recht zeggen dat Ta-Scheri-Nis een rijke vrouw was.[24] Ze was overigens niet de enige in die tijd - in andere contracten komen bedragen van 6050 staters voor.

Wanneer ons deze contracten de Egyptische echtgenote als een zelfstandige rechtspersoon tonen, die zonder mannelijke vertegenwoordiger of zelfs voogd verdragen kan afsluiten, vrij over haar eigen bezit kan beschikken en ook voor haar echtgenoot na een eventuele scheiding zorgen moet, moeten we ons realiseren dat dit slechts één, zeker in vergelijking met andere culturen niet onbelangrijke zijde van het Egyptische huwelijk is. Heel duidelijk blijkt ook weer uit deze verdragen het reeds veel eerder aangetoonde feit, dat hier geen sprake van een zakenhuwelijk kan zijn, noch in maatschappelijke, noch in juridische zin. Oudegyptische koopverdragen zagen er heel anders uit.[25] De huwelijkscontracten werden in een tempel of een staatsarchief gedeponeerd en daarmee waren de eigendomsverhoudingen van man en vrouw ten opzichte van elkaar vastgelegd. Geen wonder dat grootmoeders huwelijksverdrag of een kopie daarvan generaties lang zorgvuldig bewaard werd en dat niet uit piëteit, maar het gold ook voor de rechter als bewijs voor rechtmatigheid van bezit.[26]

De huwelijksverdragen bevestigen nog iets: dat in Egypte monogamie regel was en dat weliswaar niet alleen om maatschappelijke redenen. De persoonlijkheid van de vrouw en vooral de wederzijdse achting, genegenheid en liefde die in zoveel Egyptische kunstwerken en literaire uitingen naar voren komen, zorgden ervoor dat de polygamie hoogst zelden voorkwam, hoewel ze niet echt verboden was. Een uitzondering vormde het koningshuis, om dynastische en diplomatieke redenen, maar ook de geslachten van de hoogste ambtenaren. In het geval dat de vrouw geen kinderen kon krijgen, schijnt het zo nu en dan te zijn voorgekomen dat de man met haar uitdrukkelijke goedkeuring een 'extra' huwelijk aanging, hoewel we hier geen directe schriftelijke getuigenissen van hebben. Een veel voorkomende clausule in huwelijksverdragen bepaalde dat deze slechts met schriftelijk vastgelegde toestemming van de echtgenote veranderd konden worden.

Vaak vind je in oorkonden en inscripties voor de naam van de vrouw de titel 'Meesteres van het huis'. Dat is niet slechts een eretitel of hoffelijke aanspreekvorm, maar letterlijk bedoeld betekende het gewoon dat zij de baas was over de gang van zaken in en rond het huis en 'huis' betekende in Egypte heel wat meer dan alleen een woning met meubels; het woord omvatte alle in het huis levende mensen, zoals familieleden, dienstbodes en slaven, maar ook de tuin, het grondgebied eromheen en de veestapel. Zo schrijft een 'kolonel en schrijver' aan zijn Nubische pachtboer: 'Verder deel ik je mee, dat ik weer in de stad (Thebe) ben teruggekeerd. Nou had ik je gezegd, ik laat je niet meer bij ons werken. Maar kijk, mijn echtgenote, de meesteres van mijn huis, zei tegen me: Neem hem de grond niet af, maar geef hem de grond weer terug en laat hem erop werken.' En zo geschiedde.[27]

In overeenstemming met hun relatie gingen man en vrouw sa-

men naar feestjes, zoals ons de vele banketscènes op grafmuren tonen; op feestdagen bezochten ze gezamenlijk de tempel en samen deden ze inkopen op de markt. Iedere keer moeten we ons weer realiseren dat bepaalde gedragspatronen die ons heel vanzelfsprekend lijken, dat helemaal niet zijn. In de klassieke tijd van Hellas was de agorà, de markt, niet alleen als debat- en verzamelplaats uitsluitend mannelijk domein, maar van de wijze Socrates tot en met de eenvoudigste burger mochten alleen mannen daar inkopen doen. Ja, Egyptische vrouwen begeleidden hun mannen bij de eerste staking uit de wereldgeschiedenis waar getuigenis van is afgelegd, door ook mee te gaan posten, toen de grafbouwers van Dêr-el-Medineh dit sociale strijdmiddel in het negenentwintigste regeringsjaar van Ramses III in 1155 v.Chr. voor het eerst gebruikten.[28]
De achting en de liefde voor een vrouw waren zo diep geworteld in het Egyptische bestaan, dat ze niet alleen in de kunst en literatuur, maar ook in de 'wijsheidslessen' in de loop der eeuwen en millennia steeds weer benadrukt en geprezen zijn. Deze lessen, steeds weer opnieuw neergeschreven, geciteerd en op school als voorbeeld gebruikt, hebben de moraal en het gezag van de Egyptische mens gevormd, en de auteurs stonden tot op het laatst in het hoogste aanzien. Hun namen werden iedere keer weer met het grootste respect genoemd; het zijn bijna de enige auteursnamen die ons van Oudegyptische literaire werken bekend zijn. De geleerde, de wijze, die met zijn leer de ordening van de maatschappij en de staat, het juiste leven van het individu en daarmee het voortbestaan van de orde in de wereld veilig stelt, was het ideaalbeeld van de Egyptenaar, niet de dappere oorlogsheld.
Reeds in de eerste geheel bewaard gebleven lessen, die van Ptahhotep, die in latere handschriften 'vizier van koning Isosi' (omstreeks 2350 v.Chr.) genoemd wordt, zijn trouwen en het stich- ten van een 'Huis' vanzelfsprekende voorwaarden voor een ordentelijk leven. 'Heb je vrouw lief, zoals het hoort, geef haar goed te eten en kleed haar netjes. Een medicijn voor haar ledematen is zalfolie. Verblijd haar hart, zolang je leeft!' zo licht de wijze uit het Oude Rijk zijn gebod toe.[29]
Bijna duizend jaar later, ten tijde van de sterke 18de dynastie wordt dit in de 'les van Anii' als volgt beaamd:

'Neem je een vrouw, zolang je jong bent...
Val de vrouw niet lastig in haar huis,
wanneer je weet, dat ze bekwaam is.
Zeg niet: Waar is dat? Haal het eens,
wanneer ze het op de juiste plaats heeft gelegd...
Je kent haar waarde, de blijdschap,
wanneer jouw hand bij haar is...
Iedere getrouwde man moet zijn geduld bewaren.
Controleer vrouwen niet!'[30]

Voedsel, kleding en zalfolie zijn bij Ptahhotep niet alleen als voorzorgsmaatregelen voor het lichamelijk welzijn bedoeld, maar vooral voor het geestelijk behagen, dat 'vrolijkheid en liefde' verlangt, zoals het in een later vers heet. Iedere Egyptenaar - vooral uit de kringen van hoge ambtenaren en priesters, tot wie Ptahhotep zich in de eerste plaats richt, waar Anii eerder de middenklasse aanspreekt - was op de hoogte van de zinspeling die in dit vers aan de hand van de dagelijkse verzorging van het godenbeeld in de tempels met offers, kleding en zalving gemaakt werd, met als eis dus achting en verering voor de echtgenote.
De aansporing van Anii aan de man, zijn vrouw in haar waarde te laten en haar dus haar eigen gang te laten gaan, is niet alleen een getuigenis van de betekenis van gewenste eensgezindheid in de Egyptische huwelijksmoraal, maar ook van een groot psychologisch inzichtelijk vermogen - en dat voor bijna 3400 jaar geleden! En weer duizend jaar later in de demonisch geschreven leer van Ankh-Scheschonk vinden we dezelfde politieke instelling ten opzichte van de vrouw, de waarschuwingen voor ontrouw en de lofprijzing op de goede echtgenote en haar waarde voor huis en familie.[31]
Eén morele les ontbreekt: de in Europese preken en andere deugdzame lessen vanaf de Middeleeuwen tot aan de 20e eeuw zeer frequent voorkomende waarschuwingen aan het adres van de echtgenote om haar man toch vooral gehoorzaam te zijn, of nog erger, het dreigen met straf in de vorm van lichamelijk geweld. Raadgevingen en adviezen in deze trant zouden in het Egypte van de farao's totaal ondenkbaar zijn ge-

weest, hoewel ze met betrekking tot andere grove, zeer vrouwvijandelijke uitingen uit de eeuwen daarvoor bijna mild zijn:

'Je moet je goedheid laten varen,
en de knoet tevoorschijn halen,
leg haar maar eens met de billen bloot,
en sla erop, hoe harder, hoe beter,
zodat ze weet wie de baas is:
laat haar smekend zeggen dat ze nooit meer op
slechte gedachten zal komen!'[32]

De Egyptische lessen zijn ook een duidelijk bewijs van het feit dat voor de Egyptenaar het huwelijk niet in de eerste plaats - zoals men dat uit de huwelijksverdragen en naar Romeins voorbeeld zou kunnen concluderen - een juridische verbintenis was, maar eerder een ethisch-sociale, een verwezenlijkte gemeenschap van man en vrouw.[33] Hoe sterk en innig de persoonlijke banden tussen echtgenoten ervaren werden, blijkt nog eens duidelijk uit de weeklachten van weduwes en weduwnaars. Een schrijver uit het grafbouwdorp Dêr-el-Medineh, genaamd Buteh-amun, spreekt de geest van zijn vrouw Achtaj boven haar doodskist aan, door aan haar voeteinde een stenen grafzerk met het volgende ontroerende opschrift te leggen:
'O edele kist van Osiris, met de zangeres van Amun schtaj, die in je rust. Luister naar mij en breng haar deze boodschap. Vraag haar, omdat jij het dichtst bij haar bent, wat doe je? Hoe gaat het met je? Meld haar, dat haar geliefde, haar metgezel zegt: Ach, dat het met jou niet goed gaat. Ach, jij, schoonheid zonder gelijke, jij, die het vee naar huis toe voerde, je om onze grond bekommerde, terwijl allerlei zware lasten op je schouders rustten en er voor jou geen punten waren waar je op kon steunen... O Achtaj, jij lieftallige vrouw.'[34]
Juist de heel persoonlijke toon, die in deze woorden los van alle magisch-religieuze formuleringen doorklinkt, wekt bij ons verwondering, zoals ook in de volgende brief van een weduwnaar aan zijn overleden vrouw, die geschreven op papyrus in haar graf gevonden werd en waaruit we al eens een keer een zin over 'trouw die de dood overstijgt' geciteerd hebben: 'Ik heb je als vrouw genomen, toen ik nog een jonge man was... Alles wat ik verwierf en wat me toekwam, deed ik het niet voor jou, als ik

zei: Ik doe wat jij wilt. Ik heb je alles gebracht, je olie, je brood en je kleding. Als je ziek was liet ik de hoofdarts komen.'[35]
In deze dodenbrief steken de formuleringen van persoonlijke aard nogal af tegen de rest van de tekst, want ook dat mogen we niet verzwijgen: de weduwnaar voelt zich angstig en bedreigd door de geest van zijn overleden vrouw en wil deze op een magische manier bezweren hem voor de toekomst met rust te laten.
En op dezelfde manier spreekt uit de woorden van vrouwen aan het graf, naast het algemeen-menselijke verdriet over het verlies, de liefde en achting, die ze in het huwelijk ondervonden en gaven, zoals in een graf in Thebe:

'Ik ben je vrouw Merit-Rê.
Mijn gemaal, verlaat Merit-Rê niet, jij met je goede inborst...
Ik ga, in plaats van met jou, (nu) achter jou.
Jij, terwijl je je zo graag samen met mij vermaakte,
je zwijgt en zegt niets.'[36]

Men zou misschien kunnen tegenwerpen dat een in memoriam altijd een geïdealiseerde weergave is en dat levenslessen wensen op moreel gebied als feiten plegen voor te stellen. Maar de Egyptenaren met hun zich steeds manifesterende realiteitszin hebben ook in hun wijsheidslessen de bedreigingen voor het huwelijk en de zwakheden van de mens niet verzwegen, en niet alleen uit de huwelijksverdragen, maar reeds uit veel vroeger tijden, weten wij van echtscheidingen die door beide partijen konden worden aangevraagd. Niet alleen seksuele ontrouw kon daartoe leiden, maar ook vervreemding, ruzies, 'haat', zoals het in de oorkonden vaak heet, of 'jij houdt van een ander'. Zelfs Grieken, die in hun eigen wereld een totaal andere voorstelling van het huwelijk hadden, waarbij een man op ieder gewenst moment zijn vrouw verstoten kon, sloten in de Ptolemeïsche Tijd niet zelden huwelijksverdragen met Egyptische vrouwen volgens Egyptische regels, waarin het dan bijvoorbeeld in het geval van Paschi en zijn vrouw Na-Nakhte heette: 'Op het moment dat ik jou als echtgenoot verlaat... of wanneer jij het bent die verlangt te gaan,'[37] altijd met de ons al bekende vastlegging, dat de vrouw in ieder geval haar 'huwelijkscadeau' en haar 'vrouwenzaken' meeneemt. De betaling van een bepaald bedrag aan de man bij een scheiding op instigatie van een vrouw werd daarentegen slechts in weinig gevallen vastgelegd, meestal alleen als de vrouw aanzienlijk welvarender was. Ook bij het thema scheiding moeten we niet vergeten, dat het ontbreken van soortgelijke verdragen in vroeger tijden niet tot de slotsom mag leiden, dat de man zijn vrouw op ieder gewenst moment zonder een bepaalde formele procedure op straat kon zetten. De helaas schaarse gevallen die we uit eerdere periodes kennen en die dat tegenspreken, kunnen niet als uitzondering verklaard worden.

Het is altijd weer aantrekkelijk de gevoels- en geesteshouding van de Egyptenaren waar het om vrouwen en trouwen gaat met de voorstellingen en idealen van de Grieken te vergelijken - de Grieken, die op het eerste gezicht heel wat met de Egyptenaren gemeen hadden: een op landbouw en veeteelt gebaseerde, in stedelijke centra bloeiende cultuur; een ontwikkelde taal, die geschikt was voor allerlei soorten literatuur, voor inscripties, voor religieuze alsook administratieve doeleinden; een hoogstaand artistiek niveau, met overigens grote onderlinge stijlverschillen; en een op polytheïstische grondslag gestoelde rituele, ceremoniële religie, geen boekengodsdienst; bij alle detailverschillen dus veel gemeenschappelijks, zodat een vergelijking niet onzinnig is. En de Grieken staan ons door de kennis en de opvattingen die wij over hen hebben nu eenmaal meer na, dan, laten we zeggen de hoge beschavingen van de Sumiriërs, Assyriërs en Bayloniërs, of nog verder verwijderde antieke culturen.

Om de vergelijking werkelijk kloppend te maken, zetten we naast de Egyptische wijsheidslessen een Griekse, die van de filosoof Demosthenes (384-322 v.Chr.): 'We hebben hetaeren om ons mee te vermaken en daarnaast gekochte deernen, om ons lichaam te bevredigen, en dan nog vrouwen, die ons rechtmatige zonen schenken en voor onze huishoudelijke aangelegenheden moeten zorgen.'[38] Zo'n uitspraak is gewoon onder de Griekse filosofen. Plato (427-347 v.Chr.), de grootste en beroemdste filosoof van Griekenland, maakte van de diepe minachting voor de vrouw geen geheim. In zijn 'Timaios' worden na het verwekken van de goden uit het materiaal dat overblijft allereerst 'de mensen van het superieure geslacht, die in de toekomst "mannen" zouden gaan heten', gemaakt. Wie van de mannen een onverstandig leven heeft geleid, wordt na zijn dood herboren als vrouw en bij aanhoudende slechtheid als dier.[39]

Ook in Griekenland, vooral in het sterk ontwikkelde, geciviliseerde Athene met zijn sterke invloed op de andere Griekse steden en volksstammen, werden deze uitspraken van wijzen, van filosofen, niet slechts als literatuur beschouwd, maar als een bijna nog te mooi voorgesteld beeld van de werkelijkheid: de vrouwen, vooral de getrouwde, zaten bijna de hele dag in huis opgesloten. De meisjes werden, vaak op zeer jeugdige leeftijd, uitgehuwelijkt aan voor hen volstrekt onbekende mannen en betaalden voor zo'n huwelijk soms nog hoge bedragen ook; met de huwelijksvoltrekking vervielen ze van de voogdij van hun vader in die van hun echtgenoot; ze konden zelf geen proces voeren en mochten niet deelnemen aan gezelschappen waarin zich mannen bevonden, zelfs niet in hun eigen huis.[40]

Zo is het heel begrijpelijk, dat zelfs kosmopolitische Griekse geleerden de Egyptische zeden alleen maar hoofdschuddend konden bezien en dus ook niet in staat waren deze te bevatten. Herodotus (circa 500-425 v.Chr.), die langere tijd in Egypte vertoefd had, stelt verbaasd vast: 'Bijna alle zeden en gebruiken van de Egyptenaren staan diametraal tegenover de levenswijze van andere mensen. Bij hen staan de vrouwen op de markt te handelen en zitten de mannen thuis aan het weefgetouw...'[41] En Diodorus Siculus, die ook persoonlijk Egypte bezocht, is wel zeer laatdunkend, wanneer hij - kort na het begin van de christelijke jaartelling - schrijft: 'De vrouw is (bij de Egyptenaren) meesteres over haar echtgenoot; de mannen moeten reeds in de huwelijksoorkonde instemmen met het feit dat ze de vrouw in alles moeten gehoorzamen.'[42] Vergelijkt men de relationele positie van de echtgenote in Egypte met het beklagenswaardige lot van de Griekse vrouw, dan is zo'n overdrijving wel te begrijpen.

3. DRAAG HAAR, ZOALS ZIJ JOU DROEG

Verdubbel het brood, dat je moeder jou gaf.
Draag haar, zoals zij jou droeg.
Ze heeft last en moeite met je gehad. Ze stopte niet,
toen je geboren werd na jouw maanden.

Haar nek droeg jou.
Haar borst was drie jaar lang in jouw mond.
Ze had geen afkeer van je ontlasting
en zei niet uit afkeer: Wat moet ik doen?

Ze bracht je naar school.
Nadat je had leren schrijven,
zorgde ze dagelijks voor je
met brood en bier uit haar huis.

Je bent een jongeman en neemt een vrouw.
Je richt je in je eigen huis in.
Wees gedachtig aan het feit dat je geboren werd,
en alle zorg waarmee je moeder je opvoedde.

Pas ervoor op, dat ze zich van je keert,
dat ze haar armen naar God omhoog werpt
en dat hij haar klagen hoort![1]

Deze woorden van de wijze Anii uit zijn levensleer uit het midden van het tweede millennium v.Chr. horen tot de fraaiste lofprijzingen van de moeder, die we in de wereldliteratuur tegenkomen. Er is geen cultuur en geen volk in de geschiedenis van de mensheid dat de moeder niet eerde en vereerde.
De diepe indruk die dit vers ondanks de enorme tijdskloof op ons maakt, is des te opmerkelijker als je bedenkt dat deze leer zich niet, zoals die uit nog vroeger tijden, overwegend tot de hoogste kringen van ambtenaren en priesters richt, maar tot de middenklasse, dus de in die eeuwen van het Nieuwe Rijk zeer grote groep mensen, die de cultuur droeg en in stand hield. Daarmee vormde deze leer niet alleen opvattingen onder brede lagen van de bevolking, maar weerspiegelde deze tegelijkertijd. Wederom verbindt deze leer op typisch Egyptische wij-

ze gevoel en ethiek met heel reële feiten, waarover we verder weinig weten. Slechts twee daarvan wil ik er even uitlichten, omdat ze voor de bijzondere verhouding tussen moeder en kind in Egypte van groot belang waren. De periode van borstvoeding duurde - in die tijd en onder die mensen - drie jaar, wat verbazingwekkend lang is; hierin ligt zeker een van de oorzaken voor de buitengewoon sterke band tussen moeder en kind in Egypte. Het was ook de moeder die besliste of op zijn minst meebesliste wanneer het kind naar 'school' gestuurd werd om zich de moeilijke kunst van het lezen en schrijven eigen te maken.

Over het onderwijs op zich weten we merkwaardig weinig, hoewel er wel een heleboel oefeningen van leerlingen, al dan niet door een leraar verbeterd, gevonden zijn. Op grond van enkele zeer lucratieve vondsten zijn we in staat in ieder geval drie soorten scholen te onderscheiden: die in plaatsen waar zich bijzonder veel arbeiders en kunstenaars ophielden, zoals in het 'grafbouwersdorp' Dêr-el-Medineh, die in het voorhof van grote tempels als de dodentempel van Ramses II en die aan het koningshof, waar uiterst getalenteerde kinderen samen met koningskinderen, kinderen uit het hofgezelschap en 'gegijzelden' uit vreemde landen opgevoed werden.[2] Niet iedere plaats bood mogelijkheden voor scholing van kinderen en aangezien ook de als leraar werkende schrijvers betaald moesten worden (in levensmiddelen), betekende zo'n besluit tot schoolbezoek een forse aderlating voor het huishouden en dus voor de moeder.

Maar nog voor de periode van borstvoeding ligt een tijd die ook door de Egyptenaren - zoals reeds te zien in het vers van Anii - als behoorlijk gevaarlijk en belangrijk voor de moeder gezien werd.

Uit enkele medische papyrusrollen, maar ook uit religieuze hymnen ter lofprijzing van de god 'die de vrouwen door het zaad van de man zwanger laat worden', kunnen we afleiden, dat de Egyptenaren over conceptie en zwanger worden nauwkeuriger voorstellingen hadden dan andere volken. Dat blijkt onder andere uit de aanwezigheid van voorbehoedmiddelen, die weliswaar meestal van magische aard waren, maar soms ook weer rationele overwegingen verrieden, zoals bijvoorbeeld de in Arabisch gom gedrenkte tampons, die in de medische 'Papyrus Ebers' aanbevolen werden.[3] Ook middelen voor het opwekken van een abortus of juist het tegengestelde, de bescherming van de foetus werden beschreven.[4]

Een belangrijke rol speelden abortus en geboortebeperking niet, noch voor de seksuele moraal, noch voor de familieplanning. Veel vaker werden talloze middeltjes genoemd die de vruchtbaarheid van de vrouw en de mannelijke potentie konden versterken. Deze medische alsook magische middeltjes werden begeleid door de vaak ontroerende gebeden en geloftes, die van de godheid het zo vurig verlangde kind afsmeekten. In de meeste van de ons bekende gebeden is van 'kind' zonder onderscheid des geslachts sprake; zeldzaam zijn de gevallen, waarin specifiek om een zoon gevraagd werd. Met deze vaststelling moeten we echter zeer voorzichtig zijn, want 'de geliefde zoon' was van oudsher een bestaande uitdrukking uit de dodendienst, en deze 'geliefde zoon', die voor de verzorging van vader en moeder in het leven na de dood verantwoordelijk was, kon ook een dochter zijn, zoals we later nog zullen zien. Er is ons geen geval bekend van een pasgeboren meisje dat werd verstoten of zelfs maar voor ongewenst werd verklaard. Van kinderloze ouders werd op zijn minst verwacht dat ze een weesje adopteerden; wie dat niet deed, werd als zonderlinge vrek veracht.[5]

Men kende ook reeds zwangerschapstesten. Bij een ervan - die momenteel in Europa soms nog wordt uitgevoerd - wordt een gerst- of tarwezakje in de urine van de vrouw gehangen; bij ontkieming was naar Egyptische overtuiging (waar in de moderne hormonentheorie heel verschillend over wordt gedacht) sprake van een zwangerschap en zelfs het geslacht van het embryo wilde men uit de snelheid van de ontkieming van de een of andere graansoort kunnen voorspellen. Maar ook zeer wetenschappelijke methodes werden aangewend: het uitblijven van de menstruatie, de vergroting van de borsten en verkleuringen van de huid. De normale zwangerschapsduur was precies bekend en men nam voor de zwangere vrouw alle voorzorgsmaatregelen om een eventuele miskraam of te vroege geboorte te voorkomen.

In de eerste plaats was, vooral gelet op de situatie bij andere volken uit die tijd, sprake van een bijzondere aandacht voor hygiëne. Niet alleen waste groot en klein zich regelmatig in rivieren en kanalen of in een tuinvijvertje, een groot aantal huizen (ook van de middenklasse) bezat zelfs badkamers en toiletten. Als verdere voorzorgsmaatregel verzorgde de vrouw de huid van haar buik met oliën en zalfjes en smeerde haar geslachtsorgaan in met scherp ruikende kruiden. In moeilijke gevallen haalde men er een mannelijke of vrouwelijke arts bij. Gynaecologie en het vroedvrouwschap waren belangrijke onderdelen van de in de gehele oude wereld beroemde Egyptische medische wetenschap, en ook Herodotus bewondert in zijn *Historiën* het specialisme van Egyptische artsen waar het gaat om verschillende ziekten en organen.[6] Vier van de slecht bewaarde medische papyrusrollen uit het faraoïsche Egypte, waarvan de eerste uit het Middenrijk stamt, houden zich ook met gynaecologische gevallen[7] bezig en tonen niet alleen aan over welk een opmerkelijke kennis de Egyptische artsen reeds vierduizend jaar geleden beschikt hebben, maar wijzen ook op de bijzondere aandacht die de vrouw en moeder in de Egyptische maatschappij ten deel viel.

Naast de wetenschappelijke methodes, waarvan zwangere vrouwen gebruik konden maken, was er een veelvoud van magische praktijken. De grenzen tussen religie, wetenschap en magie liggen natuurlijk iets anders dan in onze schijnbaar zo verlichte tijd. Vele gebruiken, zoals het vastbinden van de haren en kledingstukken van de zwangere vrouw, om daarmee een miskraam te voorkomen - die uiteraard bij de geboorte weer werden losgemaakt - beschouwde de Egyptenaar helemaal niet als aspecten van magie, maar als uit het 'gezonde mensenverstand' voortkomende maatregelen, en bij vele andere uitgebeelde handelingen was het al niet anders. Daarbij moeten wij 'beeld' in zeer ruime zin opvatten, van tekening en plastiek tot aan woordinhoud, en ons het Egyptische denken voor de geest halen, waarin men onder 'beeld' niet alleen afbeelding verstaat, maar ook de inhoud van datgene wat verbeeld wordt.

Aan deze bezweringspraktijken danken we de in grote hoeveelheden gevonden amuletten uit ieder denkbaar materiaal, van klei en geglazuurd aardewerk tot hout, ivoor en steen en zelfs brons en edelmetaal, waarvan in het bijzonder de knoop- en strikvormige zoals het 'Isis-bloed' of het levensteken 'Ankh' en beeldjes van de drachtige nijlpaardgodin Thoëris ('De Grote')

en van de dwerg Bês als zeer heilzaam en beschermend voor moeder en kind golden.
De geboorte vond meestal niet in het huis plaats, zoals we uit vele voorstellingen weten, maar in een 'kraamhuisje', opgebouwd uit houten latten en veelkleurige matten, dat in de tuin of op het dak van het huis neergezet werd en vaak met bloemen was versierd. Of nu oorspronkelijk dit kraamhuisje vooral het gemak van de kraamvrouw diende, zodat ze in het warme Egyptische klimaat 'van de koele noordenwind genieten kon', die in zoveel verhalen en gebeden geprezen wordt, of dat de gedachte van de zuiverheid van de vrouw en het huis op de voorgrond stond, is uit vroeger tijden niet aantoonbaar, en het is voor Egypte waarschijnlijk, dat beide een rol hebben gespeeld. Een cultische 'onreinheid' van de kraamvrouw, waarvan bijvoorbeeld in het Oude Testament sprake is,[8] komt in Egyptische teksten niet voor.
Bij de latere tempels uit de Griekse en Romeinse tijd, die het mooist bewaard zijn gebleven, zoals in Edfu, Denderah en Philaä, is het kraamhuisje voor de geboorte van het godenkindje van steen en wordt 'Mamisi' genoemd. Het oude gebruik van elk Egyptisch huis volgend, bevindt zich dit gebouw afgeschermd van en buiten de eigenlijke tempel, maar wel binnen de omgrenzende muur en het wordt door priesters en priesteressen ook volledig bij de cultus betrokken.
Een van de meest levendige en duidelijkste schilderingen van een geboorte in de Egyptische literatuur komen we tegen in de *Papyrus Westcar* (geschreven rond 1600 v.Chr.), een verzameling van zeer oude volksvertellingen, die alle de inmiddels legendarische koningen van het Oude Rijk betreffen en waaruit we al eerder de avonturen van koning Snofru tijdens zijn pleziervaart op het meer hebben leren kennen. Hier nu wordt verteld hoe een beroemde tovenaar en wijze koning Cheops, zoon van Snofru, voorspelt dat op een dag zijn, in dit geval de vierde dynastie, uitsterft en hoe de eerste koningen van de vijfde dynastie als zonen van de zonnegod Rê geboren zullen worden:
'Op een dag gebeurde het, dat Reddjedet, de vrouw van Ramose, een priester van Rê, weeën kreeg, en haar bevalling was moeilijk. Toen sprak de majesteit van Rê in Sachebu (een beroemde plaats van verering van de zonnegod) tot (de godin-

nen) Isis, Nephtys, Mesechenet, Heqet en (Scheppergod) Chnum: "Gaat toch en verlos Reddjedet van haar drie kinderen, die in haar lichaam zitten en die dit voortreffelijke ambt (van het koningschap) over ons hele land zullen gaan uitoefenen..." Hierna begaven de godinnen zich op weg, na zich eerst in danseressen veranderd te hebben. Chnum begeleidde hen en droeg de spullen. Ze kwamen bij het huis van Rawose aan en troffen hem met een verdraaid (dus loszittend) schort. Zij brachten hem hun menits en sistrums (instrumentaria om de goden te kalmeren en gunstig te stemmen).
Toen zei hij tegen hen: "Geachte dames, het is vanwege de vrouw die weeën heeft, en wier bevalling zo moeilijk is!" Waarop zij zeiden: "Breng ons naar haar! Want wij kunnen haar wel verlossen!" ... En zij traden bij Reddjedet binnen. Daarna sloten zij de deur achter zich.
Isis ging voor Reddjedet staan en Nephtys achter haar. Hekut (een padvormige geboortegodin) bespoedigde de verlossing. En Isis zei: "Wees niet te sterk (Egyptisch: user) met jouw naam Userkaf!" (Een woordspeling met de naam van de eerste koning van de 5de dynastie.) Daarna gleed dit kind op haar arm, een kind van 52 centimeter lang en stevig gebouwd... Nadat zij de navelstreng hadden afgebonden, wasten zij het en legden het op een bakstenen bed. Toen ging Mesechenet naar hem toe en sprak: "Een koning, die het koningschap over het hele land zal gaan uitoefenen..." En Chnum schonk zijn lichaam gezondheid...' Op dezelfde manier wordt nu de geboorte van de toekomstige koningen Sahurê en Neferirkarê beschreven, en dan luidt het: 'Toen kwamen deze goden naar buiten, na Reddjedet van haar drie kinderen verlost te hebben, en zeiden: "Verheug je, Rawoser, zie, jou zijn drie kinderen geboren!"' [9]
Dat typisch Egyptische verband tussen heel precies geobserveerde feiten en een religieus-mythische achtergrond treffen we ook in dit verhaal aan, dat naast de louter historische belangstelling voor de ontstaansperiode van het koningsdogma, dat de verandering van dynastie door het goddelijk verwekken van erfgenamen legitimeert, ons ook nog op heldere wijze verhaalt over de afloop van een geboorte. Reeds uit het uitgangspunt spreekt het nauwkeurige en niet alleen op de geboorte van meerdere kinderen gerichte observatievermogen: 'Haar bevall-

ling was moeilijk.' Het als schoonheidsideaal geldende smalle bekken van Egyptische vrouwen, dat we ook bij veel mummies van vrouwen kunnen vaststellen, zorgde ongetwijfeld en regelmatig voor problemen bij de geboorte. In de medische papyrusrollen komen we verscheidene methodes en kunstgrepen tegen om de enige als normaal beschouwde ligging van het hoofdje te verzekeren, de weeën op te wekken ('door middel van een medicijn, waardoor de baarmoeder zich samentrekt') en op te vangen. 'De lucht in het lijf te persen, zonder te schreeuwen!' was een raad aan de krijsende,[10] en voor erg hevige pijnen bestond er een bedwelmingsdrankje. Graven van jonge vrouwen met hun pasgeboren baby's komen we verhoudingsgewijs vaak tegen, zodat we het risico voor moeder en kind bij de geboorte en in het kraambed behoorlijk hoog moeten inschatten. De normale houding van barende vrouwen was gehurkt, waarbij zij zich aan stenen vasthielden, geholpen door een meisje achter haar en de vroedvrouw voor haar, net zoals in bovenstaand verhaal.

De godinnen die in dit geval deze rollen vervulden, vormen niet alleen een tegenbewijs voor de stelling dat het beroep van vroedvrouw als onrein gegolden heeft. Hun cultische muziekinstrumenten tonen aan, dat ze als 'muzikanten en danseressen van god' in een priesterlijke rol optraden, want de danseressen die van dorp tot dorp trokken om de mensen te amuseren, hadden luiten, tamboerijnen, lieren en fluiten bij zich.

Het schijnt dus niet uitgesloten te zijn, dat in die tijd en aan het hof de vroedvrouwen werden opgeleid in het 'levenshuis', een van de aan de grote tempels verbonden leerscholen, waarin naast mythen en rituelen en de schrijfkunst ook wetenschappen zoals astronomie, wiskunde en geneeskunde onderwezen werden, zoals wij later bij het beroep van de vrouwelijke arts nog duidelijker zullen zien. Zeker, in de huizen van boeren, vissers, handwerkslieden en arbeiders zullen ervaren vrouwen uit de buurt de barende vrouwen een handje geholpen hebben. Als hun bijzondere beschermgodin goldt Nekhbet, 'zij met de vasthoudende duimen', die aan deze bezigheid haar naam ontleent.[11]

Na de bevalling werd de nageboorte zorgvuldig onderzocht,[12] en werd het kind, na van de navelstreng verlost te zijn, gewassen en op een klaargemaakt bedje gelegd, dat in het koningsverhaal uit bakstenen bestond, maar dat we ons natuurlijk voorzien van zachte dekens en matten moeten voorstellen. Meestal was het echter een wieg, waarin de pasgeborene gelegd werd, en dit gebeurde al heel lang zo. Een zeer oude titel van de koningin luidt 'Wieg van Koningskinderen', en Mesechenet, die tot het godinnenkwartet van ons verhaal behoort, is zo'n wieggodin. Zo wekt het geen verbazing, dat volgens de opvattingen van de Egyptenaren goden geboren werden, net als zij, en, hoewel pas na langere tijd, ouder werden en stierven. Een uitzondering daarop vormde slechts de Oer-Schepper-God, die 'uit zichzelf ontstaat' of 'zichzelf geschapen' heeft. 'Nadat de wereld weer in het Oerwater terugkeert, in die Oervloed (van de chaos), zoals bij haar ontstaan, ben Ik het, die overblijft, samen met Osiris, nadat ik me weer in een slang veranderd heb, die de goden niet kennen en de mensen niet zien,' zo spreekt de Schepper-God Atum in spreuk 175 van het Dodenboek.[13]

Maar voor de andere goden geldt dit voortdurende bestaan in steeds wisselende vormen niet; Osiris bijvoorbeeld komt niet meer op aarde terug, maar blijft in het dodenrijk, echter wel als heerser daarvan. Naar geboorten van goden verwijzen naast de Mamisi van de tempel ook schilderingen op de wanden van koningsgraven en van doodskisten, waarop de zonnegod Rê 'tussen de benen van Nut', de godin van de hemel, iedere morgen opnieuw geboren wordt, of de mythe van de geboorte van de koning en hemelgod Horus uit Isis.[14]

Direct na de geboorte verkreeg het kind, van zowel vader als moeder, zijn naam. Daarbij waren Egyptenaren niet erg fantasievol. Natuurlijk hebben de verschillende millennia een aanzienlijk aantal namen opgeleverd, waarvan de verklaring dikke boeken vult, maar iedere tijd had zo zijn modenamen, zoals dat bij ons al niet anders is, die meestal refereerden aan de naam van de meest geachte god of farao en het kwam niet zelden voor, dat meerdere kinderen in eenzelfde gezin dezelfde naam droegen, zodat ze door toevoegingen zoals 'Wer' (de oudere) of 'Tascheri' (de jongere) of aan de hand van koosnaampjes onderscheiden moesten worden.

Een naam had in het oude Egypte, in verband met het verder leven na de dood, een uiterst belangrijke functie. Hij vormde

samen met het lichaam, de afbeelding en de zielskrachten de totaliteit van een persoon, en het toevallige of niet zelden opzettelijke uitwissen van een naam maakte de betreffende persoon tot een 'onpersoon'.[15] Om dat te verhinderen, bracht men de naam zo vaak men maar kon aan en voegde men meestal hier nog de naam van de ouders aan toe, om verwisseling verder onmogelijk te maken. Daarbij druk ik mij heel bewust onduidelijk uit, want soms vinden we alleen de naam van de moeder, soms alleen die van de vader en af en toe van beide. Wat betekent dat? Is het destijds geheel volgens de wens van de overledene gebeurd of waren er bepaalde regels?
Daarover is een felle strijd aan de gang in de egyptologie en de bij de oplossing van dit probleem betrokken wetenschappen als sociologie, volkenkunde en rechtsgeschiedenis. Met grote stelligheid wijzen sommigen op een duidelijk aanwezige 'matrilineariteit', omdat volgens hen de meerderheid van de namen verwijst naar de moeder; anderen daarentegen verkondigen het tegenovergestelde, en geloven eerder in een 'patrilineariteit'. De eerste groep wijst erop, dat de oudste, voor een deel bewaard gebleven koningslijst, de naar hun huidige bewaarplaats 'Palermosteen' genoemde brokstukken uit de 5de dynastie, de oudste nog leesbare koningsnamen van de eerste dynastieën, slechts de namen van de moeder vermeldt. Daaruit trekt men dan soms de conclusie: oud is oorspronkelijk, en dus was de Egyptische maatschappij 'door Afrikaanse invloeden'[16] matrilineair. Dat klinkt zeer overtuigend, maar is geen afdoende bewijs. De verhoudingen in het koningshuis liggen op zoveel gebieden anders dan die in de normale families. Uit de Vroege Tijd bezitten we helaas weinig informatie over de afstamming van personen buiten het koningshuis en uit het Oude Rijk hebben we ook bijna alleen maar gegevens over prinsen en prinsessen, die hun afstamming van een koningsmoeder of koningszus of zelfs van een koning natuurlijk nadrukkelijk beklemtoonden, zonder dat men daaruit een bepaalde lineariteit kon vaststellen.
Wanneer we de oudste getuigenissen bekijken, waarbij opvalt dat meer en meer mensen melding maakten van de namen van hun ouders vanaf ongeveer het midden van het Oude Rijk, dan kunnen we ook opmerken, dat tot in het begin van het

Middenrijk, tot in de 11de dynastie, het vooral de vader was die de aangifte deed. Op de grafstenen uit de 12de tot de 17de dynastie wordt daarentegen steeds meer de naam van de moeder genoemd,[17] of het moet zijn dat de vader een hoge titel had. Dat gaat zo verder in de volgende millennia van de Egyptische geschiedenis: op perioden waarin vooral de vader aangifte deed, of waarin bijna uitsluitend de namen van beide ouders werden genoemd, volgen weer tijden waarin het bijna alleen de moeder was, dit laatste opvallend vaak in de laatste, 30ste dynastie, vooral opvallend als je rekening houdt met de in die tijd duidelijke invloed vanuit Griekenland, waar het accent meer op de vaderlijke afkomst werd gelegd. Of was deze afwijkende houding van de Egyptenaren in die Late Tijd een soort van nationaal-cultureel protest, alsook een kritische terugblik op de van oudsher kenmerkende trekken van de eigen cultuur?
Het wordt er allemaal niet makkelijker op, dat men zich in alle boeken die zich met dit vraagstuk bezighouden, voortdurend bedient van vage begrippen als ‘overwegend’, ‘vooral’, ‘opvallend vaak’, wat ik overigens ook heb gedaan - een statistisch overzicht van de Egyptische afstammingsgegevens ontbreekt nog. Het zou bij de ongekende hoeveelheid aangetroffen gegevens op graf- en tempelmuren, doodskisten, borstbeelden, oorkonden en kleitabletten, en bij de noodzakelijkheid, om van de verschillende perioden in drieduizend jaar tijd de gebruiksmogelijkheden en het sociale klimaat aan te geven, van het allergrootste belang maar toch ook weer beperkt in bewijskracht zijn, aangezien de rol van het toeval bij de gedane vondsten altijd moeilijk inschatbaar blijft.
Steeds weer stuiten wij in Egypte op verhoudingen die met dualistische begrippen, zoals de hier genoemde ‘matrilineariteit’ en ‘patrilineariteit’, en met ‘of-of’ niet te beschrijven of te verklaren zijn en al helemaal niet, wanneer men ze, zoals in vele scholen van de moderne sociologie of etnologie gebruikelijk is, nog aan nalatenschaps- en erfopvolgingsproblemen verbindt.
Detlev Franke heeft in zijn verdienstelijke onderzoek naar Egyptische verwantschapsverhoudingen groot gelijk, wanneer hij deze ‘bilineair’ noemt,[17] maar ook dat helpt ons niet veel verder bij de beantwoording van onze vraag hoe nu precies de rol van de vrouw als moeder in het oude Egypte eruitzag. In ieder geval

wordt ook zonder statistieken en theorieën uit de geboorteaangiften duidelijk, dat deze rol wel een heel andere was dan gebruikelijk in de toenmalige oriëntaalse en mediterrane culturen.
Ook op een volledig ander gebied wordt deze indruk bevestigd, namelijk dat van de voorstellingen die men had van het leven na de dood. Een heel centrale betekenis voor deze gecompliceerde en zelfs al voor de eerste Egyptenaren zo ongelooflijk belangrijke geloofsdenkbeelden vormde het 'dodengericht' (vergelijk het laatste oordeel), dat in de meest in woord en beeld vastgelegde vorm ongeveer sinds het einde van het Oude Rijk aanwezig was. Een dode moest zich voor Osiris, de god van het leven na de dood, en zijn 42 helpers in de 'gerechtshal' verantwoorden voor alles wat hij in zijn leven gedaan had, en als bewijs voor zijn uitspraken namen de dodenrechters een grote weegschaal, waarop men aan de ene kant het hart van de dode legde, dat voor de Egyptenaren de plaats was van de wil, het verstand en het vermogen tot herinneren. Op de andere schaal lag een klein beeldje van de godin van de Waarheid, van het Recht en van de Orde in de wereld, genaamd Maat, een dochter van Rê, of zelfs alleen haar naamsteken, een veertje. Vol spanning bekeken Osiris en de Rechtergoden, de Weegmeester-God Anubis, de notulerende Toth en de gestorvene zelf of de weegschaal zou gaan bewegen. Want dan werd het hart een offer voor de gretig wachtende 'verslingeraarster', een hels monster, deels nijlpaard, deels krokodil, deels leeuw, en in dat geval stierf de overledene de zo gevreesde tweede dood, waarna geen voortbestaan maar een volledige en eeuwige vernietiging restte.
Zoals steeds bij zulke existentiële vragen hebben de Egyptenaren naar wegen gezocht om zich hierop te kunnen voorbereiden en hun overleden familieleden te kunnen helpen. Steeds weer werd de nadruk gelegd op een zedelijk bestaan. In het dodengericht ligt een heel wezenlijke bron voor de Egyptische ethiek, die evengoed voor de machtige farao als voor de eenvoudige burger gold, evengoed voor vrouwen als voor mannen:
'Het college (van rechters), dat de schuldigen veroordeelt – jij weet, dat ze op de dag des oordeels voor de ongelukkigen niet mild zijn... De mens wordt na zijn dood alleen gelaten, en naast

hem worden zijn wandaden op een hoopje gelegd. Het hiernamaals is eeuwig, en wie zich daarover beklaagt, is dom. Wie het echter gelukt daar te komen zonder onrecht te hebben gedaan, die zal als een god zijn, ongehinderd als de meesters van de eeuwigheid!' Zo waarschuwt Achthus, de koning van de 10de dynastie, zijn troonopvolger Merikarê.[18] En hij besluit zijn les met: 'Aangenomen (bij het dodengericht) wordt het wezen van de rechtvaardige meer dan het rund van de zondaar...'
De Egyptenaren zouden echter geen Egyptenaren zijn wanneer ze niet vol zelfkennis naar mogelijkheden gezocht zouden hebben om de fatale consequenties van het gerecht uit de weg te gaan. Hun zorgvuldig uitgewerkte methode daarvoor beschouwen wij tegenwoordig als magie of toverkunst; zij zelf noemden het: datgene weten, wat voor je staat; kennis hebben over de juiste manier van handelen in iedere fase van het leven na de dood; en ten slotte op de hoogte zijn van de spreuken, die die kennis en handelwijze samenvoegen en werkzaam maken. Deze omvangrijke kennis kon tijdens het leven geleerd, maar ook in woord en beeld aan de dode meegegeven worden. Zo ontwikkelden zich uit de in principe alleen voor de farao's bestemde spreuken in de koningspiramiden vanaf het einde van de 5de dynastie tot aan het einde van het Oude Rijk, en via de doodskistspreuken van de Eerste Tussentijd en het Middenrijk, vanaf het begin van de 18de dynastie in de zestiende eeuw v.Chr., die 193 spreuken van het 'Egyptische Dodenboek', die in verschillende samenstellingen in inscripties en papyrusrollen, op hout en op kleitabletten, op de 'Uschebti' genoemde dodenfiguurtjes en hartscarabeeën, ja zelfs op de achterzijde van het gouden dodenmasker van Toetanchamon (zoals vele andere tot op de dag van vandaag niet gepubliceerd, laat staan vertaald!) te vinden zijn.[19]
In dit Dodenboek staat steeds weer het voor de overledene beslissende gebeuren centraal, met het Dodengericht als middelpunt. Een van de spreuken met nr. 30 bezweert het hart van de overledene tijdens het proces geen verklaringen af te leggen die ingaan tegen de drager. De beide licht van elkaar afwijkende versies 30a en 30b beginnen met dezelfde om zijn rituele werking herhaalde aanhef:

'Mijn hart van mijn moeder,
Mijn hart van mijn moeder,'

die dan in 30b verdergaat:

'Mijn hart van mijn wisselende vormen -
sta niet op als getuige tegen mij,
treed niet op tegen mij in het gerechtshof,
maak geen knieval tegen mij voor de Weegmeester!' [20]

Op dit zeer dramatische ogenblik, waarop het al dan niet verderleven van de Egyptenaar wordt bepaald, spreekt hij zijn hart aan als 'hart van zijn moeder'. Het hart en alles wat daarvoor staat, verstand, wil en gevoel, ondervindt hij dus als iets dat hem niet door God of zijn vader is geschonken, maar dat van zijn moeder afkomt. Een duidelijker bewijs voor de positie van de moeder in het Egypte van de farao's kan er niet zijn; hierop heeft de Duitse egyptoloog Hellmut Brunner ons reeds gewezen.[21] Het belang van deze passage wordt nog versterkt doordat in de (meer gebruikte) spreuk 30b van deze 'nalatenschap' duidelijk wordt dat ze een tijdens een heel leven verworven, geleerde en zich toegeëigende is, cryptisch verwoord met de zin: 'Jij hart van mijn wisselende vormen', die op de verschillende ontwikkelingsfasen van het leven slaat.[22]
Tijdens de driejarige periode van borstvoeding en nog vele jaren daarna, is hoofdzakelijk de moeder de persoon tot wie het kind zich voor zijn verzorging richt. Voedsters komen we alleen aan het hof en bij zeer rijke families tegen. De opvoeding van oudere kinderen hing natuurlijk vooral van de sociaal-financiële positie van de ouders af. Op het land werden kinderen voor het zware werk gespaard, maar ze hielpen wel overal mee, de meisjes bij het lezen van aren, alsook bij de zorg voor het gevogelte en bij de vogelvangst, als hulp van de kraamvrouw en bij de verzorging van gasten; de jongens bij het lichte veldwerk, zoals de veeteelt - dit echter alleen wanneer ze daar zin in hadden.
Juist dat komt ons wel wat eigenaardig voor bij alles wat wij over het boerenleven in het verre verleden en bovendien dan nog in het oosten dachten te weten. In werkelijkheid is dat zeer weinig, zelfs uit het in toch zoveel opzichten zo openhartige Egypte. Weliswaar komen in grafschilderingen regelmatig boe-

ren aan de arbeid voor, zelfs – net als in strips – met een enkel woord, uitroep of lied, dat de arbeid begeleidt. Maar: het zijn uitsluitend graven van hoge ambtenaren aan het hof die zich zulke schilderingen konden permitteren, weliswaar niet om decoratieve redenen, maar om in het leven na de dood over deze mensen en de resultaten van hun handelingen zoals zaaien, oogsten, vee- en vogelteelt te kunnen beschikken, en het is dus waarschijnlijk, dat onze vooroordelen over het leven en het opgroeien op het platteland vaak nog door Oudegyptische vooroordelen versterkt worden.

Ongeveer 25 jaar geleden werden bij toeval tijdens het zorgvuldig uitruimen van een graf in Thebe enkele brieven gevonden, die een boer, een kleine landeigenaar uit een dorp bij Thebe en tegelijk dodenpriester tijdens de 11de dynastie, met andere woorden zo ongeveer rond de overgang van het derde naar het tweede millennium, tijdens een reis aan zijn oudste zoon geschreven had, die hem zowel bij de bewerking van het land alsook als dodenpriester verving.

Ik heb over deze Heqanachte, de naam van de briefschrijver, in een ander boek uitvoerig bericht.[23] Het was hoogstwaarschijnlijk een wat mismoedige en wantrouwige man, die zijn zoon Merisu tot in de kleinste details voorschreef wat hij op het land moest doen, wanneer en voor hoeveel hij iets moest verpachten en hoe hij en de dienstbodes de concubine van Heqanachte, die zich waarschijnlijk al eens beklaagd had, behandelen moesten – kennelijk was de vrouw van Heqanachte en de moeder van zijn kinderen al een tijd daarvoor gestorven. Slechts twee groepen huisbewoners blijven gevrijwaard van zijn continue, met dreigementen vermengde gemopper, en aangezien dit voor een boer uit zijn tijd en ook nog voor zo'n opgeblazen figuur als hij was kenmerkend is, citeer ik hier beide passages uit de brief. Tot de uitzonderingen behoren namelijk aan de ene kant de vrouwelijke familieleden, bovenal zijn moeder, en daarbij nog zijn twee kleine zoons, Anupu en Snofu.

'Pas zeer goed op Anupu en Snofu,' zich hier richtend tot de ouderen in de familie. En in een andere brief luidt het: 'Als Snofu graag bij de stieren is, laat hem! Hij wilde nu eenmaal niet bij jullie op het land werken, steeds heen en weer lopen, noch wilde hij met mij hier naartoe gaan; waar hij ook zin in heeft, zorg er voor dat hij zich vermaakt!' Helemaal aan het begin van deze brief staat echter: 'Een zoon spreekt tegen zijn moeder; de dodenpriester Heqanachte tegen zijn moeder Ipi en tegen Hetebeth (een tante): Hoe gaat het met jullie? Zijn jullie gezond van lijf en leden? In de gunst van Month, de Heer van Waset!' (De oude streekgod van Thebe; Amun was in de 9de dynastie nog niet opgeklommen tot Koning der Goden.)

Of het nu de boeren of de middenklasse betrof, zowel jongens als meisjes namen al vroeg aan de offerhandelingen van de ouders voor de goden of de overleden familieleden deel.[24] Aan het hof was de situatie al nauwelijks anders. Wanneer wij steeds weer geconfronteerd worden met de woorden van een vader aan zijn zoon en over de opvoeding van een kind lezen, moeten wij daarbij niet vergeten, dat 'de vader' ook de algemene aanduiding voor onderwijzer was en 'zoon' in de zin van scholier of leerling net zo goed voor een meisje kon staan. In ieder geval is de betekenis ook van de moeder voor de opvoeding en scholing van dochters en zonen in het geheel niet te overzien.

De moeder was vrij haar bezit dat zij zelf verworven of van haar ouders of echtgenoot geërfd had naar eigen goeddunken door te geven. Van één zo'n geval in het Oude Rijk hadden we al gehoord, namelijk dat van de beambte Metjen. Onder de oorkonden uit het Nieuwe Rijk vinden we zo'n nalatenschap van een moeder in een heel andere maatschappelijke groep. Het betreft een vrouw uit het dorp Dêr-el-Medineh, de woonplaats van de bouwers van de koningsgraven, dat ons al zoveel verhelderende teksten heeft nagelaten. Haar levensverhaal is voor een vrouw uit een lagere klasse niet geheel vreemd:

Zij heette Naunachte en werd aan het eind van de detiende eeuw v.Chr. als dochter van een arbeider in het dorp geboren. Toen zij ongeveer twaalf jaar oud was, trouwde zij met de hoogste ambtenaar, de schrijver Kenhirchopschef. Dat was niet alleen in die tijd een gouden greep, maar het huwelijk schijnt ook nog werkelijk zeer gelukkig geweest te zijn, hoewel de schrijver in de tijd van de huwelijksvoltrekking al bijna 70 geweest moet zijn. In ieder geval verzorgde Naunachte hem zo goed, dat dit uitdrukkelijk vermeld werd, en na zijn dood noemde zij haar eerste zoon uit een tweede huwelijk naar de overledene. Waarschijnlijk had Hirchopschef de jonge Naunachte bij de huwelijksvoltrekking geadopteerd en haar daarmee tot enige erfgenaam van zijn vermogen gemaakt.[25]

Jaren later, tijdens haar tweede huwelijk, verschijnt Naunachte voor het gerechtshof van het dorp, dat onder het voorzitterschap van een schrijver en met de dorpsoudsten als assistenten, zowel in straf- als burgerlijke rechtszaken competent was en laat in het protocol vermelden, welke van haar acht kinderen iets erven: 'Zie, ik ben oud geworden, en de kinderen kijken niet meer naar mij om. Diegene, die voor mij gezorgd heeft, die geef ik iets van mijn bezit. Maar diegene, die niets heeft gedaan, zal ik ook niets geven.' En in een daarbij gevoegde lijst worden de kinderen vermeld waarvan zij zegt: 'Zij mogen niets ontvangen van mijn derde deel (uit het tweede huwelijk). Zij zullen alleen iets ontvangen uit de nalatenschap van hun vader.' [26]

Het waardevolste stuk, dat zij haar zoon Kenhirchopschef vermaakt, is een wasstel uit brons, verder behoren tot de nalatenschap, zorgvuldig op een lijst vermeld, kopergerei met een totaalgewicht van 3,6 kilo aan zuiver koper, grote hoeveelheden tarwe en vet (aangezien er geen muntstelsel in het Egypte van het Nieuwe Rijk was, werden de lonen in natura uitbetaald), en nog enkele huishoudelijke apparaten, een maalsteen en een vijzel, en nog wat koffers en kisten. Dat was toentertijd een heel omvangrijke nalatenschap, en ook al komt ons dit als gering en armzalig voor, werp maar eens een blik op het wel zeer karige bezit van de overgrote meerderheid van de bevolking in de huidige ontwikkelingslanden: dan word je vanzelf wel wat bescheidener in je oordeel.

Wanneer de echtgenoot voor zijn vrouw kwam te overlijden, kon zij het voogdijschap over de kinderen overnemen, en dat geldt voor alle perioden en standen, want we hebben bijvoorbeeld een oud bericht over koningsmoeders die voor hun onmondige zonen het regentschap overnamen, en ook een bericht over moeders van streekvorsten. De toekenning van een andere voogd over de kinderen moest voor de dood van de echtgenoot en met uitdrukkelijke toestemming van de vrouw geregeld worden. Hoe groot is ook in dit geval het onderscheid met andere culturen, waarin niet alleen de kinderen, maar ook de vrouw zelf aan het voogdijschap van een mannelijk familielid onderworpen zou zijn.

Stierf de moeder na de vader, dan hadden de kinderen - zoon of dochter - de plicht om voor haar een graf te bezorgen, de begrafenis te regelen en daarna 'aan alle feesten van hemel en aarde', zoals de rituele formule luidde, deel te nemen, alle ceremoniële handelingen te voltrekken en offers te brengen net zoals voor de vader. Inderdaad zijn in alle perioden van de Egyptische geschiedenis de vrouwengraven niet anders uitgerust dan die van mannen uit dezelfde klasse. Ondanks het enorme tijdsverschil vormen de graven, waarin zonen zich samen met hun moeders lieten afbeelden, vandaag de dag nog een voldoende bewijs van de liefde en de verering die een moeder in Egypte ten deel vielen.

4. LEIDSTER VAN DE VROUWELIJKE ARTSEN

Haar naam was Ichtu-Iru, ze leefde aan het einde van de zevende eeuw v.Chr., en in haar graf in West-Thebe bevindt zich een voor vrouwen uit het oude oosten opvallende beroepsaanduiding: 'Vrouwelijke schrijver, Grote Hofdame van de Godaanbidster, Godsgemalin, Nitokris' Hand van God.' Daarbij draagt zij de hoge hofrangtitel van een 'Bekende van de Koning' en wordt zij geprezen als: 'Zij, die het Toornvuur blust in het Huis van de Aanbidster van Amun.' Zij zou de 'Ogen van de Aanbidster van God, Oren van de Aanbidster van God' geweest zijn.[1]
Het opvallende aan dit opschrift zijn niet zo zeer de hoge rang- en titelaanduidingen, die Ichtu-Iru heeft. Zulke kom je tegen aan ieder koningshof van de prehistorie tot nu, en omdat het hier gaat om het hof van Godsgemalin Nitokris, de plaatsvervangster van de farao en regentes in Boven-Egypte, is het niet verwonderlijk, dat aan haar hof vrouwen met hoge titels opduiken. Uniek en daarom zeer verrassend is echter de aanduiding 'Vrouwelijke Schrijver', die nog voor alle rangen en titels wordt geplaatst. In ieder geval kunnen we momenteel nog in ieder boek over de Egyptische cultuur lezen, dat 'het schrijven een zaak van mannen' was en dat er slechts een enkele vrouw te vinden is, die tot de scholing in deze moeilijke kunst toegelaten werd.[2]
Op het eerste gezicht lijkt deze opvatting te moeten worden bevestigd. Tot de grondpatronen van de Egyptische voorstelling van mensen in de beeldende kunst, behoort, vanaf het Oude Rijk tot in de Late Tijd, de hoge ambtenaar als schrijver; maar de figuur van een schrijfster komen we onder de beelden niet tegen. In de levensbeschrijving op de grafmuren wordt aan de titel van de grafheer vaak het woord 'schrijver' toegevoegd, gaat er zelfs aan vooraf, terwijl dit bij de vrouwelijke graven nooit het geval is, daar begint men altijd met een ander woord.
Maar als we wat verder en nauwkeuriger gaan kijken, dan worden we toch achterdochtig.
Aan het hoofd van de schrijfkunst staat als beschermvrouw de godin Seschat en dat reeds op de alleroudste beschreven monumenten, nog voor de god Toth opduikt,[3] die bovendien oor-

spronkelijk een god van de maan was en wegens zijn betekenis voor het rekenen en meten van de tijd zijn latere 'bevoegdheid' voor het schrift verkreeg. Seschat komt daarentegen vanaf het begin als meesteres van de Koninklijke Archieven naar voren, bij het uitmeten en afbakenen van tempelcomplexen, en bij het vastleggen van de regeringsjaren en Sed-feesten van de koningen. Zelfs in de Late Tijd wordt zij 'Zij die het eerste schreef' genoemd.[4]

Dat zij nog niet in de Voortijd werd vereerd maar pas toen de cultuur in Egypte op haar hoogtepunt was en dus ook het schrift, blijkt uit het feit dat zij van het begin af aan als een menselijke figuur optrad. Bijna alle oude goden, wier verering tot in de vroegste tijd teruggaat, verschijnen in de loop der tijden nog in de vorm van hun fetisj of van een dier. Menselijke gestalten kregen de Egyptische goden pas in de weinig generaties tellende begintijd van de bloei van de cultuur, waarbij sprake was van toenemend menselijk zelfbewustzijn.[5] En net zoals Ptah, de god van Memphis in een vanaf het begin menselijke gestalte als god van de vervaardigers van stenen vaten, het begin van zijn cultus aangeeft, gelijktijdig met de hoge kunst en de gebruiksvoorwerpen van de steenboorders, ging het ook met Seschat. Het is typerend voor het Egyptische denken, dat men reeds in de Vroegste Tijd niet alleen bezigheden als schrijven, meten en het aanleggen van archieven of het maken van bouwplannen niet voor 'onvrouwelijk' hield, maar ook een vrouwelijke godheid als schepster en beschermster van deze vaardigheden vereerde.

Maar ook zonder ons tot de mythologie te wenden, stuiten we in alle perioden op vrouwen die konden lezen en schrijven. Wanneer we hier daadwerkelijk naar zoeken, vinden we een bepaald geen gering aantal bewijzen: de beroepsaanduiding 'schrijfster', de voorstelling van vrouwen met schrijfpaletten, de vondst van zulke paletten met vrouwennamen, en de talrijke titels voor hoge ambtenaressen en priesteressen, waarvan de meesten de kunst van het schrijven machtig moeten zijn geweest om überhaupt hun ambt te kunnen uitoefenen. De aanduiding 'vrouwelijke schrijver' komen we voor het eerst in het Middenrijk tegen; op zijn minst drie keer, en alle staan in verbinding met koninginnen, zodat men de indruk krijgt dat het

hier om een soort privé-secretaresses ging. Voor de beroepsaanduiding 'schrijver', mannelijk of vrouwelijk, was kennis van een aantal of slechts de meest voorkomende hiëroglyfen niet voldoende, hoewel deze kennis al de nodige vlijt vereiste, en ofschoon dit schrift 24 tekens voor een enkele letter kende, vooral voor het schrijven van buitenlandse namen, hebben de Egyptenaren tot aan het einde van hun cultuur nooit de stap naar een alfabet gezet, en de meeste hiëroglyfen bleven een combinatie van meerdere medeklinkers. Klinkers werden niet geschreven. Daarvoor kwamen tekens om qua medeklinkers gelijkluidende woorden van elkaar te onderscheiden; en uiteindelijk ook voor veel voorkomende begrippen zoals 'zon' of 'huis', het beeld alleen.
Als je vanaf het begin van het schrift tot aan de laatste hiëroglyfen-inscriptie op een tempel rond 310 na Chr. een volledige lijst van alle tekens en combinaties zou maken, dan kom je uit op ongeveer 5000 hiëroglyfen!
Een schrijver of een schrijfster in het Middenrijk, waarvan we tenslotte uitgingen, had in de scholingsperiode voldoende aan 'slechts' 700 tekens. Daarbij kwam echter nog een gelijk aantal tekens voor de 'hiëratisch' genoemde schrijftaal die voor lijsten, rekeningen of brieven, kortom voor alles wat niet op een tempel of grafmuur werd geschreven, gebruikt werd. Wanneer wij al moeite hebben met ons algemeen beschaafd Nederlands, met hoofd- en kleine letters, met gedrukte en geschreven taal, en dat terwijl ons alfabet slechts 26 letters telt, kan men zich wel voorstellen, welk een moeite een Egyptisch meisje of Egyptische jongen zich moest getroosten om alleen al deze beide schriften te leren. Tot het leerproces behoorde behalve kennis van het op de juiste manier formuleren, het schrijven van brieven en literaire omgangstaal, die heel wat verder afstond van de normale schrijftaal dan bijvoorbeeld een dialect bij ons; pas daarna werd de felbegeerde titel van vrouwelijk of mannelijk schrijver verkregen.
De meisjes leerden de kunst van het schrijven niet anders dan de jongens. In het Oude Rijk onderwees de vader zijn zoon of dochter, net zoals dat bij alle hand- en kunstvaardigheden het geval was. Van daaruit ontwikkelde zich spoedig een gelijkschakeling van de woorden 'zoon' en 'leerling' of 'scholier',

waarbij de zoon ook best een meisje kon zijn, of een vreemd kind, dat dan veelal geadopteerd was. In het Middenrijk, na de revolutietijd en de strijd van streekvorsten om de hegemonie,[7] voldeed dit familiesysteem niet meer, aangezien voor de wederopbouw veel meer ambtenaren nodig waren. Daarom kreeg een leraar vanaf nu meerdere leerlingen onder zijn hoede - de 'school' was geboren.

Maar buiten de lessen van de vader of op school bestond er voor een meisje nog een mogelijkheid om te leren schrijven: in het paleis van de koning als vriendin van de dochters van de koning. Dezen namelijk, dat lijdt geen twijfel, moesten net zoals de prinsen deze moeilijke kunst onder de knie zien te krijgen, al was het alleen maar om aan hun cultische plichten te kunnen voldoen, en het is meer dan waarschijnlijk, dat zij vriendinnen - hofdames of dochters van hoge ambtenaren - aan het onderwijs lieten deelnemen, net zoals de prinsen dat ook deden. Uiteraard zal het resultaat van de scholing sterk afhankelijk zijn geweest van aanleg en vlijt; maar er waren koningsdochters die zich enorm voor deze kunst interesseerden. Dicht bij de prachtig bewaard gebleven hiëroglyfspreuken in het binnenste van de beroemde piramide van koning Unas uit de 5de dynastie (tot ongeveer 2320 v.Chr.) op de residentiële begraafplaats van Saqqara ligt het Mastabagraf van zijn dochter Edut.

Op een wandschildering staat zij als een grote figuur voor haar voedster Nebeth op een boot op de Nijl en zelfs bij dit uitstapje heeft zij haar schrijfgerei meegenomen, het palet met verfkommetjes en een vakje voor de schrijfbiezen, dat op een kastje is gezet, wat gezien de Egyptische wijze van perspectief weergegeven ín een kastje betekent. Aangezien geen andere naam in het graf wordt genoemd, zal het wel door haar koninklijke vader zijn opgericht, met zijn commentaar bij haar beeld: 'De dochter van de koning, die van zijn vlees is en direct na hem vereerd wordt, die Hathor dagelijks verheerlijkt, vereert naast Anubis op zijn berg, Seschseschet (koosnaampje) met haar verkregen naam Idut.'[8]

De schrijfpaletten waren bij de leden van het koningshuis uit ivoor of ebbehout vervaardigd en zijn dus vanwege hun waarde al snel uit de graven gestolen. Een bijzonder exemplaar is gelukkig bewaard gebleven en moet nu als voorbeeld en bewijs voor vele andere dienen: in het graf van de vroeg gestorven koning Toetanchamon bevindt zich zo'n palet, dat volgens de inscriptie erop eigendom was van zijn schoonzus Merit-Aton, dat zij zelf aan het graf van haar zwager had geschonken of dat (we kennen haar overlijdensdatum niet precies) samen met andere stukken als herinnering en ten behoeve van een nieuw leven aan overleden familieleden meegegeven is. Welke rol deze Merit-Aton in de op een misdaadroman lijkende gebeurtenissen tussen de koninklijke vrouwen tegen het einde van de Amarnatijd gespeeld heeft, zullen wij in het zevende hoofdstuk nog zien. Wanneer je dus kunt stellen, dat koningsdochters de kunst van het schrijven onderwezen kregen, dan is het volkomen vanzelfsprekend dat de koningsgemalinnen, voorzover zij koningsdochters waren, en dat geldt voor de meesten van hen, konden lezen en schrijven. Daarvan hebben wij geen bewijs, zelfs niet ten aanzien van regerende vrouwelijke farao's, maar dat hebben wij ook niet van de schrijfkunst van de regerende mannelijke koningen.

Wij zien de mannelijke en vrouwelijke farao's op tempel- en grafmuren steeds alleen bij de voltrekking van een heilige handeling. Zelfs historische feiten, zoals oorlogen, waren geritualiseerd, en zelfs de ons zeer ongedwongen voorkomende scènes van Echnaton, Nofretete en hun dochters hadden religieuze en geen sentimentele of documentaire betekenis. Dat al deze koninginnen en koningen uit het oude Egypte een krachtige binnen- en buitenlandse politiek bedreven, juridisch een wetgevende en uitvoerende macht vertegenwoordigden en niet in de laatste plaats een zeer waakzaam oog hielden op hun 'vorsten en graven, schatmeesters en districtsbestuurders', of hoe ook de in iedere tijd en op iedere plaats veranderende titels voor hen die voor het bezit van de farao en de economie van het land zorgden, luidden, is vanzelfsprekend. Dit betekende natuurlijk ook, dat ze moesten kunnen lezen en schrijven, om aanwijzingen te kunnen geven en controle te kunnen uitoefenen. Maar geen enkel Egyptisch document geeft aan dat een koning zelfs ook maar een allereerste versie opgeschreven zou hebben. De aantekening op veel van dit soort documenten 'gewaarmerkt naast mijzelf, door de koning' is het uiterste aan authenticiteit, dat ons is overgeleverd.

Bij wetenschappen zoals cultuurgeschiedenis is een bewijs aan de hand van iets dat er niet is altijd netelig. Veel eenvoudiger bewijsvoering voor hun schrijfkennis zou worden gevormd door een handgeschreven papyrusrol, die bijvoorbeeld koningin Hatschepsut-Makarê achtergelaten zou hebben, of wanneer ze op een van de vele beelden en reliëfs met een schrijfpalet zou zijn uitgebeeld.

Maar we hebben in ieder geval juist van deze heerseres een zeer uitvoerig bericht over haar expeditie naar het ver in Afrika gelegen Punt, land van de wierook, waarin het volgens de weergave van een 'bevel' van Amun voor de reis luidt: 'In het negende regeringsjaar in de troonhal' en haar bevelen aan de bij naam genoemde ambtenaren volgen. We kunnen er zeker van zijn, dat zulke bevelen niet alleen in een raadszitting 'vanaf de Gouden Troon' mondeling verkondigd werden, maar dat de koningin ze ook schriftelijk had vastgelegd. Aangezien we uit deze en andere inschriften van de koningin weten, dat ze tot in alle details invloed had op haar bouwwerken, wijze van opsiering en de formulering van de teksten, en aangezien deze in strikt Middelegyptisch, de ten tijde van Hatschepsut niet meer gesproken literaire taal van het Middenrijk, neergeschreven zijn, is ook dit een belangrijke aanwijzing van haar literaire kennis.

Uit de Late Tijd van Egypte zijn veel oorkonden en verdragen bewaard gebleven, waarnaar we al regelmatig verwezen hebben. En hier vinden we eindelijk wat we in het geval van Hatschepsut gemist hebben: een groot aantal handgeschreven onderschriften ook van vrouwen vormen een overduidelijk bewijs, dat vrouwen in Egypte konden schrijven.[9]

Wij kunnen ook met zekerheid stellen, dat de vele vrouwelijke beambten, wier titels en rangen aan ons zijn overgeleverd, de kunst van het lezen en schrijven machtig waren. Alleen al de aanwezigheid van deze rangen en titels is iets verrassends. We hoeven helemaal niet naar de klassieke oudheid terug te gaan (daar komen we zeker geen hogere, gezaguitoefenende vrouwelijke ambtenaren tegen); stilstaan bij onze eigen sociale geschiedenis is al voldoende. Nog aan het begin van deze eeuw waren er bij ons helemaal geen hoge administratieve banen voor vrouwen, en zelfs tegenwoordig nog moeten vrouwengroepen en individuele vrouwen voor promotie in overheids-

dienst strijden en meer presteren dan de mannelijke collega's, om ook daadwerkelijk in de hogere echelons terecht te komen. Het verbluffende aan Egypte is, dat we zulke titels, die meestal in de vorm van 'leidster van ...' of 'opzichtster over ...' op een hoge ambtelijke functie wijzen, tijdens de hele geschiedenis, van de Vroegste tot de Laatste tijd, met weliswaar steeds veranderende vormen en inhoud, maar altijd weer tegenkomen. We moeten van enthousiasme zeker niet in overdrijving vervallen; van een ook maar bij benadering gelijk aantal vrouwelijke en mannelijke ambtenaren, laat staan van een percentueel vastgelegde verhouding is in het oude Egypte absoluut geen sprake. Maar hun aantal is toch dermate groot geweest, dat hun namen en titels duizenden jaren lang statistisch relevant waren. En vooral: ondanks de spotlust van de Egyptenaren, die zich in veel bewaard gebleven literaire werken vaak bijtend scherp en sarcastisch over bepaalde beroepen en hun beoefenaren hebben uitgesproken, kwam het nooit voor, dat een vrouw zo op de hak werd genomen. Men vindt ook geen opmerkingen die zich richten tegen vrouwelijke beroepsuitoefening, want niemand zag er iets ongewoons in. Een ook maar enigszins volledige opsomming van de bezigheden van vrouwelijke ambtenaren in het Egypte der farao's zou zo ongeveer de literaire charme van een telefoonboek hebben. Maar enkele veelbetekenende of amusante voorbeelden uit verschillende perioden wil ik u toch zeker niet onthouden. Daarbij moet u zich niet storen aan het feit dat het bijna altijd om rangen en titels met betrekking tot het koningshof gaat, want van het begin af aan was Egypte een centralistische, op de farao gerichte staat, vandaar dat alle mannelijke en vrouwelijke bestuurders bij het hof hoorden.
Het begint al in de Vroegste Tijd, dus tijdens de 1ste en 2de dynastie, als staat en bestuurlijk apparaat (een steeds complexere) vorm beginnen aan te nemen.
Van de niet in erg grote hoeveelheden overgebleven stenen of stèles op privégraven uit deze tijd, waar behalve namen ook nog titels op staan, zijn er alleen al 26 afkomstig van vrouwen.[10] Daaronder zijn zulke belangrijke - althans voor die tijd - titels als 'Leidster der Weefsters'. De weverij was een economische onderneming binnen het paleis, die voor de in de Vroegste Tijd bijzonder bonte en uitgebreide kleding[11] even be-

langrijk was als voor de verzorging van de gestorven farao's en de zijnen in het leven na de dood.
Een bijzondere vertrouwenspositie had een vrouw met de titel 'Zij die Horus versiert', dus die de koning in de gedaante van Wereldgod bekleedt met de ornamenten die zijn goddelijkheid tegelijkertijd bewerkstelligen en tonen. De 'Grote van het Huis' hield toezicht op de arbeiders en het personeel van het paleis, vooral het vrouwelijke dienstpersoneel.
Wanneer ik hier bewust van de term 'vrouwelijke ambtenaar' gebruik maak, dan duid ik op het beroepsmatige aspect van die term. Iets als onze huidige ambtenarenstatus kende men in het oude Egypte nauwelijks, maar wel een vrij strenge hiërarchie in rangen en titels, en aan de hand van grafbiografieën weten wij, dat het mogelijk was om in de loop van een leven steeds iets hogerop te komen. Bij sommige van deze bezigheden is het voor ons niet eenvoudig een onderscheid te maken tussen ambtenaren in de huidige zin en priesters. Voor de Egyptenaren zelf heeft dit onderscheid, vooral in het begin, helemaal niet zo sterk gespeeld. Zo overheerste voor hen bijvoorbeeld bij 'degene die Horus versiert' eerder het cultische aspect. Over vrouwen als priesteressen zullen wij het in een later hoofdstuk nog uitvoerig gaan hebben. Het veelvoud van vrouwelijke beroepstitels wordt in het Oude Rijk alleen nog maar groter, ook later ontbreken de 'Leidsters der Weefsters' niet. Men krijgt vaak de indruk, dat er binnen het paleis een aparte fabriek in bedrijf was. De waarde die de farao aan deze tot het domein van de koningsgemalin behorende economische tak en de leidster daarvan hechtte, is ons door een toevallige vondst uit een ambtenarengraf op de begraafplaats van de piramide van Gizeh duide- lijk. Uit een inscriptie blijkt dat hij de weefsters 'met gouden sieraden beloond had',[12] een gunst, die de farao in het Oude Rijk slechts hoogst zelden en dan nog alleen aan de allerhoogste beroepen, zoals dat van de vizier, verleende.
Maar ook andere bestuurlijke takken in de organisatie van het paleis en van de staat hebben soms een vrouw aan het hoofd. Zo kennen we een 'Leidster van de Eetzaal', een 'Leidster van de Pruikenwerkplaatsen', en in de 5de dynastie onder koning Userkaf, kon Hadschetheknu zich in haar graf als 'Opzichteres van de Koninklijke Eigendommen' laten betitelen.[13] Het is

nauwelijks voorstelbaar, dat al deze leidsters en opzichteressen niet zouden hebben kunnen lezen. Zowel de op hen rustende personeelscontrole als de dagelijkse berichten aan de vizier of de schatmeester over het binnenkomen en verzenden van allerlei materialen, zou zonder deze vaardigheid immers onmogelijk geweest zijn en dat in een staat waarin ieder klein detail, vooral als het economische zaken betrof, op eindeloze lijsten vermeld werd. Misschien beheerste niet ieder van deze vrouwen de kunst van het schrijven volledig, maar dat was bij hun mannelijke collega's evenmin het geval, zoals de vele schrijffouten op de in groten getale bewaard gebleven lijsten aantonen. Voor de uitoefening van de controle en vermeldingsplicht van een leidinggevende vrouw volstond deze kennis kennelijk.
In de 4de dynastie heeft een hoge koningsambtenaar zijn moeder, Peseschat genaamd, samen met zichzelf in zijn Mastaba begraven en haar op de schijnbare deur tussen de offer- en grafruimte op de erezetel tegenover de zijne aan de eettafel afgebeeld. In inscripties kun je de rang van de moeder duidelijk driemaal lezen: 'Leidster der Vrouwelijke Artsen'. [14]
De vrouwelijke uitgang van deze Ambtenarentitel is duidelijk bewaard; bij 'Vrouwelijke Artsen' is ze niet meer zo duidelijk zichtbaar. Het zou dus mogelijk kunnen zijn, dat deze vrouw ook hoofd was over de mannelijke artsen. Daarbij droeg zij bovendien nog enkele hoge rangtitels, zoals 'Bekende van de Koning' (in de 9de dynastie nog een weinig voorkomende aanduiding), 'Priesteres van de moeder van de Koning' en 'Toezichthoudster over alle Dodenpriesters van de Koningsmoeder'. [15]
Of men uit deze inscriptie kan opmaken, dat er in alle periodes en in groten getale vrouwelijke artsen in Egypte zijn geweest, valt moeilijk te zeggen, want de eerste bij naam genoemde vrouwelijke artsen kennen wij pas uit de Laatste Tijd. Hier zou wederom de toevalligheid van wat wij gevonden hebben tegen ons en de vrouwen kunnen pleiten. In ieder geval staat de buitengewoon hoge rang van Peseschat vast, te meer daar zij niet eens tot de koningsfamilie behoorde.
Op deze plaats moeten we melding maken van nog een vrouwelijk beroep, dat voor ons enige overeenkomst met het medische vertoont, terwijl voor de Egyptenaar de priesterlijke kant op de voorgrond stond: de 'taricheut'. Met dit woord, dat 'inzoutster'

betekent, kenschetsten de spotlustige Grieken de hun even onbekende als griezelige bezigheid van de met de mummificering en balseming belaste priesters en priesteressen. Over deze bezigheid hebben de Egyptenaren weinig mededelingen gedaan. Wanneer mummies worden getoond, dan zijn ze altijd al helemaal netjes omzwachteld, net als ook beelden altijd alleen in voltooide staat werden getoond, zelfs bij scènes uit beeldhouwerswerkplaatsen. In beide gevallen was er dezelfde magische reden voor: ze moesten de bestaansmogelijkheid van de overledene in het leven na de dood verzekeren, en iedere onvolkomenheid, al was het in de visuele weergave, zou de nagestreefde bedoeling wel eens in het tegendeel kunnen doen verkeren.
In het lange verloop van de Egyptische geschiedenis zijn niet alleen de vormen en technieken van de mummificering veranderd, maar zijn ook de rangen en titels van de daaraan werkenden gewijzigd. Diegenen die de eigenlijke mummificering verrichtten, stonden echter altijd, in tegenstelling tot de door de Grieken 'openmakers, opensnijders' genoemde lijkenwerkers, in hoog aanzien en oefenden vaak hoge priesterambten uit. Door de opzettelijke zwijgzaamheid van de Egyptenaren omtrent deze bezigheid, is het geen wonder dat wij ten aanzien van details hoogstens gevolgtrekkingen kunnen maken aan de hand van de toestand van de mummies. Sinds de zich, vanaf de 3de dynastie, via het koningshuis en de ambtenarenstand steeds meer tot grotere groepen van de bevolking uitbreidende mummificeringsgewoonte is geen enkel 'kwaliteitsverschil' tussen mannelijke en vrouwelijke mummies vast te stellen. De eerste vermeldingen van vrouwelijke balsempriesters, dus de genoemde 'taricheutessen', komen we pas tegen in de Laatste Tijd.[16] Of ze alleen voor de balseming van vrouwen bevoegd waren, of en sinds wanneer van deze bezigheid door vrouwen al in eerdere perioden sprake is geweest, weten we niet – de bronnen laten ons weer eens in de steek. Zeker is wel, dat de 'taricheutesse' waar ze ook genoemd wordt, hetzelfde hoge aanzien als haar mannelijke collega's en de daaruit voortvloeiende priesterlijke titel bezit.
Onder de leidinggevende vrouwelijke ambtenaren willen we ook die 'Leidster der Danseressen' niet vergeten, tot wie het oudste ons bekende liefdeslied in Egypte is gericht, zoals we in het eer-

ste hoofdstuk hebben gezien. Maar de hoogste rangen en titels waren zelfs in het Oude Rijk, dat vaak als bijzonder mannelijk of 'alleen door mannen bepaald' geldt, niet onbereikbaar voor vrouwen. Zo maakte koning Pepi I, uit de 6de dynastie, de moeder van zijn beide gemalinnen tot 'vrouwelijke vizier'.[17]
Deze tweevoudige schoonmoeder van de koning, wier dynastische betekenis nog steeg doordat zij door haar dochters ook grootmoeder van de beide volgende farao's werd, heette Nebet en was de vrouw van een streekvorst van Abydos, genaamd Chui. De relatie van koning Pepi I met deze niet-koninklijke familie was stellig noodzakelijk ter ondersteuning van de wankelende koningsmacht in Midden- en Boven-Egypte. We weten niet precies, of er taken aan deze titel 'vrouwelijke vizier' verbonden waren, of dat het 'slechts' om een eretitel ging. Voor de samenhang van ons betoog is dat ook niet van beslissend belang: of Nebet was een van de - in de tijd van de 6de dynastie zonder twijfel meerdere - vrouwelijke viziers en oefende haar ambt net zo als haar mannelijke collega's regionaal of met beperkte bevoegdheden uit, of ze bezat deze hoogste rang 'slechts' protocolair, en dan nog was dat voor een vrouw in de Oude Wereld even zo goed uniek en dat zeker voor Egyptenaren, voor wie immers zo'n hoge rang voor het leven na de dood van even grote waarde was.
De hoogste rangtitel in het Oude Rijk was 'Iripât, vorst', die toentertijd slechts aan de leden van het koningshuis was voorbehouden en pas later ook aan hoge ambtenaren werd toegekend. Al in de Vroegste Tijd konden dezen als plaatsvervanger van de koning optreden en er waren ook vrouwen, 'vorstinnen' genaamd, waaronder enkele koningsgemalinnen en hun erfdochters in het Oude Rijk, die deze functie bekleedden.[18]
In alle perioden van de Egyptische geschiedenis komen we vrouwelijke ambtenaren tegen, waarvan we er nog een paar willen vermelden: vanaf het Middenrijk winnen de bezigheden van de drost aan het koningshof steeds meer aan betekenis. Allereerst heeft deze 'mondschenker' het gezag over de keuken en de kelders van het paleis en zowel vrouwen als mannen hebben deze functie vervuld.[19] In het Nieuwe Rijk breiden hun taken zich nog aanzienlijk uit en kunnen ze qua belangrijkheid die van de vizier nog overtreffen.

Na het einde van het Nieuwe Rijk, toen in de 21ste dynastie (circa 1080-946 v.Chr.) weinig krachtige farao's in de Delta resideerden en de macht over Boven-Egypte in handen van de hogepriesters van Amun was, speelden hun vrouwen een bijzonder nadrukkelijke rol. Onder hen ressorteerden niet alleen het gehele vrouwelijke personeel van de tempel, priesteressen, muzikantes en danseressen, maar zij hielden ook controle over de eigendommen van de tempel, die ondanks de verliezen in de late Ramessidentijd nog altijd van groot economisch belang voor Egypte waren.[20]
Een bijzondere vlucht neemt het hogere vrouwelijke ambtenaarschap onder de 'godsgemalinnen van Amun', die vanaf de 22ste dynastie tot aan de tijd van de Perzen Boven-Egypte voor de ver weg zijnde farao beheerden. Het wekt zeker geen verbazing, dat wij onder het grote aantal wereldlijke en religieuze ambtenaren aan het hof van deze godsgemalinnen veel vrouwelijke titels aantreffen; het is eerder vreemd, dat dit aspect tot op heden zo weinig beschouwd is. Naast de ons reeds vertrouwde titels van de 'Leidsters' en 'Opzichteressen' treffen we hier ook volledig nieuwe rangen aan, zoals de 'Volgdames', aan het hoofd waarvan weer volgens een enkele duizenden jaren gelijkgebleven bureaucratisch gebruik 'Grote Hofdames' en uiteindelijk een 'Opperste Hofdame' stonden. Dat het hier niet alleen om gezelschapsdames ging, blijkt al uit de combinatie met de titel van Schrijfster, waarmee we dit hoofdstuk begonnen zijn.
Een eervolle rangaanduiding die voornamelijk voor de vrouwen en dochters van verdienstelijke ambtenaren was bestemd, luidde 'Koningssieraad', in het Egyptisch 'Chekeret-nesut'. Vanaf de 5de dynastie tot aan het eind van het Nieuwe Rijk stuiten we steeds weer op vrouwen die deze titel droegen. Zij draagt hem vol trots nog voor mogelijke andere titels. Ook vaders, echtgenoten of kinderen die hun graven hebben opgericht, vergeten niet, deze aan het begin te noemen. Maar wederom moeten wij vaststellen dat de toch talrijke bewijsstukken uit meer dan 1500 jaar ons niet precies laten zien wat deze titel destijds in ieder afzonderlijk geval betekende. Vaak schijnt deze felbegeerde en in hoog aanzien staande titel vergelijkbaar te zijn met die van onze 'hofdame', soms echter bleek het te gaan om een bijslaap of concubine van de farao.[22] Aan de an-

dere kant draagt niet iedere concubine uit de koninklijke harem deze titel.

Wanneer ik tot nu toe vrouwenberoepen op hoog niveau naar voren gehaald heb, dan wil ik daarmee de bijzonder duidelijke afstand tot andere culturen uit die tijd onderstrepen waar het de waardering van de vrouw in het Oude Egypte betreft. Maar er is ook een heel praktische reden voor: het zijn nu eenmaal de leden van de leidende klasse, die - tenminste in het Oude Rijk en het Middenrijk - hun graven van beelden en biografieën voorzagen, vandaar dat wij over hen de meest uitgebreide informatie hebben. Men moet zich echter hoeden voor twee verkeerde gevolgtrekkingen: het indrukwekkende aantal vrouwelijke rangen en titels hoeft nog niet te betekenen dat alle vrouwen, ook niet van de leidende klasse, of zelfs een meerderheid van hen een beroep uitoefende. Het zou een andere vergissing zijn om aan te nemen, dat alleen vrouwen van de leidende klasse de mogelijkheid tot zelfstandige beroepsuitoefening hadden en voor vrouwen uit andere klassen, zoals bijvoorbeeld in het Oude Griekenland, slechts een rol als slavin of hetaere overbleef. Ook voor vrouwen die niet tot het hof of de hogere priesterstand behoorden, waren er in Egypte voldoende mogelijkheden een beroep uit te oefenen, mits zij niet de voorkeur gaven aan de status van 'Meesteres van het Huis', wat voor het overgrote deel - en daaraan mogen we niet voorbijzien - wél het geval was.

Natuurlijk sloten ook in Egypte het uitoefenen van een beroep en het leiden van het huishouden elkaar niet uit. Er zijn heel wat huisvrouwen die naast de titel 'Meesteres van het Huis' ook nog andere titels dragen, ja, we moeten zelfs tot onze verbluffing vaststellen, dat er in het Egypte van ongeveer 4000 jaar geleden reeds sprake was van wat wij 'deeltijdbanen' zouden noemen. Veel bezigheden werden destijds slechts gedurende een tiental dagen in de maand uitgeoefend of in een nog onregelmatiger tijdsverloop. Deze gang van zaken treffen we het meest aan bij vrouwelijke beroepsuitoefening in de tempel, waarvan we natuurlijk het meeste weten, omdat de meeste van onze bronnen nu eenmaal uit tempels afkomstig zijn.

Het begrip 'deeltijdarbeid' is uiteraard een anachronisme en dient alleen om ongeveer te begrijpen wat er zich zo lang gele-

den heeft afgespeeld. Van cao's, arbeidstijdverkorting en dergelijke zaken was in de tijd van de farao's uiteraard geen sprake.
Een volledig vloeiende overgang tussen een beroep en het werken thuis vinden we in Egypte bij de boeren, zoals dat in feite bij ons ook nog is. Men mag niet vergeten, dat de overgrote meerderheid van de bevolking van het Oude Egypte uit boeren bestond, die uit de door de overstromingen van de Nijl en het afzetten van slijk zeer vruchtbaar geworden bodem van het Nijldal en van de zich steeds uitbreidende slibafzetting in de Delta reeds in de Vroegste Tijd twee oogsten per jaar haalden. Dat betekende echter zware arbeid waaraan de boerin deel had. Op de wandschilderingen van de graven worden zij steeds weer afgebeeld bij het zaaien en oogsten, bij het schoffelen en ploegen, maaien en dorsen - de boerin en de boer. Zij, over wie in het dagelijkse stadsleven hofambtenaren, priesters en artistieke handwerkslieden normalitair nooit spraken, waren vanwege hun werk dringend nodig op de grafschilderingen, om de verzorging van de grafheer en zijn vrouw ook in het leven na de dood veilig te stellen, ook wanneer het dodenoffer van de familie ooit zou wegvallen. Aangezien de gewenste magische werking alleen van een alles getrouw weergevende voorstelling uit kon gaan, hebben wij aan het geloof van de Egyptenaren in een leven na de dood de fraaiste en pregnantste afbeelding van het beroep van een boer overgehouden. Vanwege dit geloof beschikken we dus over een bijna oneindige reeks wandschilderingen en reliëfs over het leven op het land, waarvan we anders waarschijnlijk weinig geweten zouden hebben.
Zo kunnen we steeds weer zien dat de samenwerking tussen man en vrouw zich niet alleen tot het hof- en stadsleven beperkt, maar in Egypte evengoed bij de boeren voorkomt. Al het zware werk, zoals ploegen, schoffelen en het maaien met de sikkel en dergelijke, werd doorgaans door mannen gedaan; het zaaien, het lezen van aren, gelijkmaken van de bodem en de vogeljacht zijn meer vrouwenzaken. Een soortgelijke taakverdeling moet ook in de veeteelt aangenomen worden, waarbij vrouwen echter zelden of nooit worden afgebeeld.

Egyptische boeren hebben nauwelijks over zich zelf gesproken, en wat er misschien aan materiaal voorhanden is ge-

Vorige bladzijde:
Merit Aton geeft Semenchkarê een granaatappel als liefdessymbool. Beschilderd kalksteenreliëf, 24 cm hoog, 1350 v.Chr. Egyptisch Museum Staatliche Museen Preußischer Kulturbesitz, Berlijn

Rechts: Ihi als kalf en een mensenkind drinken aan de uier van de Hathorkoe. Grafschildering in Beni Hasan, 12de dynastie

Beneden: Zwemmend meisje met wilde gans. Hout, gedeeltelijk beschilderd en ingelegd, Nieuwe Rijk 18de/19de dynastie, 1300-1250 v.Chr. Egyptisch museum, Kaïro

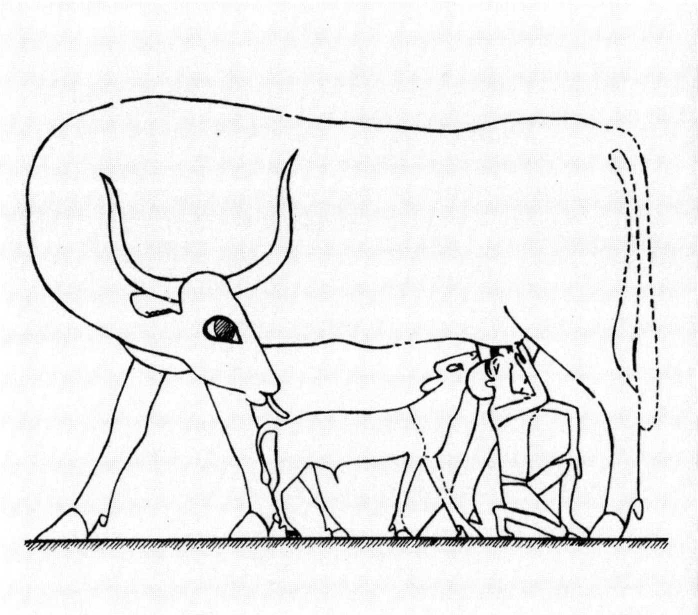

Links: Mijn bed is al klaar... scherf uit Dêr-el-Medina, 19de dynastie. Privécollectie

Volgende bladzijde: Vrouw des huizes (met pruik en rok) brouwt in het hiernamaals. 4de dynastie, Saqqâra

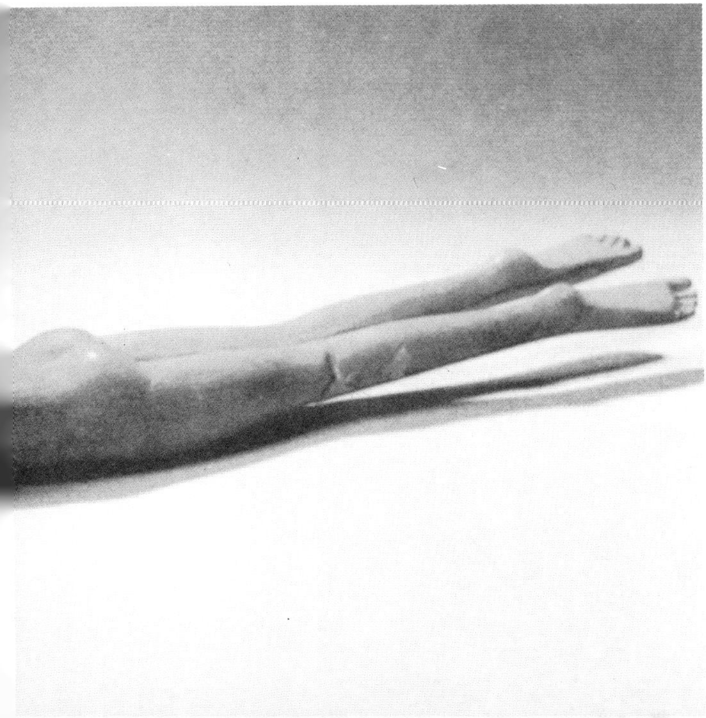

Beneden: Paar tijdens het liefdesspel. Terracotta uit de late periode uit Idfu

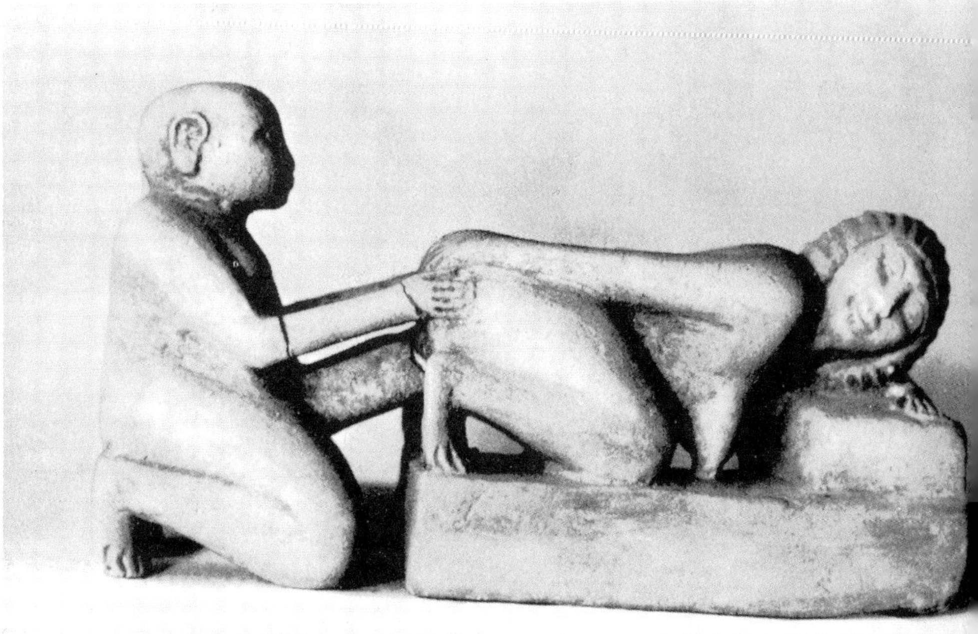

Beneden: Geslachtsverkeer zonder taboe. Inkt op kalksteen, 13,5 x 17,8 cm. Ramessidentijdperk, 1305-1080 v. Chr. British Museum, Londen

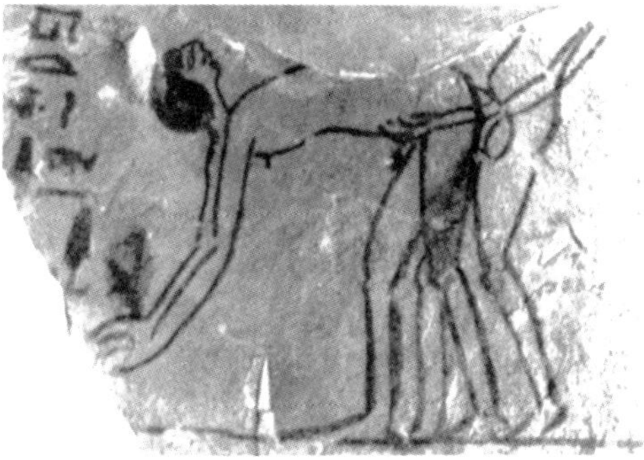

Boven: Erotische voorstelling op papyrus 55001, Museum Egizio, Turijn

Beneden: Satire was zeer populair: Muizenfarao bestormt Kattenburcht. Scène uit de sprookjespapyrus van de 19de/20ste dynastie. Egyptisch museum, Turijn

Links: Kraamvrouw met zuigeling. Loshangend haar moet de bevalling verlichten. Beschilderde scherf uit Dêr-el-Medina, 19de/20ste dynastie

Volgende bladzijde: Familie. Vrouw in het midden met lichte pas voorwaarts; ze is groter afgebeeld dan haar man. Kalksteen, 44 cm hoog, 27 cm breed, 16 cm diep. Oude Rijk, late 5de/vroege 6de dynastie, 2350 v.Chr. Pelizaeus Museum, Hildesheim

Boven: je vindt de welsprekendheid ook bij het dienstmeisje aan de molensteen.
5de dynastie. Egyptisch Museum, Kaïro

Boven: vrouw bij het zaaien en oogsten; het zware werk wordt verricht door de man.
Papyrus 133A, 23,8 cm hoog, 198 cm breed, 21ste dynastie, 1000 v. Chr. of later. Egyptisch museum, Kaïro

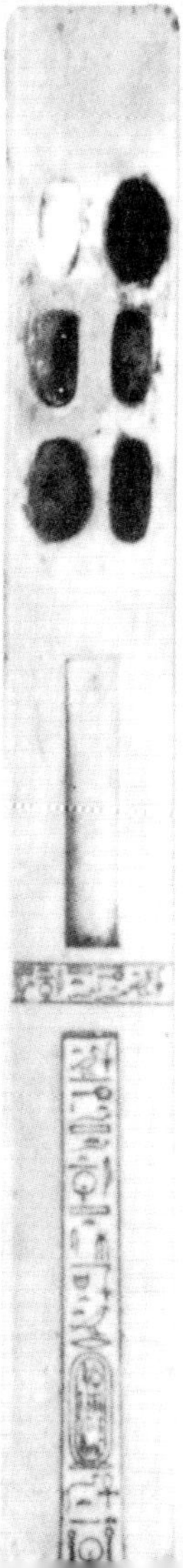

Boven: de weefsters worden beloond met gouden sieraden. Kalksteen, 30 cm hoog, 134 cm breed, 23 cm diep. Oude Tijd, 30ste dynastie, 360 v.Chr. Egyptisch Museum, Kaïro

Links: schrijfplankje (met tekenen van gebruik) van Merit-Aton uit het graf van Toetanchamon. Ivoor. The Griffith Institute, Ashmolean Museum, Oxford.

Volgende blz: dochter brengt zelfde dodenoffer ten uitvoer als zoon. Kalksteen, 51 cm hoog, 32,3 cm breed, Nieuwe Rijk, vroege 18de dynastie, 1500 v.Chr. Pelizaeus Museum, Hildesheim

weest, is verloren gegaan, op twee belangrijke uitzonderingen na. De ene is de zogenaamde *Boerengeschiedenis*, die weliswaar stellig niet door een boer geschreven is, maar ons de nodige kennis over de mentaliteit van de boeren verschaft.

'Er was eens een man, genaamd Khuin-Anup,
dat was een bewoner van de zoute oase (Wadi Natrun)
en hij had een vrouw genaamd Merit...'

Zo begint deze geschiedenis, die waarschijnlijk uit de Eerste Tussentijd stamt en waarover ik in mijn boek *Der Sturz des Göttlichen Falken* uitvoerig geschreven heb.[23] De held van dit verhaal is een kleine boer en handelaar, daadkrachtig en zelfbewust, zeer welbespraakt en niet onder de indruk van koningsbeambten, noch van rechters. Van dat alles is voor ons alleen belangrijk hoe hij in moeilijke omstandigheden toch steeds weer aan zijn in het begin genoemde vrouw en kinderen in de verre oase denkt en zich zorgen maakt om hun welzijn. Dat is zonder twijfel juist opgemerkt: een grote kinder- en familieliefde is voor de Egyptische boeren ook tegenwoordig nog kenmerkend.
De tweede uitzondering van bewaard gebleven documenten van Egyptische boeren bestaat uit de door mij reeds genoemde Heqanachte-teksten. Zij hebben het unieke voordeel door een boer en zijn familieleden zelf vervaardigd te zijn. De afzender, naar wie deze briefverzameling genoemd is, namelijk Heqanachte, is even zelfbewust als de held uit de boerengeschiedenis en leefde ongeveer in dezelfde tijd, het begin van het Middenrijk.
De Eerste Tussentijd en het vroege Middenrijk waren bloeiperioden van zelfstandige kleine en middelgrote boeren in Egypte, en we moeten hier meteen een opmerking tussenvoegen, die voor alle perioden en klassen in Egypte geldt: de toenmalige en in het verloop van de verschillende historische perioden wisselende sociale en juridische positie van de verschillende klassen had op vrouwen hetzelfde effect als op mannen van dezelfde stand.
Tot de Heqanachte-teksten behoort ook een lijst van die voedingsmiddelen die als loon aan alle deelnemers aan het huishouden uit de voorraden uitgereikt moeten worden, en uit deze lijst kunnen wij nog iets zeer belangrijks opmaken: mannen en

vrouwen ontvingen hetzelfde loon voor hetzelfde werk! Deze eis, waar vrouwen tegenwoordig vaak nog zo hard voor moeten vechten, was in het Oude Egypte dus allang ingewilligd.

Een andere voor ons thema zeer belangrijke brief maakt deel uit van de Heqanachte-vondst aan papyrusrollen, die ons het bewuste zelfgevoel van ook vrouwen uit boerenfamilies uit die tijd toont. Een meisje, Sit-neb-sekhtu genaamd, schreef aan haar moeder met dezelfde naam - op de voor vertalers, onderzoekers en lezers nogal irritante fantasieloosheid van de Egyptenaren bij namen waren wij al eerder gestuit; ze zal ons in het geval van een koningsfamilie nog bijna tot vertwijfeling brengen - zij schreef dus aan haar moeder: 'Een dochter spreekt tot haar moeder, Sit-neb-sekhtu spreekt tot Sib-neb-sekhtu, duizend groeten voor jou en veel geluk en gezondheid. Jij moet altijd gezond en gelukkig zijn, moge Hathor ervoor zorgen, dat jij je over mij verheugt! Geen zorgen over mij; zie, met mij gaat het goed! ... en groet Gereg (een mannennaam) en wens hem veel geluk en gezondheid... Zorg ervoor dat hij niet nalaat te doen, wat ik hem opgedragen heb! ...' [24]

Met dezelfde vanzelfsprekendheid waarmee de dochter zich met de afhandeling van haar zaken door een man bezighoudt, die wellicht haar rentmeester is, voegt zij aan deze brief nog een exacte lijst van werk, lonen en voorraden op haar land bij.

Even divers als bij de mannen waren de beroepstakken bij de vrouwen en in even zo hoog aanzien als de mannen stonden ook de vrouwelijke handwerkslieden. We hebben reeds gesproken over het bewijs van eer van de farao tegenover de vaardige weefsters; het fijne 'koningslinnen' behoorde in de hele Oude Wereld tot aan de Romeinse keizertijd tot de meest geliefde exportartikelen van Egypte. Sieradenmaaksters, die zich met de geliefde steenparels bezighielden, en onder de hoede van de godin Seschat stonden, zijn er al in de 3de dynastie.[25]

Op andere grafbeelden wordt het maken van parfum als vrouwelijk handwerk voorgesteld, waarbij welriekende bloesem uitgeperst werd tot een essence, die met zalven vermengd tot zalfkegeltjes gevormd werden, die destijds net zo gewoon waren voor een dame die uitging als tegenwoordig een vleugje parfum achter het oor. Deze lijst van vrouwelijke handwerkslieden is uiteraard nog veel langer.

Behalve kappers waren er ook kapsters. Vaak zien we ze bij het zorgvuldig opgemaakte ochtendkapsel van een vrouw en soms zelfs op sarcofagen, zodat het vermoeden voor de hand ligt dat het vak van kapster met de Hathor-cultus verbonden was.[26]
Muzikantes en danseressen hadden een hooggewaardeerde positie in de tempel en het paleis. Muziek en dans hoorden bij de verering van alle goden en niet alleen bij die van de godin Hathor. De farao zelf moest bij belangrijke feesten de 'offerdans van de koning' ten uitvoer brengen, en we zijn hem als zanger en muzikant in de tempel in het eerste hoofdstuk al in een hymne tegengekomen. Het is daarom niet verwonderlijk dat deze kunstuitingen door een zorgvuldige training geleerd moesten worden en niet alleen in de cultus, maar ook maatschappelijk een grote rol speelden. De meest geliefde vrouweninstrumenten, naast het slechts tijdens de tempeldienst gebruikte sistrum (metaalrammelaar) en op castagnetten lijkende klankhoutjes waarvan we al exemplaren met prinsessennamen uit de 1ste dynastie kennen,[27] waren fluit, harp en een soort gitaar.
Tot de typisch vrouwelijke beroepen in Egypte kunnen we naast voedsters ook klaagvrouwen rekenen, eenvoudige mensen die in het oosten altijd bij begrafenissen aanwezig zijn. Op het land namen familieleden en buren deze taken wellicht op, maar in grotere nederzettingen en in steden waren het allebei blijkbaar goed betaalde beroepen.[28] De rol van de klaagvrouwen was daarom zo belangrijk, omdat ze op de grens van de priesterlijke dienst stonden en tot de rituele werkzaamheden van een begrafenis bijdroegen. Zoals Isis en Nephtys eens klagend de herleving van Osiris tot stand brachten, en zoals in de Vroegste Tijd de koningsgemalin en erfdochter als 'de Kiekendieven' in het drama van de verheerlijking van de koning een beslissende rol speelden,[29] zo werden bij de volgens de in het Oude Rijk gebruikelijke snel toenemende 'democratisering' van begrafenissen de klaagvrouwen tot de 'beide ingewijden' en daarmee tot Isis en Nephtys.
Wanneer we nu nog de talrijke verschillende serviele bezigheden, van tuinierster tot molenaarster in ogenschouw nemen, dan krijgen we ongeveer een beeld van de vele mogelijkheden van vrouwen in het Oude Egypte. Want de positie van een dienstmeisje lag in sociaal opzicht duidelijk hoger dan die van

een slavin; slavernij kwam overigens in de Vroegste Tijd en in het Oude Rijk nauwelijks voor. Een dienstmeisje had vrije beschikking over zichzelf; wanneer zij zich slecht behandeld voelde, kon zij dat zeggen en ergens anders gaan werken; zij was vrij in de keuze van een man en kreeg hetzelfde loon als een man met eenzelfde taak. Het geringste sociale prestige hadden de molenaarsters, want het op de knieën uitgevoerde werk met de wrijfsteen over de uitgesleten maalsteen was fysiek erg zwaar. En toch werden ze niet geminacht. Het was al de wijze vizier Ptahhotep, die ze in zijn leer uit de 5de dynastie als voorbeeld nam:

> 'Wees niet trots op jouw weten,
> overleg met onwetenden en wijzen.
> Zinnige woorden zijn moeilijker te vinden dan een edelsteen,
> en toch kan men ze vinden bij de maagden van de maalstenen.'[30]

De slavinnen onderscheidden zich in juridische positie duidelijk van de dienstmeisjes. In tegenstelling tot de wijdverbreide opvatting als zouden in het duistere verleden mensen, voor zover ze niet koning of priester waren, toch alleen maar slaven geweest zijn, en zou het oude Egypte in al zijn prestaties alleen op slavenarbeid berust hebben net zoals dat het geval was bij de eonomie van Griekenland en Rome, komen we in de eerste duizend jaar van de Egyptische cultuur überhaupt geen slaven tegen.[31] In het Middenrijk hoogstens op de grote koninklijke domeinen en tempelcomplexen, waarbij het per geval vaak moeilijk te bepalen is, of het werkelijk om slaven of eerder om horige landarbeiders ging, die weliswaar op het land van hun meester moesten werken, maar nergens anders, en hem buiten het werk op het land niet verder dienstbaar hoefden te zijn.
De slavernij in Egypte nam pas een grotere vlucht met de veroveringen van het Nieuwe Rijk in Voor-Azië en Nubië met een enorme buit aan mannen en vrouwen die door de zegevierende legers mee naar Egypte werden gebracht. De mannen werden voor het grootste gedeelte bij de tempels, de grootste landbouwbedrijven van die tijd, aan het werk gezet, terwijl de vrouwen meestal als huisslavinnen bij een familie belandden.
De in brede bevolkingslagen toenemende rijkdom in het Nieu-

we Rijk had daarin een dubbel aandeel: ten eerste steeg de behoefte aan dienstpersoneel ten bate van de steeds betere 'levenskwaliteit', en ten tweede waren steeds minder Egyptenaren bereid om zware arbeid te verrichten.
Hoe netelig historische vergelijkingen ook zijn en om wat voor verschillende orden van grootte het ook gaat, is het fenomeen op zich toch niet veel anders te verklaren dan de werving van gastarbeiders in de jaren zestig en zeventig bij ons. Natuurlijk was de status van slaven in krijgsgevangenschap een heel andere dan die van de het ook moeilijk hebbende gastarbeiders bij ons; maar de situatie was ook wel even heel anders dan die van Romeinse slaven: een slaaf in Egypte was geen ding waarover de eigenaar maar vrijelijk kon beschikken en dat hij naar eigen goeddunken kon be- of zelfs mishandelen, en situaties zoals in *De negerhut van oom Tom* zullen in Egypte dan ook nauwelijks zijn voorgekomen. Slaven en slavinnen waren in Egypte weliswaar gebonden aan het huis, de tempel of de werkplaats van degenen aan wie zij behoorden, maar behalve verzorgd, werden zij ook uitbetaald, en er zijn ons gevallen bekend, dat zij zichzelf vrijkochten. Dat toont aan, dat ze over eigendommen beschikten en daarmee konden doen wat ze wilden.
Een bijzonder probleem was een concubinaat van een slavin met de heer des huizes - een probleem niet alleen voor de slavinnen zelf, maar vooral voor de 'Meesteressen des Huizes'. In de weinige gevallen waarbij in gerechtsaktes of andere documenten over de gevolgen van zulke verhoudingen gesproken wordt, krijg je vaak de indruk, dat niet zozeer seksuele jaloezie of morele verontwaardiging een hoofdrol speelde, maar eerder het feit, dat de zich door de aandacht van de heer des huizes in aanzien gestegen voelende slavinnen zich allerlei brutaliteiten en ongeoorloofdheden permitteerden.
Er zijn echter ook andere voorbeelden. In de zogenaamde *Adoptie-Papyrus*, die ten eerste de behoorlijk gecompliceerde maar in Egypte in gevallen van kinderloosheid niet zelden voorkomen-de adoptie ter verzekering van een erfgenaam, waardoor niet-geliefde familieleden onterfd konden worden, behandelt en uit de Ramesidentijd stamt, wordt het opeens heel menselijk en spannend: de slavin Dinihetiri, zo lezen wij in een juridische akte, had met Mebnufer, de heer des huizes, drie kin-

deren, terwijl het echtpaar zelf kinderloos was. En dan vermeldt de 'Meesteres van het Huis' in het protocol: 'Ik nam ze (de slavin en haar kinderen) op, gaf ze te eten en voedde ze op en ik heb deze dag bereikt, zonder dat zij zich tegen mij misdragen hebben, zij waren altijd goed voor mij, ik heb noch een zoon, noch een dochter buiten hen.' Zij verklaarde ten slotte hun vrijlating en adoptie en eindigde met de duidelijke aanwijzing: 'Het land dat ik bezit en ander eigendom of andere waren, zij moeten onder deze, mijn drie (adoptie)kinderen verdeeld worden.'[32] Zonder enige twijfel was dit een uitzondering en was het leven van een slaaf of slavin ook in het Oude Egypte erg hard. Zij stonden op de onderste trede van de sociale ladder, maar toch waren er ook voor hen mogelijkheden om op te klimmen en zelfs na hun vrijlating hoge rangen te bereiken. Van een vizier, hoge ambtenaren en talrijke vermogende handelaren is bekend, dat zij eerst slaven zijn geweest.

Wij Europeanen uit de 20ste eeuw hebben altijd moeite met de verdeling van de werkzaamheden tussen leken en priesters en met feit dat Egyptenaren zelf, voor zover dit überhaupt iets voor hen betekende, dit onderscheid in verschillende perioden op verschillende wijze behandelden. Daarom moeten wij hier een ook door vrouwen uitgeoefend beroep noemen, dat bij een gewone vertaling enkel naar het priesterschap verwijst: dat van de dodenpriester. Zijn werkzaamheden echter waren voor het Egyptische geloof in een leven na de dood van het grootste belang voor iedere overlevende: rituele spreuken, water- en wierookbesprenkelingen, en in het bijzonder het brengen van voed- seloffers aan het graf waren volgens het Egyptische geloof van beslissende betekenis voor het verder leven van de dode in het hiernamaals. Hoewel dit ook in de Late Tijd een door 'ambtelijke' priesters uitgeoefend beroep werd, waren de begrafenis en de verzorging van een overledene bij eenvoudige mensen toch in de allereerste plaats een zaak van de eigen familie. Vaak is het de oudste zoon, maar - afhankelijk van het feit of hij nog in leven was of van een of andere testamentaire beschikking - ook de vrouw ('zijn geliefde echtgenote heeft het graf voor hem opgericht,' luidt het soms in grafteksten), een dochter of een kleindochter. Zo liggen er reeds op de oude koninklijke begraafplaats van Abydos uit de tijd van de 1ste dy-

nastie naamstenen van vrouwen, die de erg ouderwets aandoende titel 'Sakhet-Akh' dragen, wat zoveel betekent als 'Zij, die de ziel vangt'.[33]
In de egyptologie wordt dit, net als latere soortgelijke titels, met 'dodenpriesteres' vertaald, maar vertoont in de Vroegste Tijd naast de toen modern geworden voorstelling van de verzorging van de overledene in het leven na de dood, nog duidelijke sporen van een oeroude geloofslaag, waarbij de ziel van de koning door (vrouwelijke) insekten werd binnengehaald.[34]
Al vroeg, eerst in de koningsfamilie, daarna bij de hoge ambtenaren en, zoals al dat soort voorbeelden, spoedig door steeds bredere kringen overgenomen, werd geprobeerd de eigen toekomstige verzorging te verzekeren, door deze aan de nalatenschap of, bij de rijken, een deel daarvan te verbinden. Een stichting bestaande uit enkele akkers of ander eigendom werd opgericht waarvan de opbrengst door 'de geliefde zoon' (wat spoedig een vaste juridische uitdrukking werd, ook al ging het in werkelijkheid om een vrouw, dochter of een vreemde) werd gebruikt om de begrafenis en de verzorging van vader of moeder te financieren. Zulke stichtingen kennen wij uit 3000 jaar Egyptische cultuur. Aan de hand van allerlei stipte, bureaucratische regels werd erop toegezien dat de stichtingsleden (want vaak waren het meerdere personen die met de inkomsten de gemeenschappelijke verplichtingen overnamen) het 'kapitaal', het fundament van de stichting, niet voor andere doeleinden gebruikten, noch het zelf opmaakten, maar dat het alleen voor de verdere verzorging van de sticht(st)er gebruikt werd. Hierin ligt ook juridisch voor vrouwen de grote betekenis van hun mogelijkheden om dodenpriesteres te worden: zij konden zich als oprichtster met hun eigen verzorging in het leven na hun dood bezighouden, ze konden als 'geliefde zoon' van hun gebruikelijke aandeel in het vermogen van de overleden man enige erfgenaam worden en zij hadden uit de opbrengst van de stichting een eigen inkomen, hoe bescheiden of hoe omvangrijk dat, afhankelijk van de grootte van de stichting, ook mocht zijn.
Voor zijn ambtenaren had de farao zelf zulke stichtingen in het leven geroepen, als een soort 'pensioen in het hiernamaals', waaruit zich op iedere offerplaat in de graven sinds het Oude Rijk de standaardformule 'een offer, dat de koning geeft' ont-

wikkeld heeft.[35] Als dodenpriesters werden dan andere ambtenaren of gewone mensen ingezet, die de geschonken levensmiddelen, nadat ze op een symbolische manier aan het desbetref- fende graf waren geofferd, mee naar hun eigen huis namen als beloning voor hun diensten. Ook vrouwen konden niet tot de familie behorende graven in zo'n functie van toepasselijke offers voorzien.

Een wegens zijn uniciteit interessant bewijs hiervoor is het graf van Pepi uit de 5de dynastie. Ook zij had de kopie van een oorkonde in de muur van het graf laten metselen, waarvan de 'aanhef' luidt: 'De Dschat (dodenstichting) van Hetep-heres, de moeder van de koningin', en dan volgt het overerven van titel en inkomsten van een dodenpriester voor deze koningsmoeder van de vader van Pepi, 'de dodenpriester, Dschanti', op zijn dochter. Nadat op deze manier de nalatenschap op een legale manier tot stand is gekomen, luidt het: 'De dodenpriesteres Pepi, zij zegt...,' en daarna laat ze haar ambt en inkomen na aan 'de dodenpriesteres Baweth'.[36]

In het graf van een zekere Ni-ka-ankh uit het begin van de 5de dynastie komen we ook zo'n gedetailleerd erfcontract voor zo'n stichting tegen. Een oude en destijds nog bestaande stichting van koning Mykerinos uit de 4de dynastie, had de opbrenst van enkele landerijen voor de verzorging van Chenu-ka, 'de opzichter over de koninklijke eigendommen', alsook voor zijn ouders en kinderen bestemd. Ni-ka-ankh had deze taak naast andere aangenomen en stelt nu in zijn op de grafmuur zichtbare testament, dat na zijn dood 'Hadschet-heknu, de meesteres van zijn huis', en zijn kinderen, tezamen al zijn taken en diensten verder moeten uitvoeren en dat daarvoor de opbrengsten van de stichtingen bewaard moeten blijven. Bovendien geeft hij daarvoor in een nauwkeurig uitgewerkte tabel aan, in welk maandelijks rooster de familieleden hun werkzaamheden gedurende het jaar zouden moeten opdelen.[37] Deze tabel is overigens een passend voorbeeld voor hetgeen we eerder over 'deelarbeid' gezegd hebben.

In deze oorkonde staat de vrouw dus eveneens met gelijke plichten, maar ook met gelijke rechten en gelijke betaling bij gelijke arbeid naast de mannelijke familieleden. Tot de Ptolomeïsche tijd kennen wij vrouwen als dodenpriesteressen, in de

Late Tijd als 'watersproeister' overeenkomend met een voorstelling van het leven na de dood, die vooral een aanlokken en verzorgen met water van de Ba-ziel in de vorm van een vogelgestalte en haar vereniging met 'haar' mummie tot doel had.[38]
Ten slotte moeten we nog melding maken van een voor een vrouw verbazingwekkend beroep dat we in de Oudheid misschien helemaal niet verwachten. Over de gelijkstelling van de vrouwen die in het Oude Egypte *voor* het gerechtshof als zelfstandige rechtspersoon optraden, die zelf verklaringen of een volwaardige eed aflegden en in straf- en civielrechtelijke zaken zonder een voogd voor hun recht streden, hebben we herhaaldelijk gesproken. Een oplettend doorwerken van de alleroudste schriftelijke bronnen heeft nu aangetoond, dat vrouwen ook *in* de rechtbank een plaats konden innemen. Een mogelijkheid die vrouwen in de moderne westerse wereld nog geen honderd jaar hebben, praktizeerden als vanzelfsprekend de Egyptische vrouwen al eeuwen eerder: ze konden als schepen (lekerechter) optreden.
Weer eens zijn het de bijna onuitputtelijke vondsten uit de nederzetting van de bouwers van koningsgraven, Dêr-el-Medineh ten westen van Thebe, die ons onder andere iets over de anders niet zo bijzonder met bewijzen gestaafde jurisdictie vertellen. Zoals elk ander dorp had ook dit een plaatselijk gerechtshof, ongeveer vergelijkbaar (qua competentie, niet qua in samenstelling) met een kantongerecht, 'Qenbet' genaamd, wat aanvankelijk slechts 'vergadering' betekende. Hier werden dus testamenten en contracten bekrachtigd en bewaard, processen over eigendomskwesties en beledigingen gevoerd en lichte delicten, zo ongeveer tot diefstal, berecht - zware misdaden werden doorverwezen naar een hogere instantie, zoals de grafroofprocessen laten zien. Het gerechtshof bestond uit een bepaald, alleen in bijzondere gevallen uitgebreid aantal schepenen, en het lijkt erop dat in ieder geval in het Nieuwe Rijk daar geen speciaal opgeleide rechter bijhoorde. Schepenen waren de notabelen van de gemeente: een schrijver, zonder wiens protocollen we dat alles helemaal niet geweten hadden, de leider van de arbeidersgroep, maar ook eenvoudige arbeiders - bij elkaar een twaalftal personen. Onder deze schepenen zijn ons ook twee vrouwen door overlevering bekend,[39] een gelukkig toeval

bij de toch al weinige namen die tot ons gekomen zijn. Net zoals hun mannelijke collega's moesten zij de gevallen die hun voorgelegd werden, onderzoeken, de verschillende partijen verhoren en daarna samen een oordeel vellen.

5. ZIJ DIE GODEN VOORTBRACHT

Neith spreekt:

> ''s Morgens word ik zwanger van jou,
> en ik breng je 's avonds als Rê voort.
> Ik draag je, en je bent op mijn rug,
> ik til je mummie omhoog, en mijn armen zijn onder jou.
> Ik geef jou mijn hand, zodat je naar de hemel opstijgt.'[1]

De hier zo actief bij de verheerlijking en vergoddelijking van koning Merenptah (1224-1214 v.Chr.), opvolger van Ramses II, voorgestelde godin Neith, plaatst ons met haar lange toespraak tot de overleden koning, die op de reusachtige deksel van zijn sarcofaag van het hardste rozengraniet geschreven is, voor meerdere verrassingen.
Zij treedt hier op in de rol van de hemelgodin Nut, die zoals gewoonlijk op vele konings- en later ook burgergraven, als een moeder de doden beschermend omvat en naar de hemel leidt. Bovendien vergelijkt ze de koning met de zonnegod Rê en roept zichzelf daarmee tot zijn moeder uit, ja zelfs tot wereldgodin, want zij is het, die de ochtendlijke zonsopgang net zo goed bewerkstelligt als het verlopen van de dag van Rê en uiteindelijk zijn opnieuw jong worden tijdens de nacht. Nog in de tijd van de Perzen geeft Udscha-horres-Neith, hogepriester, hoog op tegen Kambyses over de stad Sais: 'Dat is de plaats van Neith, de Grote, de moeder van Rê, die Rê heeft voortgebracht, die met baren begonnen is, toen nog niemand geboren was.'[2]
In een inscriptie van Nektanebos, de laatste zelfstandige koning van Egypte, voor de tweede Perzische, Ptolemeïsche en Romeinse heerschappij, wordt zij 'Neith, de Grote, de Moeder van god, Meesteres van degenen die zijn, Schepster van datgene wat er is' genoemd.[3]
Hier wordt dus duidelijk uitgesproken, wat in de vorige tekst slechts in de lucht hing, namelijk dat Neith als oergodin en schepster vereerd werd.
Als almachtige godin van de schepping treedt Neith echter al veel eerder op. In de *Papyrus Beatty* uit de Ramessidentijd

rond 1160 v.Chr. grijpt zij in, op het moment dat de goden Seth en Horus ruzie hebben, eist de heerschappij op aarde voor Horus op en dreigt het zich daarover beradende godengericht: 'Of ik word kwaad en de hemel zal op de aarde vallen.'[4]
Het zijn vooral twee uitspraken over Neith, die ons in het bijzonder verrassen. In bijna alle vertellingen over de geschiedenis van de religie in Egypte kan men lezen, dat voor de Egyptenaren Atum god van de schepping geweest is, hij die, uit het denkbeeldige Oerwater Nun opduikend, met zijn hand door zelfbe- vrediging het eerste godenpaar heeft voortgebracht. In een andere mythe is het de Memphische god Ptah, die de wereld in zijn hart voelde en deze door uitspraak 'tussen zijn tanden door', zoals het letterlijk luidt, geschapen heeft, een in vergelijking met de Atum-mythe ons modern, bedacht voorkomende voorstelling - voor de Egyptenaren stonden beide voorstellingen naast elkaar. En nu horen wij van een vrouwelijke godheid of schepper. Wij zijn niet alleen uit de bijbel aan één god van de schepping gewend (hoewel er ook in het Oude Testament van twee totaal verschillende scheppingsverhalen sprake is, dat van Jahweh en een priesterlijk, die ongeveer 500 jaar uit elkaar liggen),[5] maar ook uit de Griekse en Romeinse mythologie.
Ook op het gebied van de scheppingsverhalen is het Egyptische denken anders. Het drukt de verschijningen van de kosmos en zijn ontstaan in verschillende beelden uit, die lijken op elkaar gedeeltelijk overlappende cirkels, om de meervoudigheid van het goddelijke aan te geven. En de Egyptenaar ziet in de *ene* godheid, tot wie hij zich nu juist vol eerbied wendt, de totale volheid en de macht van het goddelijke,[6] zodat de Egyptische religie niet die zorgvuldig geordende en van elkaar onderscheiden bevoegdheid voor haar goden kende als andere religies uit de Oude Wereld.
Zo zijn er naast Atum en Ptah niet alleen mannelijke goden, die evengoed als schepper beschouwd worden, zoals bijvoorbeeld Chnum of Amun-Rê, maar behalve Neith ook nog een aantal andere godinnen. Het vrouwelijke element bleek voor de Egyptenaren juist bij het ontstaan van de wereld zo belangrijk, dat het ook bij de mannelijke oergoden een wezenlijke rol speelde en deze androgyn, met twee geslachten, werden voorgesteld. Ptah wordt wel genoemd 'Hij die als een vrouw ont-

vangt', en wordt in een grote hymne als 'Moeder die de goden voortbracht' aangesproken.[7]

Met betrekking tot andere religies uit de Oude Wereld, is het ook opvallend dat de godinnen, wanneer zij op hun scheppende of wereldbeheersende eigenschappen aangesproken worden, geen god als gemaal naast zich krijgen. Zo wordt Neith weliswaar reeds in de Vroegste Tijd ook met andere goden verbonden: er is een Horus-Neith en een Ptah-Neith, wat echter niets met een familieband te maken heeft, maar juist een uitdrukking vormt van het allesomvattende van het goddelijke, waar men zich vol eerbied toe wendt, zoals bij Amun-Rê en veel van dat soort verbindingen.

Bijzonder vaak vinden we aanwijzingen voor de voorstellingen van Hathor als oergodin, die wij al goed kennen uit het eerste hoofdstuk, als godin van de liefde en van de roes, en ook van de dood. In een ander verband geldt ze niet als een dochter, maar als moeder van de zonnegod, die zij weer jong maakt, en ze 'brengt de goden voort'. Daarmee wordt ze ook tot godin over alles, 'Meesteres van de hemel en van de Beide Landen en van Alle Andere Landen' en op die manier is zij de baas over de kosmische eenheid van hemel en aarde.[8]

Net zoals Neith of Hathor wordt Nut, de godin van de hemel, eveneens als 'Moeder over alles' aangesproken - ook zij zonder een vadergod aan haar zijde. Ook Methyer is zo'n oergodin, die in de gestalte van een koe uit het oerwater opstijgend, de oerheuvel vormde, waarop de schepping plaatsgevonden heeft en daarna de zon op haar rug en de sterren op haar buik droeg. Met haar worden dan ook Hathor en Neith als de godinnen van de schepping vergeleken.

Pas laat in de geschiedenis van de Egyptische religie treedt de ons via de Grieken en Romeinen meest bekende Egyptische godin als 'Moeder over alles' op, namelijk Isis. Zij wordt weliswaar sinds het Oude Rijk als moeder van Horus in samenhang met de nu pas op gang komende verering van Osiris genoemd en geprezen, maar zij blijft toch tot in de Laatste Tijd moeder van deze ene god en heeft Osiris als echtgenoot en als vader van haar zoon aan haar zijde. Een godin van de wereld, voortbrenster van alle goden en meesteres van alles wat leeft, wordt ze pas in de Ptolomeïsche en de Romeinse tijd.

Daarnaast zijn er nog vele godinnen, die als schepsters van de wereld en van de goden vereerd worden, of op z'n minst een aspect van de wording voor hun rekening nemen. Het wezen van de schepping, in tegenstelling tot de oerchaos, wordt belichaamd door de godin Ma'at: het evenwicht, de balans tussen alle dingen en gebeurtenissen, de orde in de hemel, op aarde en in de verhouding tussen deze twee. Zij is 'vanaf de eerste keer', van het begin van de schepping af, doel en inhoud van elk goddelijk werken en 'voeding', krachtbron en opgave tegelijk van de goden en hun opvolgers op aarde, de farao's. Als kosmische macht wordt zij meestal met 'wereldorde' vertaald; op aarde is zij en zorgt zij voor waarheid en recht, rechtvaardigheid en menselijk samenleven. Deze deugden altijd weer opnieuw te bevorderen, hun gebied uit te breiden, en hun te verdedigen, stond als plicht en waarde hoog in het vaandel van een Egyptische koning.

Ma'at bezit in Egypte geen eigen plaats van verering, en toch is er nauwelijks een tempel, waarop haar aantrekkelijke gestalte als een geknielde jonge vrouw met een veer in haar haar niet opduikt, zoals de koning haar aan de god voorstelt als teken dat hij de door de god gestelde opgave verder zal uitvoeren. 'Ik vergroot Ma'at,' zo benadrukt koningin Hatschepsut in haar 'regeringsprogramma' op de muren van haar rotstempel Speos Artemidos, 'die Hij (haar goddelijke vader Amun) liefheeft, want ik weet dat Hij van haar leeft. Zij is ook mijn brood, en ik geniet van haar smaak... '[9]

Met hun wezen als diegene 'die de goden voortbracht' hangt het ook samen, dat de godinnen van de schepping regelmatig op of in de deksels van sarcofagen zijn afgebeeld. Meestal is het de godin van de hemel Nut, bij Merenptah is het Neith; ook Hathor en Isis komen we vaker tegen. Want de dode moest immers 'verheerlijkt', moest een god worden.

Oorspronkelijk gold dat alleen voor de koning, maar vanaf het Middenrijk werd iedere dode Osiris, de god van het hiernamaals, en bij deze verheerlijking hoorde ook de terugkeer in de goddelijke moederschoot, de vereniging met de goddelijke moeder-echtgenote. Deze voorstelling van zaken staat zeer ver verwijderd van het Griekse of Indische geloof in een wedergeboorte, dat van een weer op de aarde terugkeren van de dode

uitging, alleen in een andere, menselijke of dierlijke gestalte.[10] Osiris echter en de aan hem gelijkgestelde verheerlijkte doden blijven in het hiernamaals, in het 'Mooie Westen'.
Is de betekenis die de Egyptenaren aan die godinnen als schepsters van de wereld, goden en mensen geven, al zeer kenmerkend voor hun opvatting over de vrouw, de belangrijke rol van godinnen bij de kroning en bij het Sed-feest van de koningen is daarvan geen minder bewijs. Zeker is de koning zelf een verschijning van de mannelijke wereldgod Horus, en zoon van Rê, en het aantal van de meest strijdlustige koningsgoden die hem tegen de krachten van de chaos beschermen, is niet gering. Maar godinnen maakten de farao tot God-koning.
Hier ligt de tot aan de Laatste Tijd cultisch grootste en waarschijnlijk ook oorspronkelijke betekenis van Isis, namelijk als troongodin. Op haar hoofd draagt zij daarom ook meestal een klein troontje en de Egyptenaren zelf hebben haar op zijn laatst vanaf de 5de dynastie als zodanig beschouwd, waarbij het hun weinig interesseerde (en wij hoeven ons ook daarmee niet bezig te houden) of de naam Isis taalhistorisch gezien verwant of gelijk is aan het Egyptische woord voor troon. Troongodin wordt zij reeds in de piramidespreuk genoemd, die voor het eerst in de piramide van koning Unas (circa 2310-2290 v.Chr.) als inscripties te voorschijn komen. Daarin wordt de koning, nadat het hem gelukt is om vanuit zijn piramide in de hemel te komen (het dodenrijk van Osiris speelde destijds in het koninklijke geloof in een leven na de dood nog nauwelijks een rol), door Isis ontvangen, en dit 'ontvangen' heeft in het Oudegyptisch dezelfde dubbele betekenis als in het Nederlands 'krijgen' en 'begroeten'. Zij begeleidt hem naar de 'Grote Troon in het Westen, die de Goden maakt', met andere woorden voortbrengt. In deze vroege getuigenis wordt Isis dus al gelijkgesteld aan de troon.[11]
Deze voorstelling van de troon als moeder Isis, die de koning als haar zoon Horus baart, en daarmee pas eigenlijk tot heerser maakt, is in de hele Egyptische geschiedenis bij de kroningsrituelen levendig gebleven. Het meest duidelijk wordt dit, ondanks de ook hier weer opmerkelijke Egyptische terughoudendheid bij de schildering van cultische gebeurtenissen, uit het kroningsverhaal van een vrouw, farao Hatschepsut. Zij zegt over dit deel van de ceremonie, waarbij ze 'haar moeder' Hat-

hor met Isis gelijkstelt: 'Op dat moment nam zij Mijne Majesteit bij de hand, men liet mij zitten op de troon van Horus voor de verzamelde koningen (dus haar tot Osiris geworden voorvaderen).'[12]
Ook de kronen, de witte kegelvormige van Boven-Egypte en de rode met een achterwaartse punt uit Beneden-Egypte, behoorden destijds aan een godin en 'waren' daarmee ook deze godin: Nekhbet, de giergodin van Boven-Egypte en Wadjet of Uto, de cobragodin van Beneden-Egypte. Dit maakte van de kronen behalve tekens van heerschappij machtige, de koning beschermende en met goddelijke perfectie uitgeruste wezens. Daarop heeft ook een van de titels en 'Grote Namen' van iedere farao betrekking, 'de Beide Meesteressen'.
Kronen en godinnen waren 'rijk aan toverkrachten', die ze op de koning overdroegen. Zij werden in het 'Rijksheiligdom der Kronen' bewaard, cultisch vereerd en in hymnen bezongen. 'Daarmee was de Egyptische koning bij zijn kroning door moeders omgeven, door hen uitverkoren, gemaakt, beschermd en van goddelijke krachten voorzien... Een beeld met een diep religieuze en psychologische betekenis, maar ook van een aangrijpende menselijkheid,' zoals ik het bij een onderzoek naar de kroning van Hatschepsut genoemd heb.[13]
Niet alleen bij de kroning en bij het Sed-feest, dat al vanwege de opbouw van de koninklijke macht en kracht qua betekenis voor het land en de koning de regeringsjubilea verre overstijgt, spelen de godinnen belangrijke, ja zelfs beslissende rollen. Vaak zien we ook op voorstellingen van een koning hoe hij voorwaarts schrijdt en daarbij rechts en links door een godin wordt begeleid. Zij leggen daarbij liefdevol en beschermend de arm om de schouder van de farao, en ondanks al hun terughoudendheid, wordt het toch duidelijk, dat zij het zijn, die de farao naar de juiste weg leiden, ja zelfs duwen.
Wat in tegenstelling tot andere gelijktijdige oriëntaalse religies in Egypte bijna geheel ontbreekt, is de nauwe relatie van godinnen met de vruchtbaarheid. Er zijn een paar uitzonderingen. Zo geldt Anuket op de eilanden van de 1ste cataract als Meesteres van de Nijl of Heqet met Thoëris als geboortegodinnen. Weliswaar behoort de vruchtbaarheid tot de algemene eigenschappen van het goddelijke, maar voor de vruchtbaarheid

van land en kudden werden mannelijke goden aangeroepen, zoals de met een opgericht lid voorgestelde Min, de krokodilgod Suchos, de Amun van Luxor en ten slotte Osiris; de laatste juist omdat hij de belichaming van alle overledenen is, vandaar ook de brieven aan dode voorvaderen met de smeekbede om kinderen.

Opvallend daarbij is, dat de in het Egyptische denken en daarmee ook de in de Egyptische religie diep gewortelde dualiteit, de opsplitsing van iedere eenheid in een noodzakelijk tegenover elkaar gestelde tweeheid, juist bij de godinnen met betrekking tot een donkere en lichte zijde nadrukkelijk naar voren komt. Veel godinnen wier heilzame werkingen wij steeds maar weer beschreven hebben, dragen deze donkere kant reeds in hun naam mee: Neith betekent zoiets als de 'Verschrikkelijke', de leeuwekoppige Sakhmet 'de Machtige', Wadjet verschijnt als vuurspuwende cobra en Hathor is ook de godin van de dood.

Deze visie op het goddelijke geldt voor de Egyptenaren ook andersom. Ook het duister-bedreigende kan in bescherming en zegen veranderen. Een bijzonder goed voorbeeld hiervoor is Thoëris, de godin met het lichaam van een zwanger nijlpaard, de poten van een leeuw en de penis van een krokodil. De drie verschrikkelijkste en vervaarlijkste dieren in Egypte worden belichaamd door een godin die het kind reeds in het moederlichaam beschermt en van boze geesten en ander kwaad isoleert.

Opdat echter een god, mannelijk of vrouwelijk, aan de mensen zijn hulpvaardige, vriendelijke kant laat zien, moet hij gunstig worden gestemd. Opdat hij de kracht vindt voor de voortdurende vernieuwing en herhaling van de schepping, voor de Egyptenaren geen eenmalige, voor altijd afgesloten handeling, moet een god gesterkt en verzorgd worden door middel van offers en cultus. Opdat hij bereid is, zich onder de mensen te begeven, en hun verzoeken aan te horen en in te willigen, heeft hij behoefte aan tempels en godenbeelden waarin hij verschijnen kan, en aan lofprijzingen en verkondiging.

Hoewel het in de Egyptische cultuur in het begin alleen de koning was, die rituelen voor de goden doeltreffend uit kon voeren en deze voorstelling theologisch gezien tot op het laatst gold, en ertoe leidde, dat het op tempelmuren tot in de Romeinse tijd steeds slechts de farao is (of soms een Romeinse keizer), die de offers aanbiedt, was toch reeds in de eerste, historisch tastbare dynastieën de overname van de dagelijkse cultusdienst door plaatsvervangers in de tempels van het land praktisch geboden. Natuurlijk citeerden deze priesters tot aan het einde van de Oudegyptische religie bij het dagelijks openen van het kistje met het cultusbeeld: 'Het is de koning die mij stuurt om naar de god te kijken,' en daarin lag zowel een protocollaire hoffelijkheid tegenover de god besloten, alsook het verzoek om koninklijke bescherming voor de enorme macht van de god.

Eerst was deze verzorging van godenbeelden en tempels, deze verering en dit gunstig stemmen als plaatsvervanger van de koning niet zo zeer een taak van een bepaalde stand, maar van de gezamenlijke volwassen bevolking van een bepaalde plaats, die elkaar groepsgewijs bij deze dienst aflosten en bij kleine heiligdommen en dorpstempels bleef dit zo tot in de Late Tijd. Dat betekent echter, dat aan het priesterambt geen bijzondere wijdingen verbonden waren en dat vrouwen het net zo goed konden uitoefenen als mannen. De priesterfuncties waren in het begin ook weinig gedifferentieerd, mannen en vrouwen heetten bij de uitoefening van de cultusdienst 'Dienaren van God'. De enige voorwaarde voor de uitoefening van dit ambt was 'Wêb', de cultische reinheid bij het betreden van de tempel.

Al spoedig ontwikkelde zich in de grotere religieuze centra, dus aan het koningshof en in de tempels van de in heel Egypte vereerde goden, die niet slechts aan een plaatselijke cultus verbonden waren, een priesterschap, waarbij de leden zich afhankelijk van talenten en vaardigheden specialiseerden. Ook onder hen zaten vrouwelijke priesters met de meest uiteenlopende taken en zij hadden net als hun mannelijke collega's deel aan de offers, geschenken van de koning en giften van de gelovigen. En met betrekking tot de te vereren godheid was er eveneens geen sprake van een geslachtsafhankelijk onderscheid: zowel goden als godinnen hadden zowel priesters als priesteressen.

Het wekt dus geen verbazing, dat er al uit de tijd van de eerste twee dynastieën, waarin de Egyptische cultuur tot volle wasdom komt, priesteressentitels overgeleverd zijn, waaronder enkele, die nauw met het koningschap verbonden waren, zoals

bijvoorbeeld die van een 'verzorgster van Apis', de in een gedaante van een stier vereerde koningsmacht in de residentiestad Memphis.[14]
Veel omvangrijker en inhoudelijk interessanter worden de leesbare teksten in het Oude Rijk. 'Het is de majesteit van Userkaf' (circa 2450-2442 v.Chr.), die heeft verordend, dat ik de priesterdienst voor Hathor, de Meesteres van Ra-jenet, vervul... Verder moeten de volgende van mijn kinderen de priesterdienst... voltrekken, zoals ik het zelf altijd gedaan heb, toen ik naar het mooie Westen als prijzenswaardige gegaan ben (na mijn dood).'[15] Dit bepaalt Ni-ka-Ankh, landeigenaar en het hoofd van de nieuwe steden in zijn testament. Dit ons reeds in een ander verband bekende testament voert onder de 'kinderen' die het ambt en de inkomsten van de Hathor-dienst moeten erven, ook weer zijn vrouw Hadschet-heknu op en zij zit, in dezelfde grootte als de grafheren, aan de afgebeelde offertafel.
Waarschijnlijk heeft Ni-ka-Ankh zijn vrouw dus geadopteerd, om de nalatenschap volkomen gelijk te kunnen verdelen, want zij krijgt voor haar destijds een maand per jaar uitgeoefende priesterschap dezelfde prove als de kinderen. Overigens is dit grafschrift de eerste Oudegyptische bron waarin melding wordt gemaakt van de vijf 'extra dagen', die bij de twaalf maanden van ieder dertig dagen, dit volgens de oude Nijl-kalender, worden opgeteld,[16] en daarmee is de oudste datering vastgelegd voor de invoering van het in zijn tijd verbazingwekkende nauwkeurige en moderne jaar van 365 dagen.
Hathor van Ra-Jeneth was een plaatselijke godin, vereerd door de bewoners van het stadje en door de boeren uit de omgeving waar de koning door het winnen van nieuw land de 'nieuwe steden' gevestigd had. Hier golden nog de oude toestanden: geen afgesloten priesterstand, maar bij de tempeldienst elkaar steeds afwisselende vrouwen en mannen, met een gelijk aandeel aan de koningsstichting alsook aan het offeren.
Veel gecompliceerder zijn de priesterdiensten in Memphis, de hoofdstad van het Oude Rijk. Maar wat één punt betreft, is er tussen de stad en de provincie geen verschil: priesteressen vervullen net als de priesters hun rol in de cultus, en ze krijgen dezelfde vergoeding. Aangezien er in het Egypte van de farao's

geen muntstelsel was, bestond zo'n vergoeding uit de verstrekking van levensmiddelen, stoffen, etcetera.

De duidelijke wijziging in de koningstheologie van het hoge Oude Rijk valt natuurlijk het eerst en het meest in het oog in de residentiestad. Het was geen toeval dat in de 3de en 4de dynastie de reusachtige piramiden zijn ontstaan, en deze waren ook geen uitvloeisel van protserij en overmoed van de toenmalige farao's, maar zij moesten de in de dood nog gestegen macht van de nu volledig tot god geworden koning voorstellen, die vanuit zijn graf de orde in de wereld, de loop van de zon, eb en vloed, en leven en vruchtbaarheid moest verzekeren.

Ook de cultus concentreerde zich in die tijd op de overleden koningen in hun piramiden. Natuurlijk werd ook de godencultus doorgevoerd, maar het is zeker geen toeval dat wij nauwelijks resten van godentempels uit het Oude Rijk kennen, maar wel veel 'daltempels' aan de voet van de piramidencomplexen, waarin het ritueel van de overleden koning voltrokken werd, ook onder zijn opvolgers, ja vaak eeuwenlang.

Rond deze daltempels ontstonden nederzettingen van handwerkslieden, die na het gereedkomen van de piramide de altijd wel noodzakelijke reparaties uitvoerden in bestuurskamers, slachthoven en opslagruimtes in opdracht van priesters en priesteressen. Waarschijnlijk lagen ook de residentiepaleizen, die iedere farao opnieuw liet bouwen en die wegens het vergankelijke bouwmateriaal – ongebakken kleisteen – niet eens meer in grote lijnen herkenbaar zijn, in deze piramidesteden,[17] die door muren eerder tegen het zand dan tegen de vijand werden beschermd en waarin spoedig steeds meer inwoners door de verregaande belasting- en werkvrijstellingen van de farao een bevoorrechte positie genoten.

De priesterdiensten in de daltempel en bij de piramide zelf werden door priesters en priesteressen verzorgd, die de titel 'De Reine van de Koning' droegen, en die onder opperpriesters stonden, die door een Grieks misverstand tot op heden in de Egyptologie 'profeten' genoemd worden, hoewel ze qua taken en betekenis noch iets met de Oudtestamentische profeten, noch iets met het Griekse 'waarzegger, verkondiger' van doen hadden. Ze waren veel eerder een voor het Oude Egypte heel kenmerkende mengeling van koningsvervangers in de cultus,

opzichters over het tempelpersoneel en bestuurbazen over de omvangrijke landbouwbedrijven binnen een piramidecomplex. Deze titel met de daarbij behorende inkomsten werd door de koning als teken van waardering gegeven en steeds aan het begin van de titulatuur vermeld. Tot deze uitverkoren groep behoorden naast hoge hofambtenaren en prinsen ook prinsessen. Wij kennen juist van hen zo'n groot aantal namen - zoals Nesut-nefert bij Snofru, bij Cheops Nas-djen-ka, Meret-itfer en Hetep-heres en bij Schepseskaf zijn dochter Bau-nefer - dat kennelijk aan koninklijke vrouwen als profetes van de piramiden en hun tempels de voorkeur werd gegeven, omdat men hun een bijzondere vertrouwdheid met en invloed op het verdere leven na de dood toeschreef alsook de omgang met de gewelddadige krachten en het gunstig stemmen hiervan.
Zo'n ook op geestelijke en religieuze grondslagen berustende voorkeur voor vrouwen waar het priesterdiensten bij de piramiden betrof - naast de verzorging van ongetrouwde koningsdochters, die we aan de Egyptische realiteitszin absoluut kunnen overlaten - wordt ook begrijpelijk wanneer men weet dat de piramide als een vrouwelijk wezen werd voorgesteld, waarbij de binnengebrachte doodskist als een fallus de nu goddelijke verwekking van de farao voltrekt.

> 'Gezogen wordt de fallus van Babi (een oeroude maangod)
> geopend zijn de deurvleugels des hemels... '[18]

luidt het bij deze scène in de piramidespreuken, en we weten reeds uit de liefdesliederen, dat geopende deurvleugels vaak als aanduidingen voor de naar de liefde verlangende vrouwelijke genitaliën staan. Hoever zulke voorstellingen van het verband tussen koninklijke vrouwen en piramiden gingen, blijkt duidelijk uit de titels van de koninginnen uit de 6de dynastie, die als 'gemalinnen' of 'moeders' van de toenmalige piramiden aangeduid werden.[19] Ook de betekenisvolle rol van de koninginnen en de erfdochters als 'de Beide Kiekendieven' bij de begrafenis van de koning in de Vroegste Tijd wijst al in die richting.
Niet alleen koninginnen en prinsessen oefenden in het Oude Rijk het priesterschap uit. We kennen uit deze tijd priesteressen van Hathor, Neith en Toth. Als Wêbpriesteressen fungeerden

ook vrouwen in dienst van de koningsgod Upuaut, in verband met belangrijke ornamenten van de koning zoals de kronen.[20]
In het Middenrijk (circa 2040-1650 v.Chr.) komt door een wijziging in de koningstheologie en de gerichtheid van het hiernamaalsgeloof op Osiris het zwaartepunt van de priesterdiensten van de piramiden en de tempels meer en meer op godentempels te liggen. Weliswaar bouwden de farao's uit de 11de en 12de dynastie nog steeds gigantische graven, hoewel toch wel al bescheidener van formaat dan in het Oude Rijk, maar in hun dodentempels staat de verering van een god (op dat moment vooral Amun) voor die van de overleden farao in het middelpunt. Onveranderd gebleven zijn de rol en het aantal van de priesteressen. De overtuiging van de betekenis van de vrouw voor het leven na de dood blijft dezelfde. Dit wordt aangetoond door de voor een ritueel geldige begrafenis vereiste aanwezigheid van vrouwen als 'de Beide Kiekendieven' op begrafenisafbeeldingen tot aan het einde van de Egyptische religie bij het binnendringen van het christendom. Dat is een bijzonder indrukwekkend voorbeeld van het voortbestaan van denkstructuren, ondanks de zich in millennia wijzigende cultische praktijken en de destijds actuele wisseling van mythe, rituelen en praktische voorwaarden, en daarom wil ik deze scènes iets nauwkeuriger weergeven.
De voorstellingen van goden in de vorm van een dier gaan terug op het prehistorische geloof in gewelddadige, buiten de mens liggende machten. Heer en meester over de wereld was Horus, hemelgod in de vorm van een valk, wiens ogen zon en maan waren en die op aarde in de persoon van de koning verscheen. De kroon van Boven-Egypte, waarvan immers de rijkseenheid was uitgegaan, was evengoed een macht in vogelgedaante, de giergodin Nekhbet. De derde grote roofvogel van Boven-Egypte - adelaars zijn er in dit land nooit geweest - is de wouw of kiekendief, bekend door zijn verschijning in de personen van koningin en erfdochter, 'de Beide Kiekendieven', dus die op grond van deze deelname aan een goddelijke macht alleen in staat waren bij de begrafenisrituelen voor de koning uit de Vroegste Tijd op de oeroude koningsbegraafplaats van Abydos de nabijheid van de tijdens de dood nog gestegen macht van de koning te vertragen en weer tot rust te

brengen, zijn totale verheerlijking en vergoddelijking te voltrekken en zijn zegenrijke arbeid voor de levenden te verzekeren.[21]
Met de sinds het einde van het Oude Rijk steeds sterker op de voorgrond van het hiernamaalsgeloof tredende mensachtige god Osiris ontstond ook een hele mythologie. Hij gold oorspronkelijk als een Benedenegyptische koning, die vermoord werd, en bij zijn dood namen de godinnen Isis en Nephtys de rol van 'de Beide Kiekendleven' over, die hem door middel van gecompliceerde rituele handelingen weer tot leven brachten, en tot heerser van het Dodenrijk maakten. Sinds het Middenrijk belicha- men nu twee priesteressen deze godinnen. Zij staan in de kleding en met de attributen van Isis en Nephtys bij de rituelen van het balsemen aan hoofd en voeteinde van nu ook niet-koninklijke doden en oefenen hun functie bij het slachten van het offerrund uit bij de nachtwake en bij de weer tot leven gebrachte 'mondopening' van de mummie. Op deze magische manier verhinderen zij ontbinding en vormen ze een hulp bij de eenwording met Osiris.[22]
Bij de dienst in de godentempels treffen wij wederom vrouwen aan: in het Middenrijk zijn er profeten, dus opperpriesteressen, die soms de titel 'Opzichteres' dragen; vaker stuiten wij echter op priesteressen met de titel 'Webet, de Reine'. Zowel mannelijke als vrouwelijke leden van de koningsfamilie treden in tegenstelling tot het Oude Rijk steeds minder in de priesterrangen op, maar de cultische betekenis van vrouwen aan het koningshof blijkt uit het feit dat koningsmoeders, -gemalinnen en prinsessen als belichaming van Hathor gelden en als teken daarvan slakachtige vlechtjes over de borst dragen, het kenmerk van de godin.[23]
Steeds vaker komen we in het Middenrijk ook de titels van 'Zangeres', 'Muzikante' of 'Danseres' van een god of godin tegen bij de vrouwen van ambtenaren en handwerkslieden. Dat verraadt een uitbreiding van cultische handelingen, maar ook van een gestegen zelfbewustzijn van deze vrouwen. Deze taken gingen veel verder dan, zeg maar, het lid zijn van een koor. Zangeressen, muzikantes en danseressen hadden in Egypte priesterlijke taken. Ze hoefden weliswaar geen gemeente op te vrolijken, of een 'lofzang op god in te zetten – we mogen niet vergeten, dat de 'gemeente' toch al geen toegang tot deze tem-

pelmeisjes had - maar hun functie gold de verzekering van de aanwezigheid en werking van de god of godin. Zang, dans en muziek speelden niet alleen in de tempeldienst voor Hathor een grote rol, zoals uit de Hathor-hymne uit het eerste hoofdstuk blijkt, maar ook in de cultus van andere goden, vooral waar het ging om het opwekken en het gunstig stemmen, bij de lofprijzingen en bij de liturgie.
Zoals de godencultus op de koningscultus terugwerkt - volgens de Egyptische opvatting; volgens ons theologisch-wetenschappelijke idee heeft zich juist omgekeerd de godencultus uit de koningscultus ontwikkeld - zo is het ook bij het officiële binnenkomen van de farao in de troonzaal de taak van koninklijke vrouwen om de koning en zijn macht te temperen en gunstig te stemmen, in hun rol van Hathor, dus met de cultinstrumenten sistrum (ratel) en menit (hanger aan een halsketting) en met het zingen van hymnen.
Een bijzonder mooi voorbeeld hiervan vinden we in de *Geschiedenis van Sinuhe*, een van de bekendste Egyptische vertellingen uit het Middenrijk, waarin de held naar aanleiding van het bericht van de moord op koning Amenemhet I in paniek naar Syrië vlucht, door bedoeïenen van een gewisse verdorsting wordt gered en na veel avonturen sjeik van een stam wordt.
Wanneer hem dan toch het leven zonder vaderland en vooral het vooruitzicht van een graf in den vreemde in toenemende mate gaat bedrukken, krijgt hij een brief van de nieuwe Egyptische koning, Sesostris I, die hem zijn vlucht vergeeft en hem opdracht geeft terug te keren. In een roerende scène komt hij uiteindelijk te staan 'voor Zijne Majesteit op de gouden troon in de gouden nis van de audiëntiezaal' en verliest hij tegen ieder protocol en het Egyptische ideaal van zelfbeheersing in plaats van opwinding en slecht geweten in, zijn controle en antwoordt niet op de toespraak van de koning, die daarover hoogst verontwaardigd is. Maar koningin en koningskinderen grijpen reddend in. Zij treden de farao met hun instrumenten tegemoet en zingen ritmisch:

'Neem het schone aan, lang aanblijvende koning,
het sieraad van de Hemelheerseres!
Moge de Goudene jouw neus leven inblazen,

zodat jij verenigd bent met de Heerseres der Sterren!
De zuidelijke kroon komt naar het noorden,
de noordelijke naar het zuiden,
ze zijn verenigd en verzoend met elkaar
door de spreuk van Jouw Majesteit.
De cobra is bovenop je voorhoofd gezet.
Jij hebt de om bescherming smekende ver van het kwade
gehouden...
Span je boog niet meer en maak je pijl los,
geef diegene lucht, die in ademnood is.' [24]

En de farao laat zich kalmeren, neemt degene die thuisgekomen is weer op, geeft hem een baan aan het hof en daarmee zijn levensonderhoud en, wat voor de Egyptenaren nog veel belangrijker is, een goed toegerust graf.

Bij alle psychologische invoelbaarheid van deze geschiedenis, en de vaak werkelijk humoristische scènes, is hier niets te vinden van een parodie op oeroude heilige teksten, zoals wij die in liefdesliederen (circa 700-800 jaar later) wel vinden. Het is niet gemakkelijk te bepalen, of hier een godenhymne omgesmolten is tot een hymne voor de farao, of dat een lofzang op de godgelijke koning, die op zijn troon de 'complete god' is, later in de liturgie van de tempel overgenomen werd. Niet zelden duikt vanaf het Middenrijk ook een priesteressentitel op, die meestal met 'Haremdame van God' vertaald wordt, wat slechts dan klopt, wanneer we het begrip zeer ruim opvatten in de zin van 'Lid van de Vrouwelijke staf van een Tempel', want ook vrouwelijke godinnen hebben zo'n 'harem'.

De versterking van de goddelijke scheppingskracht, die zowel voor mannelijke als vrouwelijke goden aan de versterking van de potentie en geboortekracht werd gelijkgesteld, letterlijk of figuurlijk, was niet alleen de taak van deze 'Godenharems' maar in het bijzonder die van een hoge priesteressenrang, die later in de Egyptische geschiedenis zeer vergaande politieke betekenis zou verkrijgen (zie het zesde en zevende hoofdstuk). Ze ontstond in het Middenrijk of wordt dan op zijn vroegst voor ons tastbaar: de Godsgemalin. Bij een van de eerste aan ons bekende draagsters van deze titel, Imert-nebes, uit het begin van de 12de dynastie (circa 1900 v.Chr.) vinden wij op haar zeer

aantrekkelijke houten borstbeeld na de gebruikelijke offerspreuk de titulatuur: '... voor de eerwaardige bij de god Amun, Gemalin en rechterhand van de god, Imert-nebes, dochter van Dui, gerechtvaardigd (voor Osiris).'[25]
De aanduiding 'Hand van de god' gaat terug op de scheppingsmythe van de oergod Atum, die uit de chaos van het Oerwater Nun opsteeg en op het eerste vasteland, de oerheuvel, door zelfbevrediging het eerste godenpaar schiep en daarmee de geslachtelijke voortplanting en eigenlijk tegelijk het ontstaan van het leven van goden, mensen, dieren en planten op gang bracht. Zoals elke tempel in het Egypte van de farao's een afbeelding van deze oerheuvel is, zo lijkt elke daar vereerde godin of god op de oergod en heeft versterking nodig, opdat de schepping verder gaat, die voor de Egyptenaren geen eenmalige daad is, maar dagelijks herhaald en hernieuwd moet worden. Uit deze diepe geloofslaag komen de bijzondere betekenis en de buitengewone priesterlijke rang van de godsgemalin voort. Deze priesteressen functioneerden oorspronkelijk bij de verschillende goden. Imert-nebes vervulde het hoge ambt klaarblijkelijk bij de god Amun, die weliswaar in het Middenrijk nog niet, zoals in het Nieuwe Rijk, rijksgod zonder meer en 'Godenkoning' was, maar als bevoorrechte god van het koningshuis het hoogste aanzien genoot. Het ontbreken van elke titel bij haar moeder - de naam van de vader wordt niet vermeld - maakt duidelijk, dat beiden niet tot het koningshuis behoorden, zoals later gebruikelijk zou worden voor godsgemalinnen. De hoge sociale status van deze priesteressen (al in het Middenrijk) merkt men niet alleen aan de artistieke kwaliteit van het standbeeld van Imert-nebes, dat met een kleurige pasta en brons is ingelegd en alleen maar uit de koninklijke werkplaatsen kan stammen, maar blijkt ook uit de aard van haar priesterlijke taak. Haar medewerking aan de schepping en het in stand houden van de Ma'at, de wereldorde, maakt haar gelijk aan deze 'Dochter van Rê', geeft haar kosmische betekenis[26] en laat haar riten voltrekken, die anders alleen aan de koning voorbehouden zijn.
Geen wonder, dat verschijnselen zoals de godsgemalinnen of de 'godsharem' niet alleen de tegenwoordige egyptologen voor grote problemen stellen, maar ook de Grieken in diepe verwar-

ring achterlieten, aangezien zij van geheel andere menselijke, religieuze en seksuele opvattingen uitgingen, waardoor je van misverstanden verzekerd bent. Herodotus prijst hun 'absolute maagdelijkheid', bij Strabo en Diodorus werden zij als 'Pallakiden' tot tempelprostituées - en beide zijn onjuist.
Kuisheid was in Egypte geen religieuze waarde, zoals ons het tweede hoofdstuk al heeft laten zien. Net zoals hun mannelijke collega's konden ook priesteressen van elke rang gehuwd zijn. De Godsgemalinnen van Amun uit de Late Tijd vormen een uitzondering, maar eerder om politiek-dynastieke redenen dan om rituele. Tempelprostitutie zoals bijvoorbeeld in Babylon heeft in Egypte echter nooit bestaan. De leden van de godsharem, ook wel 'Ingeslotenen van de tempel' genaamd, waren meestal echtgenotes van ambtenaren, handwerkslieden en arbeiders. Het gebod van de cultische zuiverheid verbood toch al elk geslachtsverkeer binnen het bereik van de tempel.
Vanaf het begin van het Nieuwe Rijk vormt zich in toenemende mate een echte priesterstand, waarvoor zeker bij de grotere tempels het priesterschap steeds meer het enige beroep wordt, en die zich voor andere standen probeert af te sluiten; priesterambten worden daarom zo mogelijk aan nakomelingen nagelaten. Dit leidt weliswaar nooit tot de vorming van een gesloten kaste zoals in India, wat in Egypte al door de geheel andere structuur van de samenleving en vooral door het recht van de koning om hoge priesterambten naar zijn goeddunken te bezetten, verhinderd werd. Maar het was onder de zwakke koningen van de Late Tijd eerder regel dan uitzondering, dat priesterambten geërfd werden. Ook in dit geval kan de overerving zowel *van* de kant van vrouwen als *aan* vrouwen plaatsvinden. Geboorte uit een priesterlijk geslacht was ook voor de dochter een basis voor toelating tot de priesterdienst.[27]
Al meteen aan het begin van het Nieuwe Rijk stuiten we voor beide zaken, vrouwen als hogepriesteressen en de overerving van zulke ambten aan vrouwem, op een voorbeeld, namelijk dat van koningin Ahmes-Nefertari. Zij was de Grote Koninklijke Gemalin van de overwinnaar van de 18de dynastie, Ahmose (1551-1526 v.Chr.). Op een stèle, die later als opvulmateriaal in de 3de pyloon van de Amuntempel van Karnak gebruikt werd en pas enkele tientallen jaren geleden geborgen werd, is de ko-

ningin afgebeeld op het moment dat zij met de koning en haar later gestorven oudste zoon aan de god Amun een broodoffer aanbiedt. Daarbij is ze in dezelfde grootte afgebeeld als de koning en de god - een in deze periode nog erg zeldzame onderscheiding voor een koningsgemalin gezien de in de Egyptische kunst streng aangehouden regel, rangverschillen door verschil in grootte duidelijk te maken en alleen de regerende en daarmee godgelijke farao in dezelfde grootte als een god af te beelden.

Maar meer nog dan dit reliëfbeeld verrast de tekst. In de ons inmiddels al bekende vorm van een rechtsoorkonde verkoopt Ahmes-Nefertari hier het haar tot dan toebehorende ambt van 'tweede profeet van Amun van Karnak' aan haar echtgenoot, die daarvoor een verbazingwekkend hoge prijs betaalt: een landgoed van zes aruren bewaterd akkerland (circa zestien hectare), aanzienlijke hoeveelheden goud en zilver, deels in staven, deels verwerkt, en talrijke koperen diademen; daarbij nog kledingstukken, doeken, haarnetten, sluiers, zalfjes en oliën; 400 zakken gerst; en ten slotte nog: 'Mannelijk en vrouwelijk personeel.' De totaalwaarde van de leveringen wordt met '1010 schena' aangegeven, wat ongeveer 7,7 kilo zilver is, en er wordt de nadruk op gelegd, dat de koning erg royaal is geweest, want de 'waarde' van het ambt was maar 600 schena, dat wil zeggen zo'n 4,5 kilo zilver.[28] Uitdrukkelijk wordt daarbij door de koning vastgelegd, dat de koningin over dit eigendom vrij kan beschikken en dat het kan vererven 'van zoon op zoon en van erfgenaam op erfgenaam' en hij verklaart elke poging van toekomstige koningen, in te grijpen in deze erfenis of deze in te trekken, van nul en generlei waarde.[29] Drie conclusies kan men uit het verbazingwekkende document trekken:

1) Een vrouw kon het hoge priesterambt van een 'tweede profeet van Amun' aan de rijkstempel van Karnak vervullen;

2) zij kon vrij daarover beschikken - ook de koning kon het haar niet eenvoudig ontnemen, maar moest daarvoor een schadevergoeding betalen;

3) de in de koopoorkonden ter bekrachtiging van het volle bezitsrecht gebruikelijke en daarom letterlijk overgenomen aantekening over de erfenis heeft niet alleen betrekking op zonen, zoals immers al de toevoeging 'van erfgenaam op erfgenaam' laat zien.

De betekenis van dit voorbeeld gaat nog veel verder dan de tekst van de oorkonde: de koningin gebruikte namelijk de door de koning betaalde koopprijs voor de stichting van een priesteressencollege, dat onder de naam 'Domein van de Godsgemalin van Amun' tot het eind van het Nieuwe Rijk, dus meer dan 400 jaar lang, bestaan heeft.[30] Hier werden dus de priesteressen, die de godsgemalin bij de vervulling van haar cultische plichten hielpen, opgeleid en van hieruit in hun onderhoud voorzien, waarbij de opgerichte stichtingen van Ahmes-Nefertari door latere godsgemalinnen en koningen gesteund werden.
Het is helemaal niet eenvoudig precies te zeggen, welke taken de hier opgeleide priesteressen in concreto in de tempelcultus hadden. Het begint al bij de godsgemalin zelf, van wie we alleen maar heel in het algemeen weten, dat zij de god moest versterken, bedaren en verblijden. Maar aangezien de Egyptenaren niet graag details van de cultus afbeeldden en daar waar dat toch gebeurde - zoals op talrijke tempelmuren - alleen als handeling van de koning, betekent het een moeizaam mozaïekspel, uit verschillende bronnen zoals grafinscripties, biografieën, standbeeldinscripties en nog veel meer, inzicht in de taken van een met zoveel geheimzinnigdoenerij, maar ook met zo veel prestige verbonden instituut als de 'godsgemalin van Amun' te verschaffen.
In elk geval zijn we enkele stapjes verder gekomen, waarbij we vooral geholpen zijn door de scherpzinnige studies van de Franse egyptoloog Michel Gitton. Van hem weten we tegenwoordig, dat de godsgemalin cultushandelingen in de tempel tot aan de godenschrijn in het allerheiligste uit mocht voeren, die anders alleen aan de koning of aan zijn plaatsvervanger, de hogepriester, voorbehouden waren. Bij het binnentreden in de tempel moest zij samen met de andere priesters de cultische reiniging ondergaan, door voetwassing en het overgieten met 'zuiver water', wat men best met ons wijwater vergelijken kan. Zij wijdde dan in de tempel een offer en bood het aan, zij voerde het voor de instandhouding van de Ma'at en haar verdediging uiterst belangrijke ritueel van het 'Vernietigen van de vijanden' uit, zij verblijdde de god met muziek en dans en lette op de verzorging van het cultusbeeld.
Haar plaatsvervangster als leidster van het priestercollege en

als priesteres droeg in het Nieuwe Rijk de titel 'Hoogste van de Ingeslotenen van het Huis van Amun' en behoorde meestal tot de koningsfamilie of stond deze zeer na. In de tijd van Thutmosis III nam een dame genaamd Huy deze plaats in, die min en opvoedster van vijf koningskinderen en mogelijkerwijs moeder van een van de koningsgemalinnen was.[31]

De 'Ingeslotenen' waren niet een soort nonnen, maar in het college opgeleide en van daaruit verzorgde priesteressen van lage rang en eveneens tot het priesterschap behorende zangeressen en danseressen van Amun, meestal getrouwde vrouwen uit de samenleving van Thebe, die ook geenszins voortdurend in het domein van de godsgemalin leefden, maar haar tijdelijk bij de vervulling van haar omvangrijke cultische plichten hielpen. Slechts in één monument is de priesterlijke werkzaamheid van de godsgemalin, al is het dan niet uitvoerig, uitgebeeld en door onderschriften toegelicht, en wel door een vrouw die zelf vele jaren lang deze functie vervulde; een van de gelukkige toevallen in het onderzoek, waarover echter wonderlijk genoeg nauwelijks iets buiten de nauwste vakkringen om bekend werd en waarvan tot nu toe geen enkel document in een museum of een tentoonstelling melding heeft gemaakt.

Al in 1899 werden bij de eerste grote opruimings- en uitgravingswerkzaamheden in het reusachtige ruïnegebied van Karnak enkele blokken uit roodachtig bruin kwarts gevonden, die voorstellingen en inscripties in een fijn en vlak reliëf bevatten. Ze behoren artistiek tot de fraaiste voorbeelden van Egyptische reliëfs, en hoewel slechts op enkele plaatsen naam en figuur van de bouwer uitgebeiteld waren, kon toch al gauw vastgesteld worden, dat het resten betrof van een bouwwerk van koningin Hatschepsut, dat de eerste uitgravers de 'rode kapel' genoemd hebben en dat verder onder deze naam bekend bleef, hoewel de kleur niet rood maar bruin is en het, zoals we tegenwoordig weten, geen kapel voor een godsbeeld was, maar een heiligdom voor de heilige bark, waarop het cultusbeeld van Amun bij de grote processies gedragen of op het godsschip over de Nijl gevaren werd.

Sindsdien is er nauwelijks meer een jaar verstreken, waarin niet nog meer blokken van dit heiligdom gevonden werden; de meeste daarvan in de reusachtige, door Amenophis III gebouw-

de 3de pyloon (poorttoren) van Karnak, waarin ze zorgvuldig als opvulling op elkaar gestapeld waren.
Tot op de dag van vandaag zijn dat er ongeveer 284 (zelfs de uitgravers zijn niet uit het juiste aantal gekomen) en nog elk jaar kunnen nieuwe ontdekkingen volgen.[32] De blokken worden bewaard in een omheind magazijnterrein aan de rand van het tempelgebied, dat voor bezoekers niet toegankelijk is, tot op een dag de reconstructie van dit bijzonder mooie en door zijn afbeeldingen unieke bouwwerk van de grote koningin mogelijk zal worden.
Door een aaneenschakeling van ongelukkige samenlopen van omstandigheden en meerdere sterfgevallen onder de opgravers is ook de wetenschappelijk volledige verwerking pas in 1977 begonnen bovendien is het daarbijhorende deel van het beeld voor een detailstudie niet toereikend, en zo is men op de evenwel voortreffelijke beschrijvingen van de belangrijke Franse egyptoloog Pierre Lacan en een paar kleurenfoto's van losse scènes aangewezen om zich een voorstelling van de rijkdom aan informatie te maken die ons het barkheiligdom van Hatschepsut zou kunnen geven. Twee gebeurtenissen vormen in elk geval de hoofdthema's van de reliëfs, die de binnen- en buitenkant van het bouwwerk uit acht steenlagen bedekken: de kroning van Hatschepsut tot 'Koning van Boven- en Beneden-Egypte' en de cultushandelingen in en voor de Amuntempel en bij de scheepsprocessies naar Luxor en naar de dodenstad in West-Thebe.
Resten van een wijdingsinscriptie van de koningin bevatten de datum van haar zeventiende regeringsjaar.[33] Aangezien zij haar regeringsjaren volgens die van haar mederegent Thutmosis III en niet volgens haar eigen kroondatum telt, kunnen we deze gebeurtenis vastleggen op het jaar 1473 v.Chr. Dat is slechts enkele jaren voor haar dood, die gedurende het twintigste regeringsjaar of vlak daarna ingetreden moet zijn. Zij heeft de beeldhouwachtige versiering van het heiligdom niet meer zelf kunnen laten afmaken, maar zij heeft het bouwwerk zeker vanaf de inwijding al als standplaats voor de heilige bark gebruikt.
Details van de kroningsscènes zullen ons pas in het eerstvolgende hoofdstuk bezighouden. Voor ons is hier maar één zaak interessant, namelijk dat Hatschepsut aan het begin van de

kroningsfestiviteiten de 'sieraden van de godsgemalin' moest afdoen, voordat zij tot farao gekroond werd. Zij heeft dit priesterlijk ambt aan haar dochter uit haar huwelijk met Thutmosis II, Nofru-Rê, nagelaten. Háár naam is echter op de tot nu toe gevonden blokken niet aangetroffen, zodat we niet precies weten, of zíj bij de afbeeldingen van de cultushandelingen als godsgemalin optreedt, of dat een andere priesteres haar plaatsvervangster in de cultus is. Dat is waarschijnlijker, omdat Nofru-Rê al in het zeventiende regeringsjaar van haar moeder gestorven was.

Maar nu naar de scènes waarin een godsgemalin een rol speelt. De eerste is meteen in de tempelcultus van bijzondere beteke-nis: in een pantervel gekleed, schrijdt een priester, die de god Horus voor moet stellen en de koning in zijn goddelijkheid vervangt, ter inwijding van de offergaven om deze überhaupt als godsoffer bruikbaar te maken naar het altaar, en roept daarbij de god aan: 'Kom naar je brood, kom naar je vlees, dat je zoon Horus aan je geeft.' Deze zeer heilige handeling wordt meegecelebreerd door de 'Godsgemalin, Gods hand' in het vanaf het Middenrijk onveranderd gebleven ceremoniële gewaad van de godsgemalin, een nauwsluitend, tot aan de enkels reikend kledingstuk, dat door een met grote gespen versierde riem bij elkaar gehouden wordt in combinatie met een band uit stof voor de pruik, die langs de achterkant naar beneden hangt. Zij houdt haar rechter handpalm als wijdingsgebaar open omhoog en wordt door twee priesters van hoge rang begeleid, die beiden als 'Godsvader van Amun van Karnak' aangeduid worden.[34]

Godsvader is een, zoals zo vele ander Egyptische uitdrukkingen, voor ons veelvuldig van betekenis veranderende benaming; deze kan duiden op een nauwe familieband met de koning, deze kan de opvoeder van de kroonprins of erfprinses aangeven, en in het Nieuwe Rijk wordt ze, zoals ook hier, gebruikt voor de hoogste priestertitel (profeet) van de Amuntempel.

In een andere scène luidt het: 'Naar buiten naar de brede zaal gaan, kaarsrecht achter hem staan, aansteken van het vuur op het altaar.' Op deze inscriptie volgen in twee registers boven elkaar zes personen. Een priester stelt met een Ibismasker op de god Thot voor en leest uit een papyrusrol de bezweringsformule voor deze handeling met het onderschrift: 'De heer van Hermupolis (Thot) bij de uitoefening van zijn ambt', een 'Godsdienaar' genoemde priester en een profeet; daarboven nogmaals Thot voor de godsgemalin en een 'Godsdienares' genoemde priesteres.[35]

Op het volgende blok zien we een eerst raadselachtige handeling. Een hoge, als 'Godsvader' aangeduide priester staat tegenover de 'Godsgemalin en Godshand' en overhandigt haar een zeer merkwaardig waaiervormig voorwerp. Het is op een lange schacht gemonteerd en draagt de afbeelding van een neergeslagen, geboeide vijand. De godsgemalin draait zich, zoals in een moderne cartoon, op het volgende blok om en verbrandt de waaier in het in de vorige scène aangestoken vuurbekken.[36]

Zij voert daarmee een oeroud magisch ritueel uit, dat in vroegere tijd alleen aan de koning voorbehouden was en wellicht in de Oertijd werkelijk in de vorm van een mensenoffer uitgevoerd werd. Op z'n laatst sinds het begin van het Oude Rijk is het daaruit enkel nog een magisch, maar voor het Egyptische geloof niet minder doeltreffend tempelritueel geworden, waarin de koning afbeeldingen van gevangenen ofwel kleine kleifiguren ofwel geschilderde voorstellingen in stukken breekt of verbrandt en daarmee alle vijanden niet alleen van Egypte, maar van alle goden en mensen, ja misschien zelfs de wereldorde, die haar als demonen van de chaos bedreigend omgeven, vernietigt.

Voor de eerste keer vinden we hier de voorstelling van de godsgemalin in deze rol en daarmee een verder bewijs voor het feit, dat zíj als vrouw en priesteres deze voor de bestendigheid van de schepping zo belangrijke heilige handeling als plaatsvervangster van de farao uitvoerde en niet bijvoorbeeld, zoals men verwacht zou hebben, de hogepriester van Amun.

Ook een andere handeling van de godsgemalin doet ons tamelijk archaïsch aan. Aan het hoofd van een processie van priesteressen en priesters, van wie er één 'alle mensen in Egypte' vertegenwoordigt, begroet zij met het typisch Egyptische gebaar van de voor de borst gehouden beide vuisten 'het goddelijke Negental (dat wil zeggen, alle goden) en de koningen van

Boven- en Beneden-Egypte'.[37] De goden zijn in even geringe mate als de gestorven koningen op dit blok afgebeeld. Waarschijnlijk stonden de godsbeelden als 'gasten' in de Amuntempel en vertegenwoordigden het 'Negental'. In de plaats van 'alle koningen van Boven- en Beneden-Egypte', wier aanwezigheid ook in de kroningsritus een rol speelt, zullen wellicht hun namen op een tempelmuur gestaan hebben. Misschien hebben we zulke magisch-cultische noodzakelijkheden eerder te danken aan de beroemde, in tempels gevonden 'koningslijsten', dan aan louter historische interesse. Ook deze begroeting en aanbidding van goden en koninklijke voorouders is oorspronkelijk een voorrecht en plicht van de farao's zelf.

Uit deze en andere scènes van Hatschepsuts bouwwerk, bijvoorbeeld van de rituele reiniging bij het betreden van de tempel, kunnen we een indruk krijgen van de omvang en betekenis van de priesterlijke werkzaamheden van een godsgemalin alsook van de tot haar domein horende priesteressen. Ook hierbij moeten we weer benadrukken, dat er voor de Egyptenaren zelf geen onderscheid bestond tussen religieuze en politiek-dynastieke betekenissen, hoewel we deze verschillende aspecten vanwege de duidelijkheid in verschillende hoofdstukken behandelen.

De godsgemalinnen en hun priesteressencollege zijn in het Nieuwe Rijk en de Late Tijd natuurlijk niet de enige vrouwen met de taak van een priester geweest, hoe overvloedig ook de bronnen over hen in vergelijking met anderen waren. Ook naast de Amuntempel van Karnak bestonden er over het hele land verspreid vele grote en belangrijke tempelcentra, van het tempeleiland Philae met zijn Isis- en Osiriscultus aan de zuidelijke grens aan het eerste cataract tot aan de beroemde Neithtempel van Sais, en zij beschikken alle ook over vrouwelijk tempelpersoneel met verschillende rangen. Zeker, vrouwelijke hogepriesters waren een uitzondering, maar ze waren er en daar zijn bewijzen van, bijvoorbeeld bij Hathor tot in de tijd van Ptolemeus[38] en bij Satet in het Nieuwe Rijk.[39] In Egypte bestond er dus niets wat ook maar in de verste verte enige overeenkomst met het 'mulier taceat in ecclesia – de vrouw zwijge in de kerk' vertoonde.

6. MOOIER DAN ALLES

'De vorstin, rijk aan lofbetuiging, heerseres van de bekoorlijkheid,
zoet aan liefde, gebiedster over beide landen,
mooie handen aan het sistrum,
die haar vader Amun verblijdt.
De hoog geliefde met de kroon,
zangeres met een mooi gelaat, prachtig met de veren,
Hoogste van het vrouwenhuis van het paleis,
over wier uitspraken men tevreden is.

Alles wat zij zegt, wordt voor haar gedaan,
al het mooie volgens haar wensen.
Al haar woorden brengen tevredenheid op de gezichten.
Men leeft om haar stem te horen.' [1]

(Ramses II aan zijn gemalin Mut-Nefer-tari in de tempel van Luxor)

'Prijs de heerseres van het land,
de vorstin van de oeverbewoners (van de zee),
wier naam boven elk land staat, die het volk leidt,
de koninklijke gemalin, zuster van de heerser,
moeder en dochter van de koning.
De verhevene en kundige,
die voor Egypte zorgde.
Zij heeft zich ontfermd over zijn soldaten,
en ze beschermd,
zij heeft zijn vluchtelingen teruggebracht,
door zijn emigranten te verzamelen.
Zij heeft het zuidelijke land tot rust gebracht,
doordat zij zijn tegenstanders verdreef,
leve de koninklijke gemalin Ahhotep!' [2]

(Ahmose I, stichter van het Nieuwe Rijk, aan zijn moeder in de Karnak-tempel)

'Mooier was zij om aan te zien dan alle andere dingen.
Haar gestalte was goddelijk. Haar karakter was goddelijk.
Alles wat zij deed, was goddelijk.
Hare majesteit werd een mooi jong meisje.
De slang op haar voorhoofd verhoogde haar gestalte.' [3]

(Thutmosis I over zijn dochter, in een postuum verslag in Der-el-Bahari)

Zulke en gelijkluidende lofbetuigingen voor de echtgenotes, moeders en dochters van regerende farao's zijn gedurende het hele verloop van de Egyptische geschiedenis vaak te vinden; alleen vanwege de in de stijl van de tijd liggende, zeer persoonlijke formuleringen en niet in de laatste plaats vanwege de uit deze tijd aanwezige voortreffelijke vertalingen, heb ik teksten uit het Nieuwe Rijk gekozen.
In alle tijdperken van de Egyptische cultuur werden moeders, vrouwen en dochters van de koning niet alleen door de farao's hoog gewaardeerd, maar zij namen in het bewustzijn van alle Egyptenaren een zeer voorname rol in. Drie componenten spelen in telkens verschillende samenstelling mee in deze achting: het grondpatroon van Egyptische voorstellingen over de rol van man en vrouw, historisch-politieke ontwikkelingen in de loop van 3000 jaar, en natuurlijk niet in de laatste plaats de individuele persoonlijkheid van de koninklijke vrouwen en de koningen. Wat is er echter in het koningshuis anders dan bij gewone vrouwen, wat is er anders in de verhouding tussen man en vrouw dan bij het gewone volk? Daartoe moeten wij kijken naar de bijzondere aard van het Egyptische koningschap. Vanaf de vroegste voor ons begrijpelijke tijden staat de dubbele aard van het koningschap vast. Als belichaming, of beter gezegd, als een verschijning van de wereldgod Horus draagt de koning een bijzondere naam, de 'Horusnaam', die in een rechthoek geschreven wordt, waarboven een valk troont. Daarbij kwamen in de verdere ontwikkelingen van het koningschap nog andere titels of 'Grote Namen', van welke de voor elke bezoeker van Egypte meest opvallende die van de 'Koning van Boven- en Beneden-Egypte' en die van de 'Zoon van Rê' zijn, omdat ze beide telkens in een omlijsting, de zogenaamde kar-

does, gegraveerd zijn en daarom ook voor hen te zien zijn, die de hiëroglyfen van de inscripties niet kunnen lezen.
De koning werd echter in de loop van de tijd nooit met de god geïdentificeerd; hij werd tijdens zijn leven ook niet op een cultische manier vereerd en had - op Egyptisch grondgebied, in Nubië was dat anders - noch tempel, noch priester, terwijl toch delen van de versierselen, zoals kroon en diademen, goddelijke machten moesten voorstellen en eigen priesters hadden. De wezensgelijkenis met de god had echter belangrijke gevolgen voor zijn taken: hij moest door dagelijkse cultus-ceremoniën de aanwezigheid van de goden mogelijk maken, de voortgang van de schepping en elke beweging in de kosmos verzekeren van de zonsopgang, via de stroom van de Nijl tot de vruchtbaarheid van al het leven en hij was verantwoordelijk voor de Ma'at, de wereldorde, waartoe ook rechtvaardigheid, waarheid en het geordende samenleven van de mensen hoorde.
De Egyptenaren wisten echter een precies onderscheid te maken tussen deze goddelijke wezensgelijkenis van het koningschap dat de farao belichaamde wanneer hij op de troon in het paleis zat of voor de hele wereld belangrijke cultushandelingen verrichtte, en de individuele persoon van de koning met alle menselijke eigenschappen tot aan ziekte en dood toe. Afhankelijk van de sfeer en de omstandigheden werden door de Egyptenaar in het Oude Rijk twee volledig verschillende woorden gebruikt voor de mens als heerser of voor de drager van het goddelijk koningschap.[4]
Dit grondpatroon van goddelijke en menselijke essentie kan men gedurende de gehele Egyptische geschiedenis volgen, en dat geldt, zoals we in het volgende hoofdstuk zullen zien, even zo goed voor vrouwen als voor mannen op de troon. Het aandeel van beide gebieden en de politieke en maatschappelijke gevolgen daarvan zijn zeker gedurende de geschiedenis veranderd en hingen ook van de persoonlijkheid van de desbetreffende heerser of heerseres af. Elke toerist begrijpt vandaag de dag nog bij het zien van van de reusachtige piramiden van Gizeh, dat de koning in de 4de dynastie het middelpunt en het hoogste van de hele staat was, ver verwijderd van alle andere mensen, terwijl de koningen van het Middenrijk na de grote verandering in de tijd van de *omwenteling* er waarde aan

hechtten om hun menselijkheid te benadrukken; dat de koningen van de *bevrijdingstijd*, de vroege 18de dynastie, ervan hielden om zich ongehoord heldhaftig en lichamelijk superieur af te laten beelden terwijl de zwakkere koningen uit de Late Tijd nagenoeg wanhopige pogingen ondernamen om de aandacht van hun vaak maar al te menselijke persoon af te leiden en er tenminste op de tempelmuren als een god uit te zien.
Met de verandering van de plaats en het dogma van de koning, veranderde ook de status van de koninklijke vrouwen. Maar geheel onafhankelijk van zulke fundamentele ontwikkelingen bleef één ding toch altijd hetzelfde: de persoonlijke verhouding van de koning tot zijn gemalin.
Er is telkens maar één 'Grote Gemalin van de Koning', of zij nu in de Vroege Tijd de titel 'die de Horus ziet' draagt, of 'Bakermat van de koningskinderen' aan het begin van het Oude Rijk of later een hele verzameling van titels en erebenamingen – slechts bij hoge uitzondering had een koning meerdere 'Grote Koninklijke Gemalinnen' tegelijkertijd, en dat diende meestal de instandhouding van de dynastie.
In zoverre bestond er ook aan het hof geen verschil met de burgerlijke 'Vrouw des Huizes'. De koningin had een eigen paleis. Al sinds de Vroege Tijd kennen we dergelijke onderkomens, waartoe ook hoge ambtenaren behoorden, uit wier titels wij weten dat het 'Huis van de Gemalin van de Koning' daarnaast vaak ook een omvangrijk landbouwbedrijf was, dat velden en domeinen, wijngaarden en veekudden, handwerkers, kunstenaars en arbeiders omvatte, en talrijke vondsten uit alle Egyptische tijdperken hebben de economische betekenis van het paleis van de koningin bevestigd.
De gemalin van de koning was dus vergaand economisch zelfstandig en onbegrensd heerseres over haar bezit en haar personeel. De farao moest zelf naar dit paleis of deel van het paleis komen als hij het gezelschap van de koningin wenste.[5] Er waren geen eunuchen als bewakers, er werden geen sluiers gedragen, en de koningin trad vaak met de koning gezamenlijk in het openbaar op bij politieke en religieuze gelegenheden, naast haar religieus-cultische functie die zij los van de koning vervulde. Daarom leidt het begrip 'harem', dat in de egyptolo-

gie synoniem is geworden aan het paleis van de koningsgemalin, tot grote misverstanden.
Tot de bewoonsters van dit paleis behoorden weliswaar ook de bijvrouwen van de koning, die allerlei verschillende titels dragen, wat verwarrend is, maar er zijn er ook zonder een enkele titel, wat de historici dan ook weer verbijstert - wanneer ze namelijk koningsmoeders worden. Ook deze vrouwen en meisjes ressorteerden echter onder een Grote Koninklijke Gemalin en één blik op het gezicht van beelden van Teje, de gemalin van de pracht en praal en vrouwen liefhebbende Amenophis III, overtuigt ons er meteen van, dat er over haar hoedanigheid van meerdere geen discussie gevoerd hoeft te worden. Zeker besliste over omvang en acceptatie van deze bevelvoering telkens weer de persoonlijkheid van de koningin. Er zullen niet zelden twisten in de harem, zo zijn mensen nu eenmaal, geweest zijn, en over sommige van de gevolgen zullen we later nog lezen.
Of de huwelijken van de farao's nu goed of slecht zijn geweest, komen wij zelden te weten, maar naast de niet alleen om politieke, maar vooral om magische redenen betrachte terughoudendheid omtrent de gang van zaken in het paleis werd toch tamelijk vaak in woord en beeld genegenheid, samenwerking en partnerschap van beide kanten uitgedrukt. Aan dergelijke gevoelens van genegenheid gaven niet zelden de uiterst machtige, ja, de als monomaan beruchte farao's Amenophis III en Ramses II uitdrukking in de vorm van speciale tempels, de bouw van reusachtige, bijzonder fraai versierde graven of middels gedenk- scarabeeën voor hun gemalinnen. Hoewel we ook hier steeds rekening met het onderscheid tussen 'waarheid' en 'werkelijkheid' in het Oudegyptische denken moeten houden,[6] blijven er toch voldoende feiten over, om de waarschijnlijkheid van vele goede huwelijken in het koningshuis niet uit te sluiten. Men mag echter van 'waarheid' en 'werkelijkheid' geen twee onverenigbare polaire tegenstellingen maken, dat zou niet alleen in tegenspraak zijn met het Egyptische denken, maar ook met onze eigen levenservaring. Een heel goed passend voorbeeld hiervoor zijn de overlijdensadvertenties in onze kranten: de formule 'mijn geliefde vrouw...' wordt vast ook in die gevallen gebruikt, waarin nauwelijks sprake geweest is van echtelijke liefde; maar omdat zulke gevallen bestaan, zou het volledig

fout zijn te zeggen dat deze uitdrukking alleen maar pure huichelarij geweest zou zijn en dat de huwelijken altijd of overwegend slecht geweest zouden zijn.

Wat waren dat nu voor vrouwen, die als koningsgemalin fungeerden? We moeten weer eens toegeven dat onze kennis van Oud-Egypte soms geringer is dan men zou willen aannemen, en zo zijn we bijvoorbeeld wat betreft hun afkomst vaak aangewezen op vermoedens, hetzij omdat informatie omtrent de ouders toevallig ontbreekt, hetzij met opzet. Dan gaat het meestal om een niet-koninklijke, 'burgerlijke' afkomst of, wat waarschijnlijker is, om afstamming van een koning die door zijn opvolger als een overweldiger, ketter of anderszins onrechtmatig heerser beschouwd werd. Overeenkomstig onze verwachtingen blijkt echter uit de meerderheid van de gevallen waarin de afkomst van de koningin genoemd wordt, dat zij uit de koningsfamilie zelf stamde.

Al bij de eerste koningsgemalin van wie we de naam kennen, kunnen we dat vaststellen: Hotep-Neith, echtgenote van de stichter van de 1ste dynastie Horus Aha, die waarschijnlijk identiek is aan de legendarische Menes, heeft in haar graf het zegel van koning Horus Narmer achtergelaten, die we tot de 'dynastie 0' rekenen en die de voorganger van Aha was; zij zou wel eens diens dochter geweest kunnen zijn.[7] We boffen dat dit bewaard gebleven is, want men maakte in de Vroege Tijd bepaald niet van alles een inscriptie en van de meeste van deze koninginnen kennen wij de namen van de ouders niet. Met het Oude Rijk worden de vermeldingen vooral wat betreft de titels iets uitvoeriger. Wanneer bijvoorbeeld een koningin de titel 'Dochter van een koning' of 'Zuster van een koning' draagt, dan kunnen wij daaruit concluderen, dat zij uit de familie van de koning stamt. Hoe moeilijk echter dat zelfs is, laten we aan de hand van twee voorbeelden zien: de moeder van de machtige Cheops, de bouwer van de Grote Piramide van Gizeh, heette Hetep-heres I. Haar graf werd in de jaren twintig van deze eeuw bij toeval gevonden toen een fotostatief in het zand wegzakte, en het bevatte nog het totale grafmeubilair inclusief de potten met de ingewanden; alleen was de mummie zelf om nog onverklaarbare en in de wetenschap omstreden redenen uit de sarcofaag verdwenen.[8] Deze enige voor ons bewaard gebleven grafschat van een koninklijke teraardebestelling in het Oude Rijk, die we tegenwoordig voortreffelijk gerestaureerd in het Egyptisch Museum in Kaïro kunnen bewonderen, bewijst in elk van zijn delen de hoge rang die Hetep-heres innam aan het hof van haar zoon Cheops, die ook haar begrafenis regelde. We weten uit de inscripties op de meubelstukken, dat zij de gemalin van koning Snofru was, de stichter van de 4de dynastie en een geweldig bouwmeester, wiens drie pyramiden bij Dahschur en Meidum bij elkaar nog aanmerkelijk grotere massa's steen bevatten dan de piramide van Cheops. Wat we echter niet weten, is van wie deze belangrijke vrouw afstamt: was zij de dochter of, zoals anderen geloven, de echtgenote uit het eerste huwelijk van Huni, de laatste farao uit de 3de dynastie? Dan zou zij mogelijk degene geweest kunnen zijn, die de legitimiteit van de koningen uit de 3de op de 4de dynastie heeft overgebracht. Tegenwoordig wordt onder verwijzing naar de ontbrekende titel 'Dochter van een koning' achter deze erfbemiddeling van Hetep-heres meestal een vraagteken gezet;[9] maar we hebben al verschillende keren gemerkt, hoe voorzichtig we na duizenden jaren moeten zijn met een bepaalde vaststelling, als het bewijs daarvoor ontbreekt.

Het andere voorbeeld dat ons hoofdpijn bezorgt in verband met de verwantschapsverhoudingen in het koningshuis, is de verlening van de titel van 'Dochter van de koning' als pure eretitel aan vrouwen van hoge ambtenaren in de 5de en 6de dynastie, niet zelden met de toevoeging 'uit zijn lijf', en het gebruik van deze titel leefde nog eens op in de 2de Tussentijd. Maar naast deze moeilijk te beoordelen gevallen zijn er in de Egyptische geschiedenis genoeg duidelijke aantekeningen over afstammingen, zodat men kan spreken van een duidelijke voorkeur voor een huwelijkssluiting binnen de koninklijke familie. Hierbij kan meteen de vraag gesteld worden, of en hoe vaak Egyptische koningen hun zuster huwden, of dat zelfs het huwelijk tussen broer en zus in het koningshuis, zoals de egyptologie gedurende lange tijd heeft aangenomen, verplicht was, om - zoals men het meestal motiveerde - het 'koninklijk bloed zuiver te houden'. Over deze motivering komen we nog te spreken, maar eerst moeten we de feiten zien te verklaren. Wanneer we beginnen aan het eind van de Egyptische cultuur,

namelijk de tijd van Ptolemeus, dan blijkt dat in dit koningshuis, (dat immers van Macedonische oorsprong was) sinds Ptolemeus II een huwelijk met de eigen zus gewoonte was. De berichten over het Egyptische huwelijk tussen broer en zus, die al in de Antieke Oudheid in het westen bekend waren en vooral bij de kerkvaders de hoogste morele verontwaardiging opriepen, stamden meestal van Griekse schrijvers als Diodorus of Pausanias.[10] Hoe waardevol sommige berichten van Griekse historici voor onze kennis over Egypte ook mogen zijn, ze getuigen toch vaak eerder van Griekse dan van Egyptische opvattingen en van de daardoor ontstane misverstanden.
In de tijd van zuiver Egyptische dynastieën, vanaf de Vroegste Tijd tot de tijd van de Perzen, wordt de bewijsvoering echter weer moeilijk, wanneer we haar tot de nauwste betekenis beperken: 'Broer en zus uit hetzelfde ouderpaar.' Te vaak is maar een van beide ouders genoemd, zodat men met de mogelijkheid van halfbroer en halfzus rekening moet houden. Daarnaast weten we, dat op zijn minst vanaf de 18de dynastie, geliefden en echtgenoten binnen en buiten het koningshuis, elkaar met 'zuster' en 'broer' aanspraken, ook als ze helemaal niet met elkaar verwant waren. Daarbij komt nog de voor een oude samenleving verbazingwekkend kleine woordenschat met betrekking tot familierelaties – 'zuster' wordt vaak gebruikt in plaats van 'nicht'. Maar ondanks al deze tot voorzichtigheid manende moeilijkheden staat toch vast, dat in het koningshuis bij voorkeur binnen de engere kring van familieleden getrouwd werd, waarbij het bij elkaar houden van de erfenis aan macht en bezit, zoals het bij oude families de gewoonte was, een rol zal hebben gespeeld, net zoals trouwens de laatdunkendheid ten opzichte van buitenstaanders. Men mag daarbij bovendien niet vergeten, dat er verhoudingsgewijs pas vrij laat in de Egyptische geschiedenis staten in de nabije omgeving waren waarvan de heerser ongeveer als gelijkwaardig gold. Verder werden er in toenemende mate buitenlandse prinsessen in de harem van de koning opgenomen, maar geen enkele onder hen werd 'Grote Koninklijke Gemalin'. Toen zelfs een keer een 'barbaar', toch de koning van het toentertijd machtige Babylonië, bij Amenophis III om de hand vroeg van een prinses als diplomatieke tegengift voor zijn zuster en dochter, die in de ha-

rem van Amenophis leefde, ontving hij het verwaande antwoord: 'Van oudsher is er nooit een koningsdochter van Egypte aan iemand (in het buitenland) weggegeven.' Als blijk van de belangrijke rol van Egypte in de toenmalige wereld van oriëntaalse staten, spreekt het onderdanige antwoord van de Kassitische heerser: 'Stuur mij een of andere mooie vrouw alsof het je dochter is! Wie zal zeggen dat het geen koningsdochter is.'[11]

De mythologie werd vaak in de oudere egyptologie als bewijs gebruikt voor het huwelijk tussen broer en zus. Inderdaad wordt, in de verschillende leren van de Egyptenaren betreffende het ontstaan van de wereld, de Oergod opgevolgd door diens kinderen als goddelijk paar, die dan weer de volgende generatie van goden verwekken. Zulke scheppingsverhalen bestaan echter in veel religies, en we weten tegenwoordig, dat allerlei soorten mythen nauwelijks of helemaal niet als bewijs gebruikt kunnen worden voor historische of maatschappelijke verhoudingen.

Trad men in het avondland al het - feitelijke of veronderstelde - huwelijk tussen broer en zus in het huis van de farao tegemoet met bevreemding en afwijzing, zo reageerde de egyptologie vol verontwaardiging en noemde het een 'lelijke vlek' in de moraal van de verder als vermeende monotheïst hooggeprezen Amenophis IV Echnaton, toen kort voor de Eerste Wereldoorlog na de uitgraving van zijn hoofdstad Tell-el-Amarna door Duitse onderzoekers het aantal aanwijzingen toenam, dat hij twee van zijn dochters, Merit-Aton en Ankhes-en-pa-Aton (de latere gemalin van Toetanchamon) gehuwd en zelfs bij elk een kind verwekt zou hebben. Er zijn inscripties waarin na elkaar, nooit gelijktijdig, beiden als 'koningsgemalin' worden aangeduid, en in een van zijn kleitabletbrieven, die met de hele diplomatieke correspondentie uit deze tijd in Tell-el-Amarna werd gevonden, spreekt koning Burnaburias II van Babylonië over 'Majati (spijkerschriftmatig en overeenkomstig de toenmalige uitspraak de naam weergevend die wij als Merit-Aton schrijven), de heerseres van jouw paleis' en laat haar groeten. Feit is ook, dat de beide prinsessen nog tijdens het leven van Echnaton elk met een dochter getoond worden, die allebei de naam van de moeder met het bijgevoegsel 'ta-scherit', 'de jongere' dragen, maar zonder de naam van de vader.

Men begon Echnaton van het ergste te verdenken naar aanleiding van een beeldje zelfs van een homo-erotische verhouding met zijn schoonzoon, zwager en zoals men toentertijd dacht, jongere broer, Semenchkarê. Dit en nog veel meer overigens in een tijd waarin bepaalde 'expressionistische' afbeeldingen van Echnaton als teken van ziekte werden uitgelegd, waardoor het hem ontbrak aan elk vermogen tot voortplanting.
Daarna volgden nieuwe ontdekkingen: inscripties waaraan men tot dusver geen aandacht geschonken had, bewezen dat ook de jongste dochter van Amenophis III en Teje, Sat-Amun, de titel 'Koningsgemalin' of zelfs 'Grote Koninklijke Gemalin' droeg, en hetzelfde bleek bij minstens drie dochters van Ramses II, Bint-Anat, Merit-Amun en Nebet-tauwi.[12] Zo groot was de oprechte verontwaardiging bij sommige egyptologen over deze overduidelijke verdorvenheid van de farao's, dat zij dergelijke teksten of verwijzingen daarnaar zo mogelijk wegstopten in vaktijdschriften, die alleen maar door een paar collega's gelezen werden, die daar toch al van op de hoogte waren. Er was een langer en meer geduld vergend onderzoek nodig, waarin vooral Duitse onderzoekers als Wolfgang Helck en Christine Meyer uitblonken, voordat men meer overzicht over de situatie verkreeg. Volgens deze onderzoeken is 'Koningsgemalin' in elk van deze gevallen een pure rangtitel voor de telkens oudste, ongehuwde koningsdochter geweest, zodat zij bij afwezigheid, dood of verbanning als plaatsvervangster van haar moeder de cultische en protocollaire plichten kon vervullen, die alleen aan de koningsgemalin voorbehouden waren.
Deze noodzakelijkheid werd misschien nog daardoor aangescherpt, dat noch haar moeder, noch zijzelf de titel 'Godsgemalin van Amun' draagt (wat voor de tijd van de 'ketterij' van Echnaton zonder meer vanzelfsprekend is), welks uitzonderlijke betekenis in het Nieuwe Rijk wij in het vorige hoofdstuk ontsluierd hebben. Met zekerheid is het ook uitgesloten, dat de vermeende dochters van Merit-Aton en Ankhes-en-pa-Aton dochter-kleindochters van Echnaton geweest zijn.[13] Op de beide 'kleintjes' of 'jongeren' zullen wij in het volgende hoofdstuk bij het spannende spel vol intriges onder de koninklijke vrouwen aan het hof van Echnaton nog eens stuiten.
In de omgeving van Echnaton treffen we overigens meteen

tweemaal de niet veelvuldig voorkomende, maar wel betekenisvolle gevallen aan, waarin de regerende koning trouwde met een burgerlijke, in geen bloedrelatie met het koningshuis staande vrouw, haar zelfs tot 'Grote Koninklijke Gemalin' met alle daarbijhorende titels en ereaanduidingen verheft en haar ook in vol ornaat laat afbeelden, wat alleen aan haar toegestaan is: de haar erg goed staande 'gierekap' - oorspronkelijk het teken van de Boven-Egyptische Kroongodin Nekhbet, in het Nieuwe Rijk wel als het symbool van de gemalin Mut van Amun gezien - de twee hoge veren van goud daarbovenop en de de vijanden afwerende, koninklijke Ureüsslang op haar voorhoofd.

> 'De hoogstaande koningsvrouw Teje, zij leve!
> De naam van haar vader is Juja.
> De naam van haar moeder is Tuja.
> Zij is de vrouw van een sterke koning,
> wiens zuidgrens tot Kari (in Soedan) reikt,
> wiens noordgrens tot Naharina (Mesopotamië) reikt.'

Met deze woorden op een in veel exemplaren vervaardigde steen in de vorm van een kever, de scarabee, stelt de jonge koning Amenophis III zijn hoge ambtenaren en militaire leiders in zijn uitgebreide rijk en daardoor al zijn onderdanen op de hoogte van zijn bruiloft en hij deinst er geenszins voor terug de burgerlijke afkomst van Teje te vermelden, ja, hij onderstreept dit zelfs door het ontbreken van elke titel voor de namen van zijn schoonouders.
Net als zijn vader trouwde ook Amenophis IV, die zich later Echnaton liet noemen, met Nofretete een vrouw, van wie we weliswaar tot op de dag van vandaag niet precies de afkomst kennen, maar waarvan we wel zeker weten, dat zij geen verwantschapsbanden met de familie van de koning had. Beide vrouwen hebben zich niet alleen door hun aantrekkelijkheid, in het geval van Nofretete is zelfs sprake van een buitengewone schoonheid, onderscheiden, maar toonden ook een grote mate aan wijsheid, waarmee zij in binnen- en buitenland diep respect verwierven, zodat zij ook op politiek gebied een zeer betekenisvolle rol speelden. Een op het eerste gezicht verrassend voorbeeld van de activiteit op het gebied van de buitenlandse politiek en de betekenis van een koningsgemalin biedt een brief

van de heerser van het Mitanni-rijk (ongeveer overeenkomend met het huidige Irak) met de naam Tuschratta: 'Tot Teje, Heerseres van Egypte, heeft aldus gesproken Tuschratta, koning van Mitanni: mij is goede gezondheid! Jouw huis, jouw zoon wens ik goede gezondheid! Tatukhepa, mijn dochter, jouw schoondochter (zij leefde met de titel 'Koningsgemalin' in de harem van Amenophis III) moge het goed gaan! Jouw landen, jouw krijgers en alles, wat jou toebehoort, wens ik in hoge mate welzijn! Jij weet zelf van mij, hoe ik met Mimmuria (Nebmarê, troonnaam van Amenophis III), jouw gemaal, vriendschap gesloten heb, en hoe dat ook Mimmuria, jouw gemaal, met mij heeft gedaan. En wat ik aan Mimmuria, jouw gemaal, schreef en wat ik heb gezegd, en ook de woorden die Mimmuria, jouw gemaal, tot mij richtte en die hij uitsprak - jij zelf, Gilia en Mane (de Mitannische en Egyptische 'ambassadeurs') weten het. Jij zelf kent echter nog beter alle woorden, die wij met elkander gesproken hebben. Iemand anders kent ze niet... ' En de koning hoopt dan op een verdere voortzetting van de vriendschap ook met de zoon van Teje, Amenophis IV, niet zonder tegelijk van de gelegenheid gebruik te maken, om om goudleveringen te schooieren.

Ook deze brief stamt uit het Amarna-archief en bewijst de nauwe, zelfs beslissende vertrouwdheid van koningin Teje met de buitenlandse politiek van het Egyptische rijk en haar deelname aan vertrouwelijke gesprekken onder vier ogen bij een staatsbezoek van de Mitannische heerser. Deze brief is niet de enige in dit archief, die aan de koningin is gericht en over haar rol spreekt. Maar helaas is het archief van Tell-el-Amarna bijna de enig bewaard gebleven verzameling documenten van het koninklijk ministerie van buitenlandse zaken, als we even afzien van enige resten van een Hettitisch archief, dat onder andere een briefwisseling met de Egyptische koningen van de 19de dynastie bevat. En daar valt ons wederom in op, met welk respect, maar ook met welke vanzelfsprekendheid de koninginnen bij de diplomatieke correspondentie betrokken waren. Wanneer we nu de aan het begin van dit hoofdstuk geciteerde lofprijzing van Ahmoses I aan zijn moeder Ahhotep en haar buitenlandse politieke werkzaamheid gedurende de bevrijdingsoorlogen erbij betrekken, dan wordt duidelijk, dat Teje geen unieke uitzondering vormt. Natuurlijk heeft niet elke Egyptische koningsgemalin zo'n rol in de buitenlandse politiek gespeeld. Maar zoals bij vele aspecten van de verhouding tussen man en vrouw in Egypte en bij de positie van koninklijke vrouwen gaat het er niet om, hoe vaak iets voorkomt of te bewijzen is, maar altijd wanneer het gebeurt en te bewijzen is, werd het door niemand verwonderlijk bevonden, noch door de farao van dat moment, noch door de buitenlandse heersers, en er werd al helemaal geen bezwaar tegen gemaakt.

Teje en Nofretete waren geenszins de enige koningsgemalinnen wier niet-koninklijke afstamming we bewijzen kunnen. Zo staat er aan het begin van de bevrijdersdynastie weer een zeer belangrijke vrouw die van burgerlijke afkomst was: Tetischêre, de kleine Teti, heette de echtgenote van koning Senakhtenrê Tao I (omstreeks 1575 tot circa 1558 v.Chr.). Haar standbeelden, net als haar in de beroemde geheime bergplaats van koninklijke doden in Der-el-Bahari gevonden mummie, laten zien, dat het koosnaampje 'de kleine' haar terecht gegeven werd. Zij was een erg klein persoontje met tere arm- en polsgewrichten, waaromheen tegenwoordig nauwelijks een kinderarmband zou passen, ze had een smal gezicht met grote ogen en vol, lang haar, dat op ontroerende wijze bij de mummie door ingevlochten valse vlechtjes voorgesteld werd.

Tetischêre moet naar de uitdrukking op haar standbeelden wel erg energiek geweest zijn; zij heeft haar echtgenoot, zoon en kleinzoon tot de strijd om de bevrijding uit de overheersing van de Hyksos aangevuurd en ongetwijfeld gedurende hun afwezigheid op de krijgstochten de orde in het machtsbereik van Thebe in stand gehouden. Haar zoon Tao II, genaamd 'de dappere', heeft de strijd tegen de Hyksos opgevat en is daarbij gesneuveld, wat de zware hoofdverwondingen aan zijn mummie laten zien. Haar kleinzoon Kamose leidde toen de eerste tochten naar de hoofdsteunpunten van de vijand in de Delta, die hij echter niet kon innemen. Pas Teti's kleinzoon Ahmose verdreef de Hyksos voorgoed van Egyptische bodem en wordt daarom als volwaardig koning van Boven- en Beneden-Egypte, reeds in de Oudegyptische tijd als stichter van een nieuwe, de 18de dynastie gezien, hoewel hij zowel van vaders- als van moederszijde uit de voorafgaande 17de dynastie stamt. Hij is

het ook die aan zijn grootmoeder de mooiste woorden wijdt die een Egyptische koning ooit aan zijn moeder heeft opgedragen. Aan het gesprek, namelijk over de verkoop van de profetenfunctie door zijn vrouw Ahmes-Nefertari, dat we in het vorige hoofdstuk uitvoerig behandeld hebben, gaat een zeer roerende scène vooraf:
'Het gebeurde echter, dat Zijne Majesteit in de zuilenhal zat, de koning van Boven- en Beneden-Egypte Neb-pehti-Rê, de zoon van de zon Ahmose..., waarin de gunstvolle, de bevallige, de Koningsdochter, Koningszuster en Grote Koninklijke Gemalin Ahmes-Nefertari, zij leve hoog!, bij Zijne Majesteit was. De ene sprak tot de andere en wilde doen wat voor de overledene dienstig is, namelijk water te schenken en op het altaar te offeren aan alle feesten van de hemel en de aarde.
Zijn zuster (de koningin) sprak, terwijl zij hem antwoordde: 'Waarom herinnert men (hoffelijke aanspreking van koningen) zich deze dingen? Waarom spreekt men daarover? Wat is jouw hart ingevallen?' De koning zelf echter sprak tot haar: 'Ik denk veel aan de moeder van mijn moeder en de moeder van mijn vader, de Grote Koninklijke Gemalin de moeder van een koning, Tetischêre de zalige.'
Ook Ahmose weet dus nog van de niet-koninklijke afstamming van de grootmoeder en duidt haar ook niet beleefdheidshalve aan, zoals dat soms bij koningsmoeders gebeurt, als koningsdochter of -zuster. Hij licht dan zijn vrouw in over de plannen, om buiten het graf in Thebe voor de blijkbaar kort tevoren gestorvene nog een kapel bij het Osirisgraf in Abydos te bouwen, wat in deze tijd alleen maar aan regerende koningen toekwam, met een vijver en een boomgaard. En hij besluit de schets van zijn ongewone voornemen met de zin: 'Zijne Majesteit heeft dit gedaan, omdat hij zo boven alles van haar hield. Nooit hebben eerdere koningen iets dergelijks voor hun moeder gedaan!'[14]
Na deze scène kunnen we het ons besparen alle overige gevallen van niet-koninklijke afstamming van koningsgemalinnen te vermelden. Hetep-heres was waarschijnlijk de eerste, en de buitenlandse als de moeder van Siptah aan het eind van de 19de dynastie niet de laatste. Maar één ding hebben al deze 'burgerlijke' vrouwen gemeen: in geen enkel geval vinden we (zelfs geen verborgen) aanwijzingen dat een zoon uit een van deze

huwelijken niet als legitieme troonopvolger gegolden zou hebben.
Voor alle koningsmoeders gold, helemaal onafhankelijk van hun afkomst en van een titulatuur als 'koningsgemalin', hetzelfde: elke vrouw wier zoon de troon besteeg, kreeg daarmee titel, rang, recht en plicht van een 'Moeder van de Koning van Boven- en Beneden-Egypte'. Opvallend is dat bij de overgang van de ene naar de volgende dynastie vaak belangrijke vrouwen als koningsmoeder op de voorgrond treden; of zij de legitimiteit van de overgang bewerkstelligd hebben, kan men slechts vermoeden. Dat gaat al op voor Ni-maat-hap, echtgenote van de laatste koning van de 2de dynastie, Khasekhemui (omstreeks 2635 v.Chr.), en schoonmoeder van de bouwer van de trappiramide Djoser. Meresankh I, moeder van koning Snofru en grootmoeder van Cheops, staat aan het begin van de 4de, en Khentkaus I aan de overgang naar de 5de dynastie, wier zonen uit haar eerste niet-koninklijke huwelijk de eerste drie koningen van deze dynastie (vanaf circa 2450 v.Chr.) worden.[15]
Op de oudste slechts alleen in brokstukken bewaard gebleven koningslijst, die onder de naam Palermosteen bekend staat en vanaf het begin van de Egyptische geschiedenis tot in de 5de dynastie alle koningen en hun volgens de jaartallen geordende daden vermeldt, staat achter de naam van elke koning die van zijn moeder. Er is niet één vermelding van een vader,[16] terwijl we wel afbeeldingen van koningsmoeders tijdens hun leven vinden, en die zijn in alle tijdperken talrijk. Ze staan in het protocol meteen na de koning aan het begin, voor de koningsgemalinnen, erfdochters en kroonprinsen.
In de konings- alsook in de godencultus komt de koningsmoeder een op zichzelf staande, betekenisvolle plaats toe. Vooral bij de grote momenten in het koningschap, bij de kroning, het herlevings- en versterkend ritueel van het Sed-feest en bij de koningsbegrafenis is de koningsmoeder zelf of, na haar dood, haar afbeelding een belichaming van de godinnen die staan voor nieuwe schepping en wedergeboorte.[17] De namen van deze godinnen en de vorm van hun belichaming wisselen met de veranderingen van de theologie in de loop van de millennia, de rol en de betekenis van de koningsmoeder blijft steeds dezelfde. Bijzonder op de voorgrond tredend is de koningsmoeder ook

in de aangrijpende legende van de verwekking en geboorte van de koning als kind van de goden, die ik uitvoerig in mijn boek *Heerseres over beide landen - Hatschepsut* weergegeven heb. Zij is ons het uitvoerigst in de dodentempel van deze koningin van Der-el-Bahari en in de tempel van Luxor van Amenophis III in beeld en geschrift overgeleverd; zij stamt echter, zoals de Duitse Egyptoloog Hellmut Brunner heeft laten zien, op zijn laatst uit de tijd van de 4de dynastie.[18]
De god, zo luidt het in de legende, aanschouwt een mooie mensenvrouw en wordt verliefd op haar. Zijn naam verandert in de loop van de geschiedenis van de Egyptische religie. In het Oude Rijk is het Rê, in de 18de dynastie Amun, de koning van de goden - telkens de godenvorm die volgens het geloof van de tijd in zekere zin alle goden in zich samenvat. Hij stuurt zijn heraut, hier de god Thot, erop af, die hem meldt, dat de mooie vrouw de koningin is; haar gemaal is echter nog een kind, net als in de christelijke legende (niet in het Evangelie) van 'Jozef, de oude grijsaard' een verwijzing naar de maagdelijkheid van de uitverkorene en tegelijk een bescherming van de waardigheid van haar gemaal.
Amun bezoekt daarop de koningin in haar paleis, eerst in de gestalte van de koning, dan echter toont hij zich als god. 'Hoe heerlijk is het, je hoofd te zien! Je hebt Mijne Majesteit met jouw glans omgeven,' jubelt de koningin bij de in de afbeelding zeer decent aangeduide Heilige Bruiloft (men ziet Amun en de koningin naast elkaar op het bed zitten), en de god zelf vormt uit de vererende woorden van de moeder de naam van het kind dat hij zojuist verwekt heeft. 'Hatschepsut (Hoofd van de edelvrouwen of ook 'heerlijk hoofd') Khnemet-Amun (die Amun omgeeft) is dus de naam van deze dochter van mij, die ik in je buik gelegd heb...' En anders dan anderhalf millennium later in het Nieuwe Testament spreekt hij zelf de boodschap uit: 'Zij zal het voortreffelijke koningsambt uitoefenen in het gehele land!'
We zien dan verder hoe Chnum, een schepper en handwerkersgod met het hoofd van een ram, op de pottenbakkersschijf het lichaam van de toekomstige koning vormt, samen met zijn Ka, die dezelfde vorm heeft. Ka - dat is een van de moeilijkste uitdrukkingen in het Egyptisch, die zich niet eenvoudig laat vertalen. Meestal wordt het met 'ziel' weergegeven, maar de Ka

staat niet tegenover het lichaam, maar vormt er een wezenlijke eenheid mee, net als met de andere krachten, zoals Akh, Ba en de naam. We kunnen Ka misschien het beste als 'Goddelijke Levenskracht' begrijpen, die in die tijd alleen aan de koning als goddelijk deel van zijn wezen toekwam en hem pas eigenlijk tot koning maakte, zodat Ka in de theologie van de koning van de 18de dynastie zonder omhaal het beslissende criterium van zijn legitimiteit werd.[19]

Godinnen leiden in het volgende reliëfbeeld de koningin, wier zwangerschap teder, maar niet over het hoofd te zien, aangeduid is, naar de geboorte, waarna ze het godskind ter wereld brengen, precies zoals in het meer dan duizend jaar oude geboorteverhaal van de eerste koningen van de 5de dynastie in het derde hoofdstuk, waar we hen al als goddelijke vroedvrouwen ontmoet hebben. Hathor brengt dan de pasgeborene naar haar verwekker, en de geweldige godenkoning is dan een zeer trotse en enigszins geroerde vader: 'Zo komt deze verheven god om zijn geliefde dochter te zien, de koning van Boven- en Beneden-Egypte, dat zij leve, nadat zij geboren is, waarover zijn hart heel, heel blij is.' En op deze weer eens van de goede psychologische opmerkingsgave van de Egyptenaren getuigende persoonlijke opmerking van Amun volgen de feestelijke woorden: 'Mijn zoon uit mijn lijf, mijn stralende evenbeeld, uit mij tevoorschijn gekomen,' die aan een zeer oud ritueel ontleend zijn, wat niet alleen hun taalkundige vorm aantoont, maar ook het behoud van het woord 'zoon' in de tekst van de vrouwelijke farao Hatschepsut.

Het verhaal van de geboorte van de godkoning gaat in de twee bewaard gebleven teksten nog door met scènes van goddelijke voedsters, die de toekomstige koning met hun melk nog verder vergoddelijken, meer ontmoetingen van het opgroeiende kind met de god en ten slotte de benoeming tot koningin respectievelijk koning door de aardse vader. De koningsmoeder speelt in de mythe sinds de geboorte van het kind geen rol meer, en ook hierin is de overeenstemming met de oorspronkelijke tekst van de Evangeliën verrassend: zowel Maria als de koningin hebben hun bijzondere, van andere vrouwen afwijkende waardigheid door de keuze van God en door de geboorte van het goddelijke kind, maar zij verkrijgen zelf daarmee geen goddelijkheid.

Hoewel de overeenkomst ons vertrouwd voorkomt, mogen we de geheel andere theologische achtergrond van het bijbelverhaal niet vergeten. Bij de vraag naar de stilistische en thematische beïnvloeding moet men met een tijdsverschil van meer dan tweeduizend jaar, gerekend vanaf de oorspronkelijk Egyptische vorm, zeer voorzichtig zijn. Maar we weten hoe nauw de verbindingen al sinds oertijden waren tussen Egypte en Palestina en hoe sterk de uitstralende kracht van de Egyptische cultuur was, en zo zijn veelvuldige vervlechtingen waarschijnlijk, zoals ze ook bij het *Hooglied van Salomon* en bij de *Spreuken van Salomon* voor de hand liggen.
Is er nu in de 18de dynastie, waaruit misschien toch niet toevallig de beide uitvoerige teksten van de geboortemythe stammen, bijzonder veel waarde aan het vaderschap van Amun bij de koning gelegd, en staat misschien in samenhang daarmee, dat in deze dynastie de titel van een 'Godsgemalin van Amun' uitsluitend in de koningsfamilie overgeërfd werd? Dit vroegen zich veel onderzoekers af, toen de overgang van deze titels van priesteressen in het Middenrijk op de koninklijke vrouwen in het Nieuwe Rijk eenmaal begrepen was en tegelijk de opeenhoping van buitengewoon actieve koninginnen van hoog aanzien in deze tijd opviel. Lag daarmee niet het vermoeden voor de hand, dat hier weer een oud gebruik in ere hersteld was, waarop de steen van Palermo al wees, namelijk dat het ambt van de koning werd overgeërfd via de moederlijke lijn, ondersteund door de mythe, en dat juist de 'Godsgemalin van Amun' in die tijd praktisch de moeder van de koning of de erfprinsen was, die hen als instandhoudster van het koninklijke - in de mythe: van het goddelijke - bloed legitimeerde?
Aan het hoofd van de koninginnen die deze titel dragen, staat - we weten het al - de Ahmes-Nefertari (haar moeder Ahhotep kreeg deze pas na haar dood) die het priesteressencollege oprichtte. Zij was inderdaad de moeder van de op Ahmose volgende koning Amenophis I, en overeenkomstig de erfafspraken op haar schenkingspaal liet zij haar ambt van godsgemalin na aan haar dochter Merit-Amun I, die de gemalin van haar (half?) broer Amenophis I werd. Maar als titeldraagster was haar een andere dochter van Ahmose en zijn vrouw, met de naam Sat-Amun, voorafgegaan, die titel en functie gelijktijdig met haar

moeder in bezit had, wat weliswaar met de mogelijkheid van het Egyptische erfrecht van de 'schenking tijdens het leven' overeenstemde, maar niet goed past bij de theorie van de legitimiteitsdoorgifte door de Godsgemalin, want Sat-Amun was noch met een koning getrouwd, noch baarde zij een troonopvolger.
Zeer lastig wordt het met de dood van Merit-Amun. Zij stierf kinderloos, en dus kon zij noch de titel van Godsgemalin, laat staan de troon overerven. Amenophis I werd daarom opgevolgd door een prins uit een zijlijn, die als Thutmosis I een bekwame koning en geweldige oorlogsheld was, maar zijn Grote Koninklijke Gemalin Ahmose draagt naast haar titels twee andere met zekerheid niet: zij wordt ook postuum nooit 'Dochter van een koning' genoemd, wat op zijn minst op een niet-koninklijke afkomst van vaderskant duidt, noch is zij 'Godsgemalin van Amun'.[21] Maar juist zíj staat in de tempel van Der-el-Bahari als uitverkorene van Amun en moeder van zijn dochter Hatschepsut in het middelpunt, en zo kan men in dit geval bijzonder duidelijk zien, dat 'Godsgemalin' en 'koningsmoeder' ook in het bewustzijn van de koningen van de 18de dynastie twee verschillende dingen waren. Aangezien Ahmose de titel 'Zuster van een koning' draagt, is het niet uitgesloten, dat zij (half)zuster van Thutmosis I was, maar ook dan kan van bemiddeling van erfrecht geen sprake zijn.
De teleurstelling die sommige wetenschappers voelden bij het onjuist blijken van hun mooie en geliefde theorieën, mag er echter niet toe leiden, dat elke invloed van de koningsmoeder op de erfopvolging ontkend wordt.
Naast de ons al bekende gevallen is er veel voor te zeggen, dat Ahmes-Nefertari, die bij de dood van haar zoon Amenophis I nog leefde, de overname van de troon door Thutmosis I, die Amenophis nog tot troonopvolger benoemd had, met buitengewoon sterke autoriteit gesteund en verzekerd heeft.[22]
De volgende Godsgemalin van de dynastie is Hatschepsut, de dochter van Ahmose. Aangezien men veel documenten over haar later vernietigd of herschreven heeft, ontbreekt elke vermelding over hoe en door wie zij dit ambt gekregen heeft. En aangezien zij helemaal aan het begin van de regeringstijd van haar vader Thutmosis I, misschien zelfs wel kort voor diens

troonsbestijging, geboren werd, dus nog voor de dood van Ahmes-Nefertari, is het niet uitgesloten, dat de Grote Koningin het zelf aan haar kleindochter overgedragen heeft. In elk geval draagt Hatschepsut vanaf de oudste tot ons gekomen inscripties uit de begintijd van haar huwelijk met haar halfbroer Thutmosis II, die afstamt van een bijvrouw van Thutmosis I, de titel 'Godsgemalin van Amun', en zo wordt zij door de koning en door al haar ambtenaren aan het begin van haar titulatuur aangeduid.

Bij haar eigen kroning moest zij afzien van dit ambt, dat niet met dat van regerend koning gecombineerd kon worden, en liet het haar dochter Nofrurê na. Ondanks allerlei vermoedens bestaan er geen bewijzen voor, dat deze wederom haar halfbroer Thutmosis III gehuwd zou hebben, die uit een 'donkere hoek van de harem' stamde, zoals de Amerikaanse egyptoloog Redford het uitdrukt,[23] waardoor volgens de tot voor kort algemeen heersende mening, de legitimering door dit huwelijk bijzonder nodig geweest zou zijn.

Na de dood van Nofrurê gaat de reeks koninklijke godsgemalinnen verder, hoewel we het verloop van het overerven niet altijd precies kunnen volgen tot aan Tia, de Grote Koninklijke Gemalin van Amenophis II en moeder van Thutmosis IV. Dan echter breekt de reeks af, en noch Mutemwija, de moeder van Amenophis III, die in de tempel van Luxor toch een van de uitvoerigste afbeeldingen van zijn goddelijke geboorte heeft achter- gelaten, noch zijn gemalin Teje, laat staan een van de koninginnen of koningsdochters uit de verwarrende Amarnatijd, draagt deze titel. Deze komt pas weer in het begin van de 19de dynastie tot leven, waarbij de koningsgemalinnen sinds Ramses I het ambt opnieuw uitoefenen, dus na een onderbreking van ongeveer honderd jaar.

Gedurende deze tijd en in perioden waarin het verloop van de overerving ophield of omdat de titeldraagster vanwege haar minderjarigheid het ambt niet kon vervullen, gaat de verrichting van de met de cultus samenhangende taken verder. We hebben dat al op de steenblokken van de 'Rode Kapel' van Hatschepsut kunnen zien. De stichtster Ahmes-Nefertari had door haar priesteressencollege voor een graf laten zorgen, waarvan de leidsters met de titel 'Aanbidster van God' of 'Leidster van de vanwege Amun Ingeslotenen' zorgden voor een ononderbroken uitoefening van de cultus. Zeker was ook de Godsgemalin van Amun ook in de 18de dynastie volgens ons spraakgebruik een zuiver priesterlijk ambt, maar voor de Egyptenaren zelf en voor het in hun denken typische in elkaar grijpen van religie en politiek, dynastiek prestige en godencultus mag de beoordeling er anders uitgezien hebben. We zullen een nieuwe opbloei van dit ambt met voor ons verbluffende, maar ook erfrechtelijke en politieke gevolgen, in het volgende hoofdstuk tegenkomen.

Maar of zij nu godsgemalin waren of niet - de betekenis van de moeder van de koning is nauwelijks te overschatten, vooral wanneer om het daadkrachtige vrouwen ging. Een titel en ambt vormden zeer zeker in Egypte nooit een institutie, zoals in het naburige Nubische of Meroïtische rijk, dat tot in de vierde eeuw na Christus voortduurde en waarvan de koningsmoeder met de titel 'Kandake' aan het hoofd van een leger zelfs de Romeinen nog schrik inboezemde, ja zelfs nog in de verhalen van de Apostelen vermeld wordt.[24] De Egyptische koningsmoeders hebben echter ook zonder institutie door middel van hun persoonlijkheid vaak genoeg de politiek van hun zonen beïnvloed.

Dat wordt vooral duidelijk in de niet zelden voorkomende gevallen, waarbij de erfprins bij de dood van zijn vader nog een kind was. Zoals ook in een niet-koninklijke familie was het dan in het koningshuis de moeder op wie de verantwoordelijkheid overging, en zo zijn ons uit de Egyptische geschiedenis een groot aantal regentessen bekend, van wie de meeste met vaste hand de leidsels van de regering grepen, het afglijden en de altijd dreigende chaos van gevechten om de troon en interne onlusten verhinderden en die door tijdgenoten bijna als vanzelfsprekend als bekwame plaatsvervangende bestuurders van het rijk gezien werden. Als zodanig voerden zij sinds het Oude Rijk de titel 'Irit-pat' (misschien het beste met 'Erfvorstin' te vertalen), dezelfde titel die in mannelijke vorm de 'Oerkoningen' onder de goden, Geb en Thot dragen.[25]

Uit deze lange lijst wil ik slechts één voorbeeld aanhalen, omdat er enerzijds van haar een bijzonder bekoorlijke afbeelding bestaat, en omdat anderzijds haar levensgeschiedenis ook menselijk gezien interessante kanten heeft: Anchnesmerirê II, de gemalin van koning Phiops I, uit de 6de dynastie, zit, uit albast vervaardigd, na de dood van haar echtgenoot omstreeks 2200 v.Chr. op een voor het Oude Rijk typische kubusvormige troon met kleine leuningen. Haar vader, de streekvorst van Abydos, Khui, was niet verwant aan het koningshuis, maar politiek gezien zeer invloedrijk. Koning Phiops had haar en haar zuster gehuwd, nadat zijn eerste koningin en hun zoon slachtoffer geworden waren van een samenzwering in de harem – het eerste, maar zeker niet het laatste geval van zulke samenzweringen, waarvan wij op de hoogte zijn, ondanks de enorme discretie waar het het koningshuis betreft.

Anchnesmerirê baart de koning een zoon, die na de dood van zijn vader en de spoedig daarop volgende dood van zijn oudere neef (en halfbroer) Merirê, als Phiops II op ongeveer zesjarige leeftijd de troon bestijgt. In deze beeldengroep zit hij op de schoot van zijn moeder, ondanks de afmetingen van een volwassene toch duidelijk als kind te herkennen. Hij draagt de vanaf de Vroegste Tijd alleen aan koningen voorbehouden Nemes-hoofddoek en op het voorhoofd de Ureüsslang, en is dus duidelijk als een reeds gekroonde koning gekenmerkt. Zijn moeder omarmt hem liefdevol-beschermend met de linker arm, terwijl haar rechter zijn been vasthoudt, wat nogal bezitterig overkomt. Anchnesmerirê draagt het in het Oude Rijk ook voor koninginnen gebruikelijke nauwaansluitende gewaad en boven op haar driedelige vlechtenpruik de gierekap van een koningsmoeder.

Zij moet een succesvolle regentes geweest zijn, want Phiops II kon later onaangevochten de regering overnemen, die hij volgens de geschriften van de in de tijd van Ptolemeüs levende priester Manetho tot op de verbazingwekkend hoge leeftijd van honderd jaar uitoefende. Na haar dood heeft Phiops II voor zijn moeder een verordening uitgevaardigd, die wat betreft de inhoud aan de bijna duizend jaar later uitgevaardigde van Ahmose voor zijn grootmoeder Tetischêre herinnert, hoewel zij niet zo fraai geformuleerd is: '... De Majesteit beval het offer... van een achtste van een rund en een kruik melk voor elk feest hier voor het standbeeld van de koningsmoeder (en nu volgt een bijzonder ingewikkelde titulatuur en de 'officiële' naam van zijn moeder, die toentertijd met die van zijn piramide gevormd werd!), die in het heiligdom van Khontamenti is... Verzegeld in persoonlijke aanwezigheid van de koning.'[26] Zo luidt het op een zuilfragment, dat in de buurt van de tempel van de oude dodengod van Abydos gevonden werd.

Hoe langer het regentschap telkens duurde, hoe succesvoller, begaafder en eerzuchtiger de regentes was, des te gemakkelijker zal de stap naar de volledige overname van het koningsschap, naar de kroning als vrouwelijke farao geweest zijn.

Maar voordat we dat overtuigend bewezen hebben en de omstreden gevallen van de 'vrouwelijke Horus, dochter van de Zon, Heerseres over beide Landen' als hoogtepunt van mogelijkheden voor vrouwen in de vereniging van de hoogste geestelijke en wereldlijke macht van dichterbij bekijken, moeten we eerst eens een blik werpen op de negatieve gevolgen van de hoge positie van koninklijke vrouwen aan het hof. Ook Egypte was geen ideale wereld, en de Egyptenaren waren geen ideale, op goden lijkende wezens, maar gewoon mensen met al hun gebreken. Zo zijn er vanwege troonsbestijging en machtsuitoefening zeker niet zelden gewelddadige twisten geweest, vaker tenminste dan in de bewaard gebleven documenten gemeld wordt. Meestal is daarin sprake van deelname van ook koninklijke vrouwen, en zo heeft men zich aangewend, in het algemeen over haremcomplotten te spreken, hoewel in afzonderlijke gevallen niet duidelijk wordt, of een zich gepasseerd voelende prins of een overweldiger erachter stond of eerder een eerzuchtige moeder, die haar zoon absoluut op de troon wilde zien of de troonsbestijging van iemand anders wilde verhinderen.

Naast persoonlijk machtsstreven is er echter ook een klaarblijkelijk gebrek, waarvan de Egyptenaar zich misschien helemaal niet bewust was: er bestond geen grondwet, of hoe men ook een staatsconstitutie van die tijd noemen wil, en er was geen 'huisregel', zoals gebruikelijk in moderne dynastieën, die de erfopvolging dwingend voorschrijft en duidelijk maakt, wie in geen geval de troon mag bestijgen. Dat betekent echter niet dat in de Egyptische troonopvolging alles verwarrend zou zijn verlopen.

Binnen de meeste dynastieën volgde op de koninklijke vader diens oudste levende zoon, en ook bij de overgang naar een nieuwe dynastie is, zover wij weten, de troonopvolging vaak heel vlot verlopen. Het in het koningshuis overwegende model was klaarblijkelijk ontleend aan het particuliere erfrecht, dat nog ondersteund werd door huwelijken binnen de koningsfamilie zelf, zodat de erfgenamen van vaders- en moederskant samengevoegd werden, wat twee moeilijk op te lossen problemen veroorzaakte: het uitsterven van een koningsfamilie, wat door de hoge kindersterfte in het oude Egypte regelmatig voorkwam, en twist tussen verschillende erfgenamen, om van veranderingen in religie of koningsdogma maar helemaal niet te spreken. Hoe vaak koninklijke vrouwen hierbij als bemiddelaarster van de erfgenamen of als raadgeefster een oplossing van het conflict mogelijk maakten, hebben we herhaaldelijk gezien. Maar het lezen over de gevallen, waar het fout loopt, is, zoals zo vaak, nog veel spannender.

De enige, maar veelvuldig voorkomende aanwijzingen van zulke gewelddadige ruzies om de troon zijn de 'uitwissing van de herinnering' genoemde acties van de op z'n minst tijdelijk triomferende opvolger. Zo goed als maar mogelijk worden naam en titel van de gehate voorganger verwijderd of vervangen door de eigen, graf en mummie vernield, zijn vermelding in de koningslijsten zo mogelijk verhinderd - kortom, hij of zij wordt tot 'onpersoon' verheven, niet alleen voor de levenden en het nageslacht, zoals nog gebruikelijk was onder Stalin, maar volgens het Egyptologische geloof ook voor alle eeuwigheid in het leven na de dood.

We stuiten op deze barbaars aandoende tekenen van gewelddadige geschiedsherschrijving al herhaalde malen in de Vroege Tijd van de 1ste en 2de dynastie,[27] zonder dat we bij de toch al zo schaarse overblijfselen van inscripties uit dat tijdperk ook maar iets meer te weten komen over de redenen. In elk geval zijn zulke sporen van gevechten om de troon gedurende de gehele Egyptische geschiedenis vaker te vinden dan men veronder- stelt. Elke toerist die de geweldige piramide van Gizeh gezien heeft - en dat geldt ook al voor de toeristen uit de Griekse en Romeinse oudheid - beschouwt deze toch als het steengeworden gedenkteken van een bestendige troonopvolging van Cheops via Chefren naar Mykerinos. In werkelijkheid zijn er onder de zonen van Cheops verbitterde gevechten om de troon geweest. Radjedef (of Djedefrê, zelfs over de vorm van de naam

bestaat onenigheid) was gedurende enkele jaren de onmiddellijke opvolger van Cheops, en Chefren kwam mogelijkerwijs pas na het vermoorden van zijn neef op de troon. Ook de zoon van Chefren, Mykerinos, kon pas na een succesvol gevecht tegen een andere mededinger de heerschappij verkrijgen.[28]
Welke invloed koninklijke vrouwen op deze gebeurtenissen hadden, weten we niet in detail. Aangezien het juist in deze dynastie om zeer daadkrachtige vrouwen als koningsmoeder en -gemalinnen gaat, is hun ingrijpen in de twisten om de troon meer dan waarschijnlijk. Aangezien verder hun graven alle zonder uitwissingen bewaard zijn gebleven en er zelfs vele generaties later nog dodencultenvoor hen aantoonbaar zijn, hebben zij zeker telkens hun deel gehad aan de overwinningen.
Er zijn echter enkele uitzonderlijke gevallen, waarin de verwikkeling van vrouwen aan het hof als deelneemster of zelfs als aanstichter van een samenzwering aan te tonen is: 'Toen er een geheime aanklacht ingediend werd in de koninklijke harem tegen de koningin Weret-yamtes,' zo begint een alinea in de grafbiografie van een hoge ambtenaar onder Phiops I met de naam Weni, 'liet Zijne Majesteit mij alleen de verhoren leiden. Er was verder geen opperrechter en vizier, noch een andere ambtenaar aanwezig, ik was alleen; want ik was verdienstelijk en gesloten in het hart van Zijne Majesteit, en Zijne Majesteit heeft zijn hart met mij gevuld. Ik alleen vatte (het verhoor) schriftelijk samen... Nooit eerder had iemand zoals ik de geheimen van de koninklijke harem ervaren...'[29] Ook al kan Weni zijn trots op deze vererende opdracht niet helemaal verzwijgen, hij bewaart toch het 'geheim van de koninklijke harem', en wij komen van hem noch de aanklacht, noch het oordeel over de koningin te weten. We weten alleen, dat zij en haar zoon vanaf dat moment verdwenen zijn.
Een andere samenzwering verliep voor de koning ernstiger, en kostte klaarblijkelijk de stichter van de 12de dynastie, Amenemhet I (1991 tot circa 1971 v.Chr.), zijn leven. Van deze samenzwering ervaren wij uit de eigen mond van de koning in een natuurlijk gefingeerd verslag aan zijn zoon Sesostris I op een zeer dramatische wijze:
'Als je slaapt, bescherm dan ook je hart, want een man heeft geen aanhangers op de dag des onheils... Het was na het

avondeten, toen de nacht kwam. Ik had mezelf een uurtje rust gegund en lag op mijn bed, want ik was moe geworden. Mijn hart had aangevangen de slaap te vatten. Toen werden er wapens getrokken... had ik maar snel de wapens met mijn hand gegrepen, dan had ik de lafaards hals over kop verdreven. Maar niemand is dapper in de nacht, en men kan niet alleen vechten ... Zie, de moord gebeurde, toen ik zonder jou was, voordat de hovelingen gehoord hadden dat ik de heerschappij aan jou overgedragen en jou op de troon van Horus gezet had.'[30]

De laatste zin laat zien om welke reden het postume verslag over de moord op Amenemhet I geschreven werd: het moest de legitimiteit van de troonsbestijging van zijn zoon Sesotris I verzekeren, overeenkomstig een aanvullende waarborg, die in de 12de dynastie vaak gebruikt werd, waarbij de oudgeworden of zieke koning zijn uitverkoren opvolger tot mederegent benoemde met intronisatie en alle koninklijke titels en namen.

Al is de *Leer van Amenemhat bestemd voor zijn zoon* de eerste literair bewezen koningsmoord, die wij kennen de aanduiding van een daarbij betrokken zijn van de harem is daarin zo weggestopt, dat ook toentertijd alleen de ingewijde het begreep. Maar zoals zo vaak circuleerden al gauw in hofkringen allerlei geruchten, en zij vinden hun weerslag in een van de mooiste en best bewaarde Egyptische werken uit de literatuur, de beroemde *Geschiedenis van Sinuhe*, waaruit we eerder uit het slotgedeelte geciteerd hebben. Het begint helemaal in de vorm van een grafbiografie:

> 'De vorst en graaf,
> de zegelbewaarder van de koning,
> de volgeling Sinuhe spreekt:
> Ik was een volgeling van zijn heer,
> een bediende van de administratie van de koningin,
> bij de hoogbegenadigde vorstin,
> de gemalin van koning Sesostris
> en dochter van Amenemhet, Nofru...'

De held van het verhaal was dus een hoge ambtenaar uit het paleis van de koningin, van de harem. Hij schetst dan, hoe hij Sesostris nog in diens tijd als kroonprins op een krijgsveldtocht tegen Libië begeleidt, als plotseling boodschappers uit de residentie de moord op de oude koning komen melden. Sesostris verzamelt snel enige getrouwe volgelingen, en de 'Valk vloog op zonder zijn leger', om de troon tegen de opstandelingen zeker te stellen, wat hem ook lukte. Sinuhe had toevallig enkele woorden van de boodschappers opgevangen en daaruit geconcludeerd, dat de harem of zelfs zijn koningin bij het complot betrokken was, werd ontzettend bang, en:

'Ik verwijderde me met grote sprongen,
om een schuilplaats voor mijzelf te zoeken...'[31]

Dan begint het spannende verhaal van de vlucht van Sinuhe over de Nijl en door de Sinaï-woestijn, waarvan we de gelukkige afloop reeds kennen.
Van een andere, bijzonder ernstige samenzwering tegen een koning zijn er zelfs delen van de processtukken bewaard gebleven, die zeker voor het koninklijke archief aangelegd zijn. Hoewel ze moeite doen, zich zo kort mogelijk uit te drukken en de grootst mogelijke discretie te bewaren, spreken ze toch met verbazingwekkende duidelijkheid uit, dat het om veel meer ging dan de gewoonlijke haremintriges, namelijk om een sluw gespeelde en al langer voorbereide poging tot hoogverraad. Het gebeurde in het laatste regeringsjaar van Ramses III (1193-1162 v.Chr.), de laatste belangrijke koning van het Nieuwe Rijk. Hij heeft geen van zijn koninginnen tot Grote Koninklijke Gemalin benoemd en ook nog geen afstammelingen tot erfprins of erfprinses uitgeroepen.[32]
Een van zijn koninginnen genaamd Teje, klaarblijkelijk niet minder eerzuchtig dan haar naamgenote, de echtgenote van Amenophis III circa 200 jaar eerder, ondernam alles, om haar zoon Penta-wert op de troon van de ouder wordende koning te zetten. Toen al haar overredingskunst Ramses III niet tot de gewenste erfregeling kon overtuigen, startte zij een gevaarlijke samenzwering. Haar belangrijkste bondgenote was een tot de harem behorende vrouw uit een adellijke familie. Haar broer was de militaire commandant van Kusch, het door Egypte bezette Nubië en Noord-Soedan, dat toentertijd over het grootste en best opgeleide leger van het rijk beschikte, nadat de Benedenegyptische troepen in een weliswaar zegerijke, maar

ook met enorm veel slachtoffers gepaard gaande strijd tegen Libië en enkele zeevolken in de eerste regeringsjaren van de koning waren gestrand, troepen, die nog bijna uitsluitend uit soldaten afkomstig uit vreemde landen bestonden, van wie de persoonlijke loyaliteit tegenover de koning bijzonder twijfelachtig was. Het leger uit Kusch, zo was het plan, zou Boven-Egypte binnenvallen en door middel van een staatsgreep de macht van de koning omverwerpen. Bijna alle ambtenaren van het vrouwenhuis hielpen hier aan mee of waren op zijn minst stilzwijgend medeplichtig, waaruit men wel kan concluderen, hoe succesvol zij de samenzwering achtten.
Zeer belangrijk voor de plannen van Teje was de deelname van de hoogste ambtenaar uit de harem, de 'Grootste uit het Huis Pi-bekek-amen', die vooral brieven overbracht en politieke, binnenlandse raadgevingen verstrekte: 'Hij heeft haar woorden naar buiten gebracht,' luidt het in een protocolaantekening, 'aan haar moeders en broeders: "Hits de mensen op, spoor de vijanden aan, zodat zij iets vijandigs tegen hun heer ondernemen!"'[33]
In een tijd waarin enerzijds de religie tot een persoonlijk geloof werd, anderzijds platvloers geloof in tovenarij zich uitbreidde, waren nog twee bondgenoten voor Teje heel belangrijk: de ene stal uit de bibliotheek van de farao een papyrusrol met magische spreuken, en een priester van de Sakhmet liet daarmee waspoppen werkzaam worden, wat tot de dood van de farao en tot angst en beven in het paleis moest leiden. Op een dag raakte echter het hele verhaal bekend. De koning was ten diepste ontsteld, omdat er klaarblijkelijk personen in verwikkeld waren, die hem erg na aan het hart lagen en die hij in hoge mate vertrouwd had, en hij moet vertwijfeld naar mensen gezocht hebben, aan wie hij het uitroeien van deze wijdverbreide samen- zwering toevertrouwen kon. Terwijl bij andere staatszaken, zoals we uit de niet veel later beginnende grafroofprocessen weten, het hooggerechtshof onder voorzitterschap van de vizier of ook de koning zelf vergaderde, stelde Ramses III een bijzonder gerechtshof in, dat volle vrijheid genoot – of wilde hij niets weten over de gevolgen van de veroordelingen? In elk geval luidt het in zijn verordening: 'De woorden, die de mensen gesproken hebben, ken ik niet. Gaat ze onderzoeken. En jullie

zullen er heen gaan en ze verhoren, en jullie zulllen hen door hun eigen hand laten sterven, zonder dat ik daar iets van afweet. En jullie zullen ook de straf aan de anderen voltrekken zonder dat ik daar iets van weet.'[34]
Hij gaf dus in de tijd van de Ramessiden voor de strafvoltrekking twee klassen van mensen aan: de ene, familieleden van het koninghuis, de hoogste ambtenaren en priesters, werden bij veroordeling tot de doodstraf gedwongen tot zelfdoding, de anderen werden door staken of verbranding terechtgesteld – beide zijn echter klaarblijkelijk slechts zelden uitgevoerd.
Voordat echter de vonnissen ook maar geveld of zelfs voltrokken konden worden, was er een intermezzo, dat de corruptie en deloyaliteit van het hoge ambtenarenapparaat in het late Nieuwe Rijk laat zien: van de zes vertrouwelingen van de koning moesten er plotseling twee in hechtenis genomen worden, omdat zij de aangeklaagde vrouwen ontmoet hadden en een 'bierhuis gehouden hadden', dat wil zeggen, dat zij een drankgelag georganiseerd hadden. 'Maar hun misdrijf had hun de das omgedaan en aan hen werd de straf voltrokken door het afsnijden van neus en oren.'[35] Dat schijnt de overige rechters vleugels gegeven te hebben, want nu horen we over enkele vonnissen, die we evenwel niet met één van de ons bekende personen kunnen verbinden, want de hoge rechters waren niet minder aan magisch denken gebonden dan de haremvrouwen en ze hebben in de processtukken alle aangeklaagden met een naam met een kwade betekenis omgedoopt, zodat zij in het leven na de dood nog eeuwig lijden zouden. 'Een drost werd voorgeleid, omdat hij zich had aangesloten bij de Pibekekamen, en ook de vrouwen, die de kwaadwilligen moesten ophitsen... Men plaatste hem voor de grote vorsten van het hof van onderzoek. Zij onderzochten zijn misdrijf, zij bevonden hem schuldig, zij lieten zijn straf aan hem voltrekken.' Maar niet alleen ambtenaren van hoge rang werden veroordeeld; de uitspraken werden uitgevaardigd tot aan 'de vrouwen van mensen van de poorten van de harem', dus de bewaking – zes vrouwen. Ook de zoon van Teje, wier troonsaanspraak immers het doel van de samenzwering geweest was, 'werd voorgeleid, omdat hij zich aangesloten had bij Teje, zijn moeder, toen zij samenzwoer met de vrouwen van de harem, waarbij hij zich te-

genover zijn heer vijandig gedroeg. Men leidde hem voor de drost, om hem te verhoren. Zij bevonden hem schuldig, en lieten hem aan zichzelf over, waarop hij er een eind aan maakte.'[36]

Het is de vraag of Ramses III het eind van het proces nog meegemaakt heeft, omdat de processtukken of afschriften daarvan pas stammen uit de tijd van zijn opvolger. De mummie van Ramses III vertoont in elk geval geen herkenbare sporen van een gewelddadige dood. Er volgden hem nog acht koningen met de Grote Naam Ramses op de troon, maar dit waren krachteloze figuren en innerlijke onlusten vormden het begin van het einde van het eens zo glansrijke Nieuwe Rijk, dat zo zeker aan de toekomst begonnen was en in het jaar 1080 v.Chr. na bijna vijfhonderdjarige duur in elkaar stortte.

7. HEERSERES OVER BEIDE LANDEN

Nog niet zo lang geleden nam men aan dat er in Egypte, het speciale geval Hatschepsut uitgezonderd, geen regerende koninginnen geweest zijn, omdat geen koningslijst ze noemt. Vandaag de dag is onze kennis over afzonderlijke persoonlijkheden weliswaar nog steeds niet helemaal afgerond (net zo min als over menig koning), maar we kunnen toch met grote stelligheid zeggen, dat er op zijn minst vijf vrouwen geweest zijn die op de troon van Horus als 'Koning van Boven en Beneden-Egypte' gezeten hebben. De vroegste vermelding van dit aantal stamt van de Griekse geschiedschrijver Hekataios van Abdera, die onder Ptolemeus I (305-282 v.Chr.) zijn *Egyptische Geschiedenis* schreef, die wellicht op de in de tempels bewaarde annalen steunt en die door Diodorus weergegeven wordt.[1] Geen koningslijst documenteert weliswaar al deze namen, maar zowel de Turijnse koningspapyrus als de Saqqaralijst (beide uit de Ramessiden- tijd) noemen twee koninginnen; Hatschepsut en Tewosre zijn archeologisch en door inscripties voldoende aangetoond en onlangs zijn er bewijzen voor een regerende koningin als opvolgster van Echnaton verzameld. Daarmee is het getal vijf van Hekataios zeker gesteld, waarbij we de na hem levende koninginnen van de tijd van Ptolemeus – Arsinoë II en Cleopatra – buiten beschouwing laten, omdat zij de titel Basilissa volgens Grieks-Macedonisch en niet volgens Egyptisch recht gedragen hebben.

Het is echter mogelijk, dat het getal vijf zelfs verhoogd kan worden. Aan het begin van de Egyptische geschiedenis zijn ons twee vrouwen van betekenis door talrijke vondsten bekend geworden, die ik afzonderlijk in mijn boeken *Op het zweven van de Horus-valk* en *De Schoonheid in het Morgenlicht* beschreven heb: Hotep-Neith, de echtgenote van de eerste koning van de 1ste dynastie Horus Aha (omstreeks 2950 v.Chr.) en Merit-Neith, echtgenote van de koning Wadshi (omstreeks 2780 v.Chr.). Deze vondsten bevatten bij beide vrouwen bijzonderheden ten opzichte van andere echtgenotes van koningen uit dezelfde tijd, onafhankelijk van elkaar, want ze leefden meerdere generaties van elkaar gescheiden en niets wijst er op

dat ze verwant waren. Aan het begin staan, zoals zo vaak in de Egyptische geschiedenis, hun graven. Ze zijn veel groter, beter aangekleed en in hun architectuur moderner dan die van koningen uit dezelfde tijd. Dat van Hotep-Neith ligt in de buurt van Negada in Boven-Egypte en is een reusachtig gebouw van lemen tegels met in de zorgvuldig gemetselde muren een rangschikking van nissen. Merith-Neith heeft zelfs de beschikking over twee graven, één in Saqqara, de koninklijke begraafplaats sinds de stichting van Memphis als residentie door Horus Aha, en één in Abydos, te midden van de oudste koningsgraven van Umm-el-Qaab. De leider van het Duitse archeologische instituut in Kaïro, Werner Kaiser, karakteriseert deze als 'het meest exact ingerichte complex van de 1ste dynastie', na moeizame en zeer verdienstelijke nagravingen van de door de eerste uitgravers in de vorige eeuw volledig door elkaar gegooide en onvoldoende toegankelijk gemaakte koningsgraven.[2]
Om dit zeer opvallende graf heen ligt bij Merit-Neith nog steeds een kring van kleinere graven, waarin hovelingen, bedienden en huisknechten begraven zijn, die hoopten daarmee onder begeleiding van hun meesteres, deel te kunnen nemen aan de hemelvaart, die in de begintijd alleen aan god-gelijke heersers was voorbehouden. Tenslotte heeft haar graf in Abydos ook nog twee grote stenen stèles met haar naam, zoals wij die alleen maar bij koningsgraven uit deze tijd vinden.
Beide vrouwen hebben verder een aanvankelijk onbelangrijk lijkende vondst gemeenschappelijk: bij beiden trof men een zegel aan, dat in zijn afdruk van andere vrouwen- en ambtelijke zegels uit die tijd afwijkt en een verbluffende overeenkomst heeft met de zegels van regerende koningen.
Een vierkant toont in het onderste deel een voorgevel van een paleis, daarboven de naam in de nog ietwat onhandig geschreven hiëroglyfen uit de begintijd. En net zoals bij de koningen, boven deze 'Serech' genaamde paleisvierhoek de Horus-valk troont, en waardoor de naam 'Horus Aha' of 'Horus Wadschi' gelezen kan worden, bevinden zich bij deze twee koninginnen – en alleen bij hen – ook nog de symbolen van de godin Neith met schild en gekruiste pijlen boven het zegelvierkant, waardoor men zowel de volledige naam alsook, zoals bij de koning 'Horus van het paleis', de titel 'Neith van het paleis' kan lezen.

Bij Merit-Neith worden deze opvallende vondsten nog aangevuld door een zorgvuldig in het hardste graniet gebeiteld bavianefiguurtje, dat op de borst duidelijk leesbaar haar naam draagt. De baviaan immers was in de begintijd als 'de grote Witte', de goddelijke belichaming van de koninklijke voorouders en kon bijgevolg alleen maar de naam van een regerende koning dra-gen.
Over de grote betekenis van al deze vondsten en daarmee ook van hun bezitsters zijn vandaag de dag alle egyptologen het eens. Maar ze spreken elkaar tegen in de conclusies die zij daaruit trekken over de rol van Hotep-Neith en Merit-Neith. Dit is helemaal niet zo verwonderlijk, gezien de meestal slechts zeer korte inscripties van de begintijd, onze nog steeds gebrekkige kennis van de vroegste hiëroglyfen en de geringe en blijkbaar door misverstanden vervalste berichten uit de latere Egyptische tijd - de begintijd was voor de piramidebouwers al in de schemer van de sagen en legenden verzonken!
In groeiende overeenstemming ziet men echter tegenwoordig in deze twee vrouwen op zijn minst regentessen: Hotep-Neith voor haar kleinzoon Djer;[3] de dochter Merit-Neith van Djer voor haar kleinkind Dewen.[4] Maar ook het aantal onderzoekers die op zijn minst voor Merit-Neith een eigen regeringstijd aannemen, is niet gering en ik sluit me daar volledig bij aan.
Maar misschien is zij ook pas de tweede vrouw na Hotep-Neith op de Egyptische troon. Het lijkt mij overigens twijfelachtig of helemaal aan het begin van de historische tijd eigenlijk wel een scherp onderscheid gemaakt kon worden tussen een regentes en een regerende koningin.
Uit de 2de dynastie heeft ons de priester-geschiedschrijver Manetho een interessant bericht over regerende koninginnen overgeleverd. Volgens dit bericht zou de koning Neteren (circa 2700 v.Chr.) besloten hebben om aan vrouwen de troonopvolging toe te staan.[5] Vaak genoeg zijn de beweringen van Manetho juist gebleken; het is duidelijk, dat hij directe toegang tot de koninklijke annalen van de tempel gehad heeft. Hoewel hij door geen andere bron bevestigd wordt, is zo'n decreet geenszins uitgesloten. Vele, zo niet alle Egyptische rechtsbepalingen zijn ontstaan bij koninklijke decreten, die van generatie op generatie werden overgeleverd. Zo'n mogelijkheid van vrouwelij-

ke troonopvolging bij koninklijk decreet zou ook verklaren, waarom vrouwelijke farao's door tijdgenoten helemaal niet gezien werden als buitengewoon of in tegenspraak met de geheiligde wereldorde, zoals door sommige pasja-achtige opvolgers – en vandaag de dag nog door een enkele wetenschapper.

De volgende koningin op de troon van Egypte waar we van horen, heeft weer – en dat lijkt mij meer dan toeval – de godin Neith als deel van haar naam: Nitokris, in de algemeen gebruikelijke Griekse omschrijving, 'Neith-iqert', de voortreffelijke Neith, in het Egyptisch. Over haar lezen we het meest bij Herodotus in het tweede boek van zijn *Historiën*: 'Van haar vertellen de priesters, dat zij omwille van haar broer, die voor haar koning was en die de Egyptenaren vermoord hebben, waardoor zij zelf op de troon terecht kwam, veel Egyptenaren heeft omgebracht, om zo zijn dood te wreken. Zij liet namelijk een onderaardse zaal bouwen, bovenmatig groot, en deed alsof zij deze wilde inwijden, maar in haar hart dacht zij anders. Zij zorgde voor een groot maal voor de gasten en nodigde daarvoor al diegenen uit, waarvan ze wist, dat zij de hoofdschuldigen waren aan de moord en toen allen eenmaal zaten en smulden, opende zij een verborgen kanaal en liet de rivier over hen heen naar binnen stromen. Meer wisten zij van deze koningin niet te vertellen, behalve nog, dat zij na het welslagen van haar aanslag uit angst voor straf een kamer met water gevuld heeft en zich daarin gestort heeft.' [6]

Nu heeft de 'Vader van de Geschiedschrijving', Herodotus, toen hij in de 5de eeuw v.Chr. nieuwsgierig en met open ogen door Egypte reisde, naast intussen bevestigde historische gegevens ook een hoeveelheid bonte verhalen opgevangen, zoals die zelfs tegenwoordig nog door de Dragomanen aan de toeristen in de piramiden, tempels en koningsgraven worden verteld, en het spannende verhaal over de wraak van een koningin, dat genoeg stof bevat voor een televisieserie, komt te veel overeen met Laategyptische volksverhalen om ze voetstoots te kunnen aannemen. Maar in elk geval – dat de naam van een regerende koningin zich over bijna tweeduizend jaar staande heeft weten te houden, vormt er een bewijs voor, hoe sterk haar bestaan in de herinnering van een volk voortleefde.

Ook aan Manetho, die bijna twee eeuwen later dan Herodotus

schreef, was de koningin Nitokris nog bekend, en zij gold voor hem als de 'Edelste en Lieflijkste vrouw uit haar tijd'. Hij legt er de nadruk op, dat zij 'blond was en rose wangen had' en dat zij 'de derde piramide' (in Gizeh) gebouwd zou hebben. Dus ook hier dezelfde hoge achting voor deze vrouw op de troon.
Wanneer we proberen om historische bewijzen voor haar leven te vinden, dan kunnen we helaas geen enkele archeologische vondst daarvoor aandragen. Dat is echter niet verrassend, want volgens alle vermeldingen zou zij immers helemaal aan het einde van de 6de dynastie geregeerd hebben, juist in een tijd van omwentelingen, waarvan de daarop volgende revolutie weinig of niets heeft heel gelaten. Maar de naam Neith-iqert bevindt zich ook in de Turijnse koningspapyrus met de titel 'Koning van Boven- en Onder-Egypte', en wel precies op de plaats waar zij volgens Manetho te verwachten is: na de zoon van de grijsaard Phiops II met de naam Merenrê II, die minder dan een jaar geregeerd heeft vlak voor de tijd van de omwentelingen, die Manetho met '70 koningen in 70 dagen' misschien als een revolutionair comité omschreef. Daardoor wordt in de moderne Egyptologie aan de historiciteit van haar alleenregeren niet meer getwijfeld.[7]
Of Nitokris werkelijk een zuster van Merenrê II is geweest of dat hier weer sprake is van het gebruikelijke Griekse misverstand over 'echtgenote', weten we niet. Het verhaal van Herodotus zou een zekere bevestiging krijgen, indien het vermoeden van de Duitse egyptoloog Joachim Spiegel juist is, dat Merenrê II door revolutionairen vermoord is,[8] terwijl het fascinerende verhaal over haar wraakneming wellicht een later versiersel is. En ook Manetho's vermelding van 'de derde piramide' kan op overlevering van het feit berusten, dat er aan het eind van de 6de dynastie herstelwerkzaamheden in het piramidegebied van Mykerinos uitgevoerd worden, wiens dodencultus bevestigd wordt in een edict van Merenrê II.
Tenminste een van de echtgenotes van de koning uit de 4de dynastie, namelijk Hetep-heres II, wordt in een tot op heden goed bewaard gebleven muurschildering in het graf van haar dochter als blond en met blauwe ogen uitgebeeld. Ze was waarschijnlijk een Libische prinses, en deze verbluffende verschijning onder de Egyptische vrouwen met hun zwarte haren

en donkere ogen zal in volksvertellingen nog lang de ronde gedaan hebben.

De eerste vrouwelijke farao op de troon wier volle koningstitel via bronnen van tijdgenoten overgeleverd wordt, met alle vijf 'Grote Namen', en waarvan we een niet onaanzienlijke hoeveelheid archeologische vondsten bezitten, is Sobeknofru (1789-1785 v.Chr.) aan het eind van de schitterende 12de dynastie; maar over haar worden helemaal geen verhalen verteld, laat staan zulke aardige of dramatische, zoals dat over Nitokris. In het Egyptisch museum van Berlijn staat een pas in 1966 verworven stuk van een albasten reliëf, dat ons iets van de geschiedenis van deze vrouw verraadt. Op de rechterzijde kan men namelijk 'Koning van Boven- en Onder-Egypte Sobek-ka-Rê' lezen en men komt daarmee tegelijk een van de 'Grote Namen' van de koningin te weten. Naast enkele aanroepingen van de krokodilgod Sobek, uit wiens heiligdom in Fayyum het reliëf zou kunnen stammen, volgt op de linkerzijde 'de Volkomen God Ni-Maat-Rê', de troonnaam van Amenemhet III (1842-1798 v.Chr.). Dit was de vader van Sobeknofru, die de ontsluiting van Fayyum voltooid heeft en daarmee de cultuurgrond van Egypte aanzienlijk heeft vergroot, waardoor hij tot in de Grieks-Romeinse tijd onder de naam 'Lamares' als lokale god vereerd werd.[9] Hij gaf zijn dochter als vrouw aan de troonopvolger Amenemhet IV.

Na diens vroege, kinderloze dood in het jaar 1789 v.Chr. besteeg Sobeknofru de troon en had zij de alleenheerschappij gedurende drie jaar, tien maanden en vierentwintig dagen.[10] Zoals het Berlijnse reliëf toont, beriep zij zich bij haar troonsbestijging op een benoeming door haar vader, zoals we op precies dezelfde wijze driehonderd jaar later in een inscriptie van Hatschepsut in haar tempel in Der-el-Bahari kunnen vinden en waarvan de historische achtergrond in beide gevallen de benoeming tot erfprinses ('Grote' of 'Oudste Koningsdochter') door de vader zal zijn geweest.

Er bestaan geen aanwijzingen dat haar heerschappij betwijfeld of zelfs aangevochten zou zijn. In tegendeel, de vele archeologische sporen die naar haar verwijzen, van de Delta tot aan een Nijlstroom-merkteken ver in Boven-Nubië bij Semna, tussen de 2de en 3de cataract, wijzen op een algemeen erkende en ongestoorde regeringstijd. Het voorkomen van haar naam zowel op de Turijnse koningspapyrus als op de koningslijst van Saqqara uit de tijd van Ramessiden bewijst de legitimiteit van haar troon, en nog anderhalve eeuw later is zij aan Manetho bekend als 'Semiophris'.

De volgende vrouw op de troon is de het beste en uitvoerigste van getuigenissen voorziene, langst regerende en succesvolste koningin: Hatschepsut, met als troonnaam Makare, die meer dan twintig jaar lang als 'Heerseres over Beide Landen' het wereldrijk beheerste, dat de eerste farao's van de 18de dynastie na de bevrijding uit de heerschappij van de Hyksos veroverd hadden en dat zich van de Eufraat via Syrië en Palestina tot de verre oases van de Libische woestijn en diep in het zuiden tot de 4de cataract van de Nijl in het tegenwoordige Soedan uitstrekte. Dit 'beheerst' moet men bij haar zeer letterlijk nemen, wat blijkt uit de zeer talrijke uitingen van alle tijdgenoten, die getuigen van haar volledig onaangevochten autoriteit, wat nog eens onderstreept wordt door enkele ironisch-karikaturale muurkrabbels van de altijd even spotlustige Egyptenaren en die voor haar populariteit spreken. Iedere aanwijzing voor onrusten ontbreekt; ook haar geweldige bouwwerken overal in het land tot diep in Nubië konden naar omvang en materiaal alsook naar artistieke en technische volmaaktheid alleen maar onder een heerser gemaakt worden, die de beschikking had over alle menselijke en materiële hulpbronnen van het land en het vast in de hand had.

Hatschepsut was geen noodoplossing, geen randverschijnsel van een ondergaand tijdperk, zoals men in oudere werken koninginnen nog wel eens inschatte. Zij volgt haar grote vader Thutmosis I (circa 1508-1493 v.Chr.) op na de vroege dood van haar echtgenoot Thutmosis II omstreeks het jaar 1490 als regentes voor de hooguit vierjarige stiefzoon Thutmosis III. Na de dood van Hatschepsut heeft deze zich in de nog lange jaren van zijn alleenheerschappij een buitengewoon geschikte, op alle gebieden bekwame, wilssterke heerser getoond, een geweldig krijgsman, maar ook een meeslepend leider en groot bouwmeester. Dat Hatschepsut zo'n ten enenmale tot koning voorbestemde man, die eerder dan de monomane Ramses II en menig andere leider in de geschiedenis van de mensheid de

bijnaam 'de Grote' verdiend zou hebben, weliswaar met alle eerbied voor van een mederegent, maar als toch duidelijk op de tweede plaats staand kon behandelen, ook na zijn meerderjarigheid, dat spreekt toch wel voor een overmacht van Hatschepsut, die gelegen moet hebben in haar persoonlijkheid.
In het zevende regeringsjaar van Thutmosis III en dus het zevende jaar van haar regentschap, aldus de tegenwoordig algemeen aanvaarde mening van de wetenschap, heeft Hatschepsut haar tot dan toe met haar regentesseplaats overeenkomende titel 'Koningsdochter, Koningszuster, Godsgemalin, Grote Koninklijke Echtgenote, Heerseres over Beide Landen' ingeruild voor de volledige koningstitel. Het verhaal van haar verkiezing en kroning door Amun vertelt zij zelf op reliëfs in haar allerheiligste, voor de draagbark van de god gebouwde, 'Rode Kapel'; aan de hand van inscripties daarin waren wij in het vorige hoofdstuk al de unieke beschrijvingen van cultushandelingen van de Godsgemalin in de tempel tegengekomen. Het kroningsbericht is bij alle geboden religiositeit en nadruk op het mythische van deze zeer heilige plek zo dramatisch en levendig geschreven, dat ik op zijn minst enige korte uittreksels uit de vertaling van Pierre Lacau wil citeren. Enige aanvullingen voor een beter begrip heb ik zonodig tussen haakjes toegevoegd.
God Amun, zo begint de tekst, die daarin meestal alleen 'Zijne Majesteit' genoemd wordt, God Amun trekt dus in zijn draagbark op de schouders van krachtige priesters uit het binnenste van de tempel, via de ook tegenwoordig nog te herkennen processiestraat, de tempel uit, zodat de bevolking, die geen toegang had tot het tempel-inwendige, zijn zegen en zijn orakelspreuken deelachtig werd, zoals het vanaf het begin van het Nieuwe Rijk bij Godenfeesten gebruikelijk geworden was. 'Maar hij gaf zijn orakel niet voor de (daarvoor door de koningen opgerichte) 'kapel van de Heer' af. De hele aarde hulde zich in zwijgen. 'Men weet niet (wat dat betekent),' zeiden de hoogwaardigheidsbekleders van de koning, en de hovelingen negen het hoofd. Zijn gevolg (dat van de God, dus de priesters) vroeg zich af 'hoezo?' Degenen die eerder opgewekt waren, werden ernstig, hun hart trilde onder de werking van zijn wonderen. (...) Zijne Majesteit bereikte het hoofdeinde van het kanaal (een kade voor het aanleggen van de grote Gods- en Koningsboten

in een kanaal, dat toentertijd van de Nijl naar de tempel voerde en aan de oever waarvan een koninklijk paleis lag), waarbij hij een zeer betekenisvol orakel bij het dubbelportaal van het koningspaleis uitvoerde... De Majesteit van alle Heren maakte een buiging naar het oosten (de bark op de schouders van de dragers, met het bedekte Godsbeeld daarop) en maakte daarmee zijn zeer grote orakel tegenover het dubbele westportaal van het paleis bekend.(...) De Heerseres over Beide Landen (Hatschepsut, nog als regentes en Godsechtgenote) kwam uit de schittering van haar paleis en bewees de Heer der Goden haar verering. Daarna wierp ze zich voor Z.M. op haar buik en sprak: 'Hoe zeer gaat dat nog al de plannen Uwer Majesteit te boven! Jij bent het, mijn vader, die alles bedacht heeft wat bestaat! Wat wil je dat er moet gebeuren? Ik doe zeker alles, wat je beveelt!' De majesteit van deze God deed dan nog grote, talrijke en betekenisvolle wonderen.(...)
Dan nam hij haar (Hatschepsut) voor zich en voerde haar terug naar de 'Vesting van Rechtvaardigheid' (tempel van de Ma'at). Zij doet (daar) het teken van haar dienaar(priester)schap en haar sieraden als Gods echtgenote om, die in deze tempel klaar liggen.' Amun voert Hatschepsut daarop naar 'haar Moeder, de Godin Hathor', die mogelijk door een hogepriesteres met de attributen van de Godin uitgebeeld wordt. Deze neemt haar het diadeem van de Godsgemalin af, een voorwaarde voor de konings- kroning. Dan betreedt de processie de binnenste tempelruimten, die haar vader Thutmosis I liet bouwen. Hier volgt de beslissende rede van Amun, die Hatschepsut in de mythe, maar voor de Egyptenaar ook in werkelijkheid, tot regerende koning maakte: 'Jij bent een koning, die door vreemde landen gevreesd wordt zoals de oorsprong van het vuur (de Koningsslang)... Ik zet jou op mijn troon. Ik grijp voor jou de spits en veder (de Dubbelkroon van Egypte). Ik vorm jou (als koningin), die ik geschapen heb, dat jij offers voor jouw Schepper brengt en de tempels voor de Goden opnieuw vervaardigt. Opdat jij dit land beschermt met een goede regering...' En zo gaat de proclamatie van Amun met een lange opsomming van de plichten van een volkomen koning verder, voor de volbrenging waarvan hij haar verkondigt: 'Jij regeert de levenden, zij zullen jouw bevelen gehoorzamen!'

'De koninklijke hoogwaardigheidsbekleders echter,' zo gaat het met voortreffelijke psychologische observatie verder, 'die de God gevolgd waren (de hoogste beambten hadden tegelijk een priesterrang en mochten de tempel betreden), trokken verbaasde gezichten.' Intussen - uitgerekend deze plaats in de tekst is beschadigd - heeft Amun Hatschepsut met de dubbelkroon tot koning van Boven- en Onder-Egypte gekroond.
In het voorhof van de tempel wacht intussen een grote menigte van ambtenaren, priesters, handwerkers, boeren en soldaten, vrouwen en vissers, zoals dat bij elke godenprocessie de gewoonte was. 'Hare Majesteit (voor de eerste keer wordt Hatschepsut nu met deze titel aangeduid) was voor haar vader (voerde dus de processie voor het Godsbeeld aan), die midden tussen het volk (in het voorhof) rondgaat. Vereringsvolle Godsvrees neemt hemel en aarde in haar greep.
Een ieder wendde zich tot zijn buurman. Niemand dacht meer aan zichzelf, ja, de mensen verloren zelfs het bewustzijn. Niemand kende zichzelf meer. Ten slotte (door de aanblik van hun gekroonde koningin) begrepen ze het in hun hart, omdat de God ze onthulde, wat tot dan toe verborgen was.'
De processie vervolgde haar weg in het paleis, naar de 'Trap van de Enige Heer', een in Egypte vaak gebruikte uitdrukking voor een soort estrada (verhoogd gedeelte) voor de troon of het Godsbeeld. 'Hij (Amun) maakte haar plaats op de grote troon definitief. Hij beval haar daar te gaan zitten, terwijl zij voor iedereen zichtbaar voedsel kreeg zoals een Horus (namelijk met melk, die de versterkende godskracht van godinnen symboliseerde).' Er volgt een toespraak door de 'Toverrijke' tot de koningin, die daarin ook voor het eerst aangesproken wordt met haar troonnaam Makarê. De 'Toverrijke' is de kroongodin, die haar alle macht geeft. Daarna werpen de hovelingen zich op de grond omwille van het 'voortdurende koningschap' van hun zojuist gekroonde koningin, zoals het goden en farao's betaamt, en dan volgt een voor een geldige bestijging van de troon zeer belangrijke scène:
'De Majesteit van alle Heren legt het protocol vast van Hare Majesteit als koning binnen Egypte, die zich van de aarde meester maakt en die haar schattingen vastlegt. Zijne Majesteit sprak en legde het protocol vast, waarin hij haar vele herhalin-

gen (van het Sed-feest) voorspelde: leve de Horus 'rijk aan Kas' (zielskracht), die van de twee heerseressen 'Bloeiend in Jaren', Goudhorus 'Goddelijk aan Verschijningen', Koning van Boven- en Onder-Egypte 'Makarê' (de wereldorde is het wezen van Rê), zoon van Rê 'Hatschepsut', welke Amun omvat.'[11]
Met de kroning, intronisatie en vastlegging van haar 'Grote Namen' geldt Hatschepsut nu volledig als Heerseres op de troon van Horus, ofschoon de kroningsceremonie verdergaat met terugkeer in de tempel, toespraken van Amun en de koningin en haar eerste, cultisch opgedragen koningsoffers voor het Godsbeeld.
Bij de Grote Namen valt ons op dat vrouwelijke en mannelijke vormen elkaar afwisselen, en dat gebeurt ook regelmatig in haar andere inscripties. Men heeft hier lange tijd een onzekerheid van Hatschepsut in gezien, zelfs dat 'het koningschap nu eenmaal mannelijk' zou zijn. En de vermeende onverenigbaarheid van het mannelijke koningschap met het vrouwelijke geslacht zou er evenzo toe geleid hebben, dat zij op de standbeelden van haar dodentempel 'alleen in het begin als vrouw, later overwegend als man' voorgesteld zou zijn.
Juist is, dat zowel in schrift als in beeld de vrouwelijke en mannelijke vormen elkaar afwisselen. Met onzekerheid van de kant van de koningin heeft dat echter niets te maken; al haar inscripties laten een uitgesproken zelfbewustheid zien, en ambtenaren, priesters en militairen, de machtigen uit haar tijd dus, stonden volgens haar grafbiografieën als één man achter haar. Na een grondige studie van alle teksten van Dar-el-Bahari en de 'Rode Kapel' is Pierre Lacau er zeker van, dat de teksten van de koningin zo'n vormgeving hebben, om beide aspecten van het koningschap, zowel het mannelijke als het vrouwelijke, te benadrukken, en hij verwijst daarbij naar de meestal androgyn (dubbelgeslachtelijk) uitgebeelde scheppingsgoden.[12]
In de barkschrijn van de Karnaktempel is de benadrukking van de verkiezing door Amun en zijn Orakel als basis voor de kroning van Hatschepsut een vanzelfsprekendheid – net zoals enkele decennia later ook Thutmosis III in dezelfde tempel de legitimatie van zijn kroning aan een vergelijkbaar wonder van Amun ontleent. Er bestaat van Hatschepsut nog een andere schets van haar benoeming tot koningin, en wel het geboorte-

verhaal in Der-el-Bahari. Volgens dit verhaal was het haar vader Thutmosis I, die haar als jong meisje tot koningin, mederegentes en troonopvolgster uitriep, net zoals Sobeknofru dat vroeger al gedaan had. De drie op zich verschillende versies die er bestaan over Hatschepsuts bestemming voor de troon, ten eerste van de vader, dan van de goddelijke geboorte en ten slotte van het Amunorakel in de tempel, vormen voor het Egyptische denken geen tegenspraak of, zoals men lange tijd geloofd heeft, propagandistische verklaringen, een soort antieke reclamespots. Dat kan men alleen al daardoor uitsluiten, omdat het binnenste van de tempels alleen voor priesters en hoge ambtenaren toegankelijk was, en naar hun toestemming voor haar koningschap hoefde zij niet te dingen. Deze kringen stonden niet alleen uit overtuiging achter haar, maar waren bovendien van haar gaven, prebenden (inkomen verbonden aan geestelijk ambt) en schenkingen volledig afhankelijk. We mogen, wanneer we de koningin willen begrijpen en de inscriptie verklaren, haar diepe religiositeit niet over het hoofd zien, die zowel uit haar handelen en als haar woorden blijkt, en daarbij de manier van Egyptisch denken, die we altijd weer ontmoeten, die uit het samen laten gaan van verschillende gedachten het voor hen werkelijke en wezenlijke laat ontstaan.

Daarnaast bestaan er natuurlijk ook sterke politieke en psychologische redenen, die Hatschepsut de beslissende stap van regentes tot heerseres lieten maken. Men kan ook niet voorbijzien aan haar eerzucht, haar trots en haar overtuiging, de betere op de troon te zijn - eigenschappen, die in de geschiedschrijving bij elke koning hoog geprezen worden, maar die bij een vrouw op de troon meestal als ‘onvrouwelijk’ gezien worden. Bij haar sterk ontwikkelde gevoel voor traditie, dat zich zowel uitdrukt in de stijl en ligging van haar bouwwerken als in haar inscripties, is het vanzelfsprekend, dat zij zich in een grote lijn met haar voorname stammoeders verbonden voelde, een Tetischêre, een Ahhotep, een Ahmes-Nefertari, en dat zij daarom de legitimatie van Thutmosis III als zoon van een concubine voor zo zwak hield, nadat ook zijn vader Thutmosis II alleen maar een ‘halfbloed’ was geweest en slechts door het huwelijk met haar gelegitimeerd was, dat zij misschien binnenlandse onlusten vreesde. Zoals zo vaak in de geschiedenis is ook hierbij niet beslissend, of zulke erfregels eigenlijk dwingend waren - voor haar, voor Hatschepsut waren zij reëel, en voor haar raadgevers eveneens, en alleen dat telde. Zij moet wel ook in de heerschappij van een onmondig kind een buitenpolitieke bedreiging van Egypte gezien hebben; de schok van de vreemde overheersing door de Hyksos was in deze generatie nog sterk aanwezig.

Dat is echter maar één kant van haar verhouding met haar stief zoon. Men moet zich ervan bewust zijn, dat zij in een tijd en omgeving leefde, waarin een niet geliefde bezitter of erfgenaam van de troon omgebracht placht te worden. Zij liet hem echter niet doden, zij liet hem, tegen de beweringen van sommige geschiedenisboeken in, ook niet eens afzetten, maar behandelde hem als een weliswaar jongere - wat hij ook was - (maar toch) medeheerser. Thutmosis III behield zijn vijf Grote Namen, had zijn eigen paleis met een eigen hofhouding inclusief een harem, voerde koninklijke handelingen die met de cultus samenhingen, met Hatschepsut uit, maar soms ook alleen, werkte mee aan haar Sed-feest, liet tempels bouwen, gaf schenkingen uit eigen naam en werd toen hij volwassen was, commandant van de strijdwagentroepen en zelfs opperbevelhebber van het leger.

Een bijzonder teken van respect met het oog op de traditiegebondenheid van Hatschepsut was, dat zij haar regeringstijd rekent vanaf die van Thutmosis III, en niet vanaf haar eigen troonsbestijging, zoals dit bij de mederegentschappen van het Middenrijk voor de oudere koning vanzelfsprekend was. De gevallen waarbij de in de naamringen staande troonnamen van de beide regenten naast elkaar staan, ja zelfs mengvormen uit de troonnamen van Hatschepsut en de 'Zoon van Rê'-naam van Thutmosis voorkomen,[13] zijn veelvuldig - en ze hadden zonder de uitdrukkelijke toestemming van de koningin nooit kunnen verschijnen. Want men mag nooit vergeten, dat zij het was, die uiteindelijk de beslissingen nam en die de volle macht in handen had.

Over alle details van de politiek van Hatschepsut, haar talrijke bouwwerken, haar handelsexpedities naar Kreta en Cyprus, de Sinaï en naar het land van de wierook, Punt, alsmede over de bekwame medewerkers die zij verwierf en die haar geestdriftig verslag uitbrachten, zou een heel dik boek te schrijven zijn.

Belangrijk en in elk geval interessant is een blik op haar buitenlandse politiek. Het was tot voor enige jaren in de egyptologie de gewoonte, over Hatschepsut als 'vredevolle heerseres' te spreken en als gevolg van een vrouwelijk-pacifistische politiek de serieuze bedreiging te zien, waaraan Thutmosis III zich aan het begin van zijn alleenheerschappij door een verbond van het Mitannische rijk met een hele groep Syrische en Palestijnse stad-staatjes blootgesteld zag. Ook in de wetenschap is niets zo taai als oude vooroordelen, en daarom vindt men zulke verklaringen nog steeds. Maar tegenwoordig is toch over het algemeen het volgende geaccepteerd: 1) dat Hatschepsut geen principieel pacifistische politiek voerde, maar zelf enkele, weliswaar kleinere, veldtochten tegen Syrië en Nubië ondernam en haar leger goed van wapens voorzag;
2) dat zij afzag van grote oorlogen, niet omdat zij vrouw was (de geschiedenis kent voldoende zeer oorlogszuchtige vrouwen op de troon), maar omdat zij een verstandige heerseres was, die zich precies over de ontwikkelingen in het ook destijds al constant onrustige Nabije Oosten liet voorlichten, en dat het Mitannische rijk na de veldslagen van haar vader en ten gevolge van innerlijke strubbelingen, tenminste in de eerste vijftien jaar van haar heerschappij erg zwak was, en ook de Syrische vorsten zich aan de Egyptische overmacht onderwierpen, zodat grotere veldtochten in deze tijd volledig onnodig waren;[14]
3) dat een Egyptisch leger, toen een nieuwe bedreiging door het sterker wordende en om zich heen grijpende Mitannische rijk duidelijk werd, onder de regering en op bevel van Hatschepsut en onder leiding van Thutmosis III, de stad Gaza had veroverd, want er wordt in de annalen gezegd, dat Thutmosis III bij zijn 'eerste' (zelfstandige, onder zijn alleenheerschappij ondernomen) veldtocht 'de stad innam, die de heerser (al eerder) veroverde.'[15]
De gebeurtenissen rondom de dood van Hatschepsut en wat erop volgde, zijn ook zeer dramatisch. Ik zal ze samenvatten aan de hand van mijn boek en met gebruikmaking van sedertdien ontdekte feiten: 1) Het is intussen wetenschappelijk onomstreden, dat Hatschepsut een natuurlijke dood gestorven is, tussen de laatste gedateerde vermelding van haar in het twintigste regeringsjaar in een Sinaï-inscriptie en de eerste,

eenduidig onder de alleenheerschappij van Thutmosis III gemaakte insriptie in de tempel van Erment in het tweeëntwintigste regeringsjaar, zodat de vermelding van Manetho, dat de door hem Amessis genoemde Hatschepsut eenentwintig jaar en negen maanden geregeerd heeft, zeer precies zou kunnen zijn.
2) De problemen rond Hatschepsut werden echter met haar dood eerder groter; ze zijn tot vandaag de dag nog niet helemaal opgelost en dat zal voor het grootste deel misschien zo blijven, indien we geen nieuwe vondsten doen of ons geen betere onderzoeksmethoden te hulp schieten. De moeilijkheden begonnen al met haar graf:
Theodore M. Davies en de later door de ontdekking van het graf van Toetanchamon beroemd geworden Howard Carter groeven in 1903 in een zijdal van het 'Dal der Koningen' het verreweg langste en diepste van alle koningsgraven uit. Het was tot de sarcofaagkamer 213 meter lang en 97 meter diep. De bij tempels en koningsgraven gebruikelijke toegevoegde groeve bevatte modellen van werktuigen en talrijke amuletten, meestal met de troonnaam Makarê. In de dodenkamer stonden twee sarcofagen, en beide waren leeg. De ene was bestemd geweest voor Hatschepsut, zoals de - onbeschadigde - opschriften laten zien, de andere voor haar vader Thutmosis I. De uitgravers waren er na deze vondst zeker van, het graf van de grote koningin gevonden te hebben. Deze zou haar vader, op wie zij grotendeels haar legitimiteit baseerde, uit diens oorspronkelijke graf in haar eigen graf hebben bijgezet. Haar opvolger Thutmosis III zou echter, zo had men algemeen gedacht, zijn stiefmoeder niet in het door haar aangelegde graf bijgezet hebben en ook de mummie van zijn grootvader weer in zijn oorspronkelijke graf hebben laten herbegraven. Enige onderzoekers betwijfelen tegenwoordig of het 'lange graf' eigenlijk wel door Hatschepsut aangelegd was en vragen zich af, of niet omgekeerd zij zich naast haar vader in diens graf, dat zij zich door vervalste grafgiften in zekere zin wederrechtelijk toegeëigend had, zou hebben willen laten bijzetten; de herbegraving in een nieuw aangelegd graf zou op last van Thutmosis III gebeurd zijn.[16] Deze voorstelling lijkt mij te gecompliceerd, de uitvoering ervan lijkt mij te veel moeite te kosten, en het daarbij veronderstelde verzuim van Hatschepsut om een eigen koningsgraf aan te leggen, past

niet bij haar veelvoudig bewezen bouwijver. De eerste, sinds de uitgraving aanvankelijk algemeen aanvaarde versie lijkt mij veel waarschijnlijker, vooral omdat direct onder het door Hatschepsut aangelegde graf dat van haar voedster gevonden werd, maar wat ook niet alle vragen oplost.
Het raadsel wordt natuurlijk nog daardoor vergroot, dat Hatschepsut met grote zekerheid nooit in de sarcofaag, die op zoveel plaatsen haar titel en konings- alsook eigennaam draagt, bijgezet werd. Er zijn enkele gevallen bekend, waarbij koningen niet in de door hen zelf gebouwde graven bijgezet werden, zoals bijvoorbeeld Thutmosis II, wiens mummie echter zorgvuldig gebalsemd werd en hoewel ook door antieke grafrovers beschadigd, in de cachette van Der-el-Bahari samen met zoveel andere koningsmummies van het nieuwe rijk gevonden werd. Het- zelfde kan met Hatschepsut gebeurd zijn. De Franse egyptologe Suzanne Ratié, die zich diepgaand met het lot van de koningin beziggehouden heeft, legt een scène op een blok van Thutmosis III in Karnak uit als ofwel een voorstelling van de bijzet- ting van Hatschepsut door Thutmosis III, ofwel als een ver-ering van haar in de gestalte van Osiris door de koning bij het 'Schone Feest van het Woestijndal', wat in elk geval hetzelfde zou betekenen als een koninklijke bijzetting van haar mummie, hoe kort ook deze offerverering voor haar heeft mogen duren.[17]
3) Amerikaanse artsen en egyptologen, die sinds 1966 alle koninklijke mummies met röntgenstralen onderzocht hebben, voerden een groot aantal goede gronden aan, waarom zij een vrouwelijke mummie uit de tweede grote geheime ruimte met koninklijke mummies, het graf van Amenophis II in het Dal der Koningen, voor die van Hatschepsut hielden, ofschoon zij volledig zonder windsels, doodskist of sarcofaag was aangetroffen, die haar identiteit door opschriften hadden kunnen bevestigen – waarmee zij evenwel het lot van veel andere mummies van koningen en hun familieleden deelde. Grafrovers hadden ze in de onrustige tijden van de 20ste dynastie uit hun doodskisten getrokken, ze beroofd van hun linnen windsels, om bij de kostbare amuletten en sieraden, die daaronder lagen, te komen, en zelfs brekende botten, afvallende schedels of afgescheurde delen van mummies hebben hen niet in hun hebzucht gestoord. De hogepriester van Amun en de heerser van

de 'Godsstaat van Amun' van de 21ste dynasie, nadat het Nieuwe Rijk omstreeks 1000 v.Chr. had opgehouden te bestaan en zijn opvolger(s) verzamelden de mummies en hun resten, voor zover ze nog niet volledig door vuur waren vernietigd, uit de verwoeste graven, zetten ze provisorisch weer in elkaar en begroeven ze ten slotte na meerdere verplaatsingen in de twee verborgen ruimtes, waarin ze dan aan het eind van de vorige eeuw gevonden werden. De beroving en de herhaalde heimelijke nachtelijke herbegravingen beschadigden niet alleen veel mummies, maar lieten sommige ook zonder mogelijkheid tot identificatie achter; vaak was er sprake van verwisseling.
Voor het aanwijzen van een van de mummies als die van Hatschepsut sprak volgens de mening van de Amerikaanse onderzoekers het feit dat de techniek van inbalseming beantwoordde aan de in haar tijd gebruikelijke manier (de afwisselende 'modes' van mummificering maken een tamelijk precieze datering mogelijk); haar leeftijd moest bij overlijden tussen de vijfendertig en vijfenveertig jaar gelegen hebben, wat tamelijk goed overeenkomt met de werkelijkheid; haar gelaatstrekken toonden sterke gelijkenis met die van de mummies van de haar verwante Thutmosis II en Thutmosis III; haar linkerarm ligt in een hoek over haar borst, en haar handen moeten een voorwerp vastgehouden hebben, waarschijnlijk een scepter.[18]
Na latere wetenschappelijke onderzoekingen, vooral van het bruine gekrulde haar van de mummie, werd er in de wetenschappelijke literatuur vaak beweerd dat nu eenduidig bewezen zou zijn dat het bij deze mummie niet ging om die van Hatschepsut, maar om die van Teje, de gemalin van Amenophis III en moeder van Echnaton.
De Duitse egyptologe Renate Germer roert terecht enige twijfelachtige punten van dit onderzoek aan:[19]
a) De röntgenfoto's van het skelet geven een niet al te precies af te grenzen leeftijd van ongeveer dertig jaar voor de mummie aan. Teje moet echter meer dan vijftig jaar geleefd hebben, daar zij in het tweede regeringsjaar van Amenophis III al zijn Grote Koninklijke Gemalin was, deze minstens zevenendertig jaar regeerde en zij in het achtste regeringsjaar van haar zoon Echnaton nog leefde, wat archeologisch is bewezen;[20]
b) bloedgroeponderzoek aan de mummie en die van de tame-

lijk goed bewaard gebleven mummies van de ouders van Teje, Juja en Tuja (beide laatsten hebben bloedgroep A2, de mummie heeft O) weerspreekt met tamelijk grote zekerheid een familieverwantschap;
c) het genoemde vergelijken van de haren met die van een lok in het graf van Toetanchamon, die in een kistje met de naam van Teje gevonden werd, is eveneens onvoldoende bewijs, dat het bij de bewuste mummie om die van Teje gaat.
Dat ik hier bij wijze van uitzondering een nog niet beëindigde wetenschappelijke discussie in kort samengevatte vorm weergegeven heb, is om twee redenen.
Ten eerste is het erg spannend mee te beleven, hoe met de modernste wetenschappelijke methoden geprobeerd wordt om vragen uit de Egyptische geschiedenis te beantwoorden. Daarbij wilde ik ook laten zien, welke problemen zelfs tegenwoordig nog een eenduidige en voor alle betrokkenen accepteerbare oplossing in de weg staan. Een verder voorbeeld op deze lijst van onvermoeibare pogingen met steeds weer nieuwe teleurstellingen is de radioactieve-koolstof-methode voor het vaststellen van de ouderdom van biologisch materiaal, of het nu menselijke, dierlijke of plantaardige overblijfselen betreft. Zij heeft tot op heden in de geschiedenis van het oude Egypte nauwelijks kunnen bijdragen aan een oplossing van chronologische problemen door bruikbare tijdafgrenzing (in tegenstelling tot de vroegste geschiedenis van Egypte, waar een mogelijke afwijking van honderd jaar niet zoveel betekent).
Niet in de laatste plaats was het voor mij belangrijk, te laten zien, dat de in mijn boek *Heerseres over Beide landen* op feiten steunende opvatting, dat dit de mummie van Hatschepsut zou zijn, geenszins wetenschappelijk weerlegd is.
4) Naast dood, graf en mummie blijven nog vragen open betreffende de verminking van beelden, schilderingen en namen van de koningin. Het staat vast dat haar beelden uit de dodentempel op twee na zijn verwoest en in een naburige steengroeve gegooid. De tot nu toe eenduidig genoemde reden hiervoor, de uitschakeling van een gehate voorgangster, moet na een ontdekking van de Poolse egyptoloog Szafranski opnieuw overwogen worden:[21] hij vond in 1982 in een groeve bij Der-el-Bahari een kapotgeslagen standbeeld zonder gezicht van

Amenophis I; gelijksoortige vondsten bestonden er ook van Mentuhotep - en geen van haar opvolgers had reden om de herinnering aan haar uit te wissen.
We weten dat tegenwoordig bij de Hatschepsut-standbeelden als gelukkige omstandigheid te waarderen. Zeer veel standbeelden van andere koningen van de 18de dynastie zijn later door omwerkingen als bouwmateriaal of in kalkovens aan hun eind gekomen. Van Hatschepsut echter bestaan minstens achtenveertig standbeelden,[22] vaak nog in zo'n goede staat, dat ze zonder al te veel moeite weer hersteld konden worden en tegenwoordig alle grote egyptologische musea in de wereld sieren. Sommige hebben nog sporen van de oorspronkelijke beschildering. En er worden nog steeds nieuwe gevonden, zoals het onlangs verworven fraaie hoofd in het Egyptisch Museum in Berlijn laat zien.
Vast staat, dat veel reliëfs en namen van de koningin verwijderd zijn; meestal zijn ze zo goed uitgebeiteld, dat de omtrekken van de gestalte en hiëroglyfen nog duidelijk herkenbaar zijn. De ook hierbij bestaande problemen willen we laten zien aan een enkel voorbeeld, dat echter voor alle bouwwerken van Hatschepsut geldt: aan de 'Rode Kapel' in de Amun-tempel van Karnak. Pierre Lacau stelt bij de beschrijving van alle tot nu toe gevonden blokken vast, dat de koningin haar heiligdom niet heeft kunnen afmaken; bij haar dood waren delen van de zevende en de hele achtste laag nog onbeschreven. Thutmosis III heeft dit werk dan beëindigd en zo naar de opvattingen van zijn tijd niet alleen op de tot dan toe lege plekken, maar ook op de andere zijn naam laten aanbrengen, omdat hij het was, die het bouwwerk afgemaakt en daarmee ook aan Amun aangeboden had. Veel koningen voor en na hem hebben zo gehandeld. Tegen het eind van zijn lange regeringstijd heeft Thutmosis III naast veel nieuwbouw en uitbreidingen in de tempels ook een nieuw heiligdom laten bouwen, dat later door een andere koning weer vervangen werd door de tempel die we tegenwoordig nog in Karnak kunnen zien. Thutmosis heeft voor de bouw van zijn nieuwe heiligdom de 'Rode Kapel' zorgvuldig laten afbreken en de blokken laten opstapelen en daarbij niet, wat nu technisch eigenlijk heel gemakkelijk geweest zou zijn, de nog talrijke scènes met namen en beeltenissen van de ko-

ningin laten verwijderen. En Lacau vraagt zich met de lezer verbluft af wat de zin van deze inconsequentie geweest kan zijn, aangezien toch deze namen en beeltenissen volgens het Egyptische geloof, zelfs na hun latere inmetseling in de 3de pyloon van Amenophis III voldoende waren, om het welzijn van Hatschepsut als koningin in het hiernamaals te verzekeren.[23]
Ook bij de andere bouwwerken van Hatschepsut kan elke attente waarnemer tegenwoordig nog deze merkwaardige inconsequentie bij de verwijdering van de koningin vaststellen, en dat is ook de vroegere egyptologen natuurlijk al opgevallen: in de dodentempel van Der-el-Bahari heeft men op makkelijk toegankelijke en op bijzonder heilige, dus magisch hoogst werkzame plaatsen de naam en de figuur laten zitten; op vele andere, daaronder zeer moeilijk toegankelijke plaatsen, beide - of, nog verbazingwekkender, alleen een van beide - verwijderd,[24] zelfs aan de top van de nog staande en ver boven de hele Amuntempel uitstekende obelisk van Hatschepsut zijn juist haar beeltenis en haar troonnaam in de voor de koninklijke Ka beslissende scène van de overdracht van de Ka van Amun op de koningin volledig ongeschonden, terwijl toch juist deze top zo uiterst belangrijk (en niet bereikbaar) was, dat Echnaton de figuur en naam van Amun liet uitbeitelen. Ramses II heeft beide weer laten herstellen, niet zonder er meteen een eigen inscriptie aan toe te laten voegen - maar weer zonder Hatschepsut te schenden.
Ik heb in mijn boek de vele argumenten samengevat, die een planmatige vogelvrijverklaring van Hatschepsut door Thutmosis III tegenspreken,[25] daaronder ook de vondst met haar naam onder Amenophis II en Thutmosis IV tot in de koningsannalen van de tempel aan toe, waarin twaalfhonderd jaar later Manetho nog de naam van Hatschepsut als koningin gevonden heeft. Dat Thutmosis III de voornaamste en enige veroorzaker van een uitwissing geweest zou zijn, spreekt niet alleen de bevinding, maar ook de psychologie tegen. We weten over deze koning een heleboel, want hij en zijn tijdgenoten - militairen, ambtenaren, priesters, handarbeiders - hebben vele teksten nagelaten, maar niets, helemaal niets geeft aan, dat hij aarzelend of inconsequent geweest zou zijn.
Vanwege zijn opvoeding tot koning, waarvan hij zelf vertelt dat

zij van tijd tot tijd 'in de tempel' plaatsvond, was hij zeer precies op de hoogte van de magische werking van naam en vorm en van de invloed die deze hadden op het leven na de dood. Als hij werkelijk een 'onuitwisbare haat' tegen zijn stiefmoeder gevoeld zou hebben, zoals veel historici veronderstellen, dan waren de verwijderingen meteen begonnen en in zijn langdurige alleenheerschappij net zo volledig uitgevoerd, als die van Amun en alle andere goden in de veel kortere periode van Echnaton. Men kan zich soms niet aan de indruk onttrekken, dat de verwarrende en onvolledige archeologische en inscriptieve bevindingen een andere conclusie zouden hebben opgeleverd als Hatschepsut geen vrouw zou zijn geweest. Wie spreekt er bij de zo veel voorkomende uitbeitelingen door Ramses II van verwijdering? Prikkelende woorden als 'stiefmoeder', 'onvrouwelijke koningsrol', 'vrouw in mannendracht op de troon' (wat Hatschepsut in alle ernst steeds weer verweten wordt), 'het in gevaar brengen van het land door haar vredespolitiek' en (naar de andere kant net zo'n dodelijk woord) 'conservatisme' en meer van dit soort zinsneden, verleiden nog steeds, ondanks emancipatie en gelijkberechtiging, tot het opleggen van de eigen aangekweekte maatstaven aan de geschiedenis.

De detectiveroman van Amarna

Tot de fundamenten die Hatschepsut op vele artistieke, geestelijke en religieuze gebieden gelegd heeft, hoort er ook een, dat op het eerste gezicht onopvallend is en daarom vaak over het hoofd gezien wordt: een sterke nadruk op de zonnecultus[26] door het veel voorkomende gebruik van de benaming 'Aton' voor de Scheppergod, zoals uitgedrukt in haar inscriptie in Karnak: 'Ik ben ook de Aton, die alle levende wezens heeft geschapen, die de aarde grenzen gegeven heeft en haar vorm bevestigde.'[27] Het woord Aton, dat men toentertijd ook uitsprak als 'Jati', komt al voor sinds de 1ste Tussentijd, maar wordt bijna uitsluitend voor de zon als hemellichaam gebruikt; de gelijkstelling met de zonnegod en een cultische verering is pas onder Hatschepsut veelvuldiger geworden en duikt ook bij haar opvolgers steeds vaker op. Maar Amenophis IV-Echnaton geeft hem pas de betekenis en de exclusiviteit, zonder welke men de plaats en de rol van vrouwen aan zijn hof niet begrijpen kan.

Hij voert gelijk na het begin van zijn regering in het jaar 1365 v.Chr. een Aton-cultus in, waarvoor hij in Thebe direct naast de tempel van Karnak een ruim complex laat bouwen. Al snel volgen dan de beslissende, voor de religie en politiek van Egypte fundamenteel veranderende stappen: Aton wordt met 'Grote Naam', zoals die van de koning in een kardoes geschreven, in zijn wezen verklaard, als enige God uitgeroepen; en niet alleen de namen en beeltenissen van alle andere goden worden vernietigd, maar ook de hiëroglyfen voor 'God' of zelfs 'Goden' worden in alle inscripties geschrapt. Tegelijkertijd bereidt de koning de verplaatsing van de hoofdstad Thebe naar het huidige Tell-el-Amarna in Midden-Egypte voor, om met zijn God op een gebied te heersen, dat 'noch een God noch een Godin, noch een prins noch een prinses' toebehoorde, en 'niemand heeft het recht, als zijn bezitter op te treden'.[28]
De koning veranderde zijn naam in 'Echnaton' - 'de Aton Welgevallige', evenzo die van koningin Nofretete in 'Nefer-neferu-Aton' - 'Fraai is de volkomenheid van Aton'. In het zesde regeringsjaar wordt de in de ware zin van het woord uit het zand gestampte, nieuwe residentie betrokken, die de naam 'Akhet-Aton' 'Ligplaats van Aton' draagt. De uitvoerig het wezen van de God verklarende naam van Aton vindt in het achtste regeringsjaar zijn definitieve vorm en laat de zeer planmatige, theologische en politieke bespoediging van een consequent doorgevoerd monotheïsme van de koning zien. Aton is nu in zijn eis tot exclusiviteit een jaloerse God, die geen andere goden naast zich duldt, en Echnaton is zijn enige profeet.[29]
Geen van de vertrouwde godsbeelden blijft over, daarvoor in de plaats verschijnt Aton als zon, waarvan het oppervlak in reliëf duidelijk afgerond is. Zijn stralen lopen uit in handen, die het levensteken voor het gezicht van de koning en koningin houden; het enige overblijfsel van een menselijke gestalte van een god. Zo laten reliëfs en beelden hem op tempel-, paleis- en grafwanden zien, en vooral op de talloze stèles, die in bijna elk huis in Amarna aangetroffen kunnen worden. De burgermassa mag ook in de nieuwe religie de tempel niet betreden; dat bleef ook nu alleen maar aan de koning, zijn familie en de weinige priesters voorbehouden. Alle middelaars die men tot dan toe kon aanroepen, beelden, vergoddelijkte groten uit het verleden

of goddelijke dieren, werden afgeschaft en het was gevaarlijk, zelfs maar verdacht te worden van zulk een 'afgodsverering'. Zo bleef de Egyptische mens nu helemaal aangewezen op de koning, die van zichzelf zegt: 'Er bestaat geen andere, die Jou (Aton) kent!'[30] en de koningsfamilie op het 'huisaltaar' onder de Aton-stralen is het enige doel van verering en de enige verkondiger en de enige weg tot God. Deze vanuit Egyptische kant beschouwde beperking en verarming van de religie vormt een heel wezenlijke basis voor de plaats van vrouw en dochters aan het hof van Echnaton. Zij spelen ook direct een rol in de Atoncultus en een grote rol in zijn theologie: de koningin offert altijd naast de koning voor het zonnealtaar in de open hof van de Aton-tempel; de dochters begeleiden de offerhandelingen van de ouders, door - al als kleine meisjes - de God met muziek te verblijden. Alleen de koninklijke familie offert aan Aton, alle andere aanwezigen, priesters en hoge ambtenaren, vereren daarentegen de koninklijke familie. Zij is in de ware zin des woords de 'Goddelijke Familie' en hun zo vaak voorkomende voorstelling in innige vertrouwdheid, die ons zo intiem en erg persoonlijk en hartelijk aandoet, is enkel een religieus program. Ze komen in de plaats van de voormalige godenfamilies van het oude geloof - zoals Ptah, Sakhmet en Nefertem in Memphis of Amun, Mut en Chons in Karnak - en belichamen in de volle zin van het woord scheppingskracht, verwekkingsvermogen en liefde van Aton.
Dat geldt voor alle reliëfs en muurschilderingen, zelfs voor de standbeelden uit de tijd van Amarna - of nu koning en koningin onder een baldakijn zittend hun dochters liefkozen, of dat koning en koningin elkaar kussen, staande op een strijdwagen, of dat de koning zijn vrouw op zijn knie laat zitten en haar kust (een voorstelling, die bewust aan die van Amun met de koningin bij de 'Heilige Bruiloft' op Godskindscènes van vroeger zou moeten herinneren), of dat twee kleine prinsesjes bij het eten of spelen in beeld zijn. Deze vroeger voor de koning en zijn familie onmogelijke scènes zijn geen teken voor een bijzonder liefdevol familieleven, maar danken hun ontstaan in eerste instantie aan heel rationalistische berekening.
In sommige andere dingen heeft Echnaton evenwel het Egyptische wezen niet kunnen of willen veranderen, ook niet in de

kunst. Ook wanneer de stijl in een, voor Egyptische verhoudingen, heftig expressionisme verandert, als inhoudelijk zeer gewaagde zaken naar voren komen, geldt voor de kunst uit de tijd van Amarna, wat voor Egyptische kunst altijd al heeft gegolden en wat tot het einde van de cultuur der farao's ook zo zal blijven: zij werd niet gecreëerd omwille van de esthetica, hoe moeilijk dat ook voor ons te achterhalen is. Het meest helpt ons het idee, dat de mooiste kunstwerken juist in graven gevonden werden, waarvan men hoopte, dat ze voor eeuwig ontoegankelijk zouden blijven voor mensenogen. Egyptische kunst had vooral religieuze en magische doeleinden, die zij evenwel des te beter kon vervullen naarmate alles wat voor de Egyptenaren echt wezenlijk was, precies uitgebeeld werd. Aan deze moeite om de werkelijkheid te vatten en het grote talent van de Egyptische kunstenaars om dat uit te drukken, dankt veel Egyptisch beelhouwwerk zijn, ons nog steeds aangrijpende, schoonheid, tot en met de portretbuste van Nofretete.
Zo kunnen we vaak beelden van Nofretete vinden, die direct bij vroegere religieuze scènes aanknopen en waarin de koningin in de plaats van godinnen als Sakhmet of Ma'at, Isis of Nut, Hathor of Nephtys optreedt. Het neerslaan van de vijand met een omhooggehouden knots moet echter niet een veldtocht van de koningin voorstellen, maar haar rol bij de vernietiging van al het kwade, van alle demonen en alle vijanden van Aton onderstrepen en werkelijkheid laten worden, zoals vroeger de taak van Sakhmet of Neith geweest was. De afbeeldingen van Nofretete op de vier hoeken van de sarcofaag van Echnaton zijn ook niet - of niet in de eerste plaats - een teken van liefde boven de dood uit, maar nemen de plaats in van de vier beschermgodinnen en spelen daardoor dezelfde rol als dezen in het graf van Toetanchamon waar ze, voor ons zeer aandoenlijk, de schrijn van Kanope omvatten.
Juist op het gebied van het geloof in het hiernamaals had de zeer rationele, helemaal op de zichtbare natuur gerichte religie van Echnaton bij elke Egyptenaar gevoelige bressen geslagen. De nacht en de dood waren voor de koning alleen nog ontkenningen van Aton, het Niets, het Kwade zonder meer. Ook hier nam het aantal religieuze taken voor de koningin toe. Zij had echter, zoals de Duitse egyptologe Emma Brunner-Traut on-

derstreept, 'deel aan de goddelijkheid, maar was zelf geen Godin in de volle betekenis van het woord'.[31]

Al kennen we de afstamming van Nofretete niet precies, twee dingen weten we tegenwoordig wel: haar ouders behoorden niet tot de koninklijke familie en zij was een Egyptische van geboorte, niet een of andere Mitannische prinses, zoals men vroeger wel eens vermoed heeft. Zij was nog voor zijn troonsbestijging met Echnaton getrouwd. Hun namen verschijnen in de kardoesringen, en de Aton-tekenen van hun troonnamen kijken ze aan, zoals ook bij de koning zelf. Zij heeft de koning zes dochters geschonken; in elk geval ziet men steeds alleen deze zes bij het koningspaar. Men beschouwt het tegenwoordig als zeer onwaarschijnlijk, maar niet geheel uit te sluiten, dat het echtpaar ook zonen had, die om religieuze redenen niet werden afgebeeld. Een voor ons herkenbare politieke rol speelden alleen de drie oudste dochters Merit-Aton, Meket-Aton en Ankhes-en-pa-Aton. Tot de kleine en politiek invloedrijke kring rond de familie van de koning behoorde vooral de koninginmoeder Teje, die een eigen Atontempel in Amarna bezat en daar somtijds zetelde of voor een bezoek verbleef, en over wie men in het achtste regeringsjaar van Echnaton voor het laatst getuigenissen gevonden heeft dat ze nog leefde. De zuster van Nofretete, Mut-Nedjmet, die later als de echtgenote van Haremhab diens legitimiteit als farao versterkte, behoorde eveneens tot deze kring van familieleden.

Echnaton had echter ook meerdere bijvrouwen, van wie er maar één werkelijk betekenis had. Zij heette Kijê (een koosnaampje, dat misschien 'aapje' betekende) en moest zich tevreden stellen met een titel die haar weliswaar boven de andere haremmeisjes verhief, maar net zo duidelijk in het protocol en de religie achter Nofretete terugzette: 'Vrouw en Grote Geliefde van de koning van Boven- en Onder-Egypte, die van de waarheid leeft, Heer van Beide Landen Nefer-khepru-Re-wa-n-Re, van het volmaakte kind van de levende Aton, die in alle eeuwigheid leven zal'; dus in tegenstelling tot de naam van Nofretete en haar zelfstandigheid een helemaal op Echnaton gerichte titel, die natuurlijk ook niet in de kardoes stond. Deze breedvoerige titel kwam alleen in officiële documenten voor, verder werd zij kortweg 'Ta-schepset' – 'de Hoge Vrouw' ge-

noemd.[32] Zij stamde naar de vorm van haar naam uit Mitanni. Men is geneigd om in haar de Mitannische prinses Tadu-khepa te zien, een dochter van de koning aldaar, Tuschratta, die in zijn bewaard gebleven correspondentie meerdere malen naar zijn, bij Echnaton levende, dochter informeert,[33] maar waar geen bewijs voor bestaat. Spreken zelfs de bijvrouwen van Echnaton de lange tijd verkondige idylle aan het hof van Amarna tegen, zo getuigen de nieuwste analyses van alle beelden in inscripties, zegels en stèles met uitbeitelingen, vernieuwde vormgevingen, en leeggebleven naamkardoezen, verlaten graven en opengebroken doodskisten van een onrustige, van machtsstrijd vervulde tijd, die in het laatste kwartaal van de regering van Echnaton duidelijk voelbaar werd, maar die al eerder begon. Aan deze strijd om de macht namen de koninklijke vrouwen op een beslissende wijze deel.
In het twaalfde regeringsjaar houdt Echnaton een politiek zeer belangrijke ceremonie, die uitloopt op een grote ontvangst, die enige malen is uitgebeeld. Een grote schare van huldebrengende Egyptenaren en erkentelijke buitenlanders werpt zich voor de koning, voor koningin Nofretete en voor hun zes dochters op de grond. Op deze grafschilderingen uit het twaalfde jaar lijkt de wereld van Amarna en de koninklijke familie nog in or- de. In het dertiende jaar is de op twee na oudste dochter Meket-Aton in het kraambed gestorven, en ook weer op de wand van een graf van een ambtenaar kan men haar opgebaarde lijk zien liggen, waarbij Echnaton en Nofretete tezamen weeklagen.
Dat is het laatste te dateren optreden van Nofretete. Daarna verdwijnt de mooie koningin volledig en tot vandaag de dag is het raadsel van haar lot onopgelost. Er worden meerdere mogelijkheden geopperd; voor elke bestaan er duidelijke verklaringen, die elkaar echter uitsluiten. Ze zal nog wel enige jaren in haar eigen paleis in het noorden van Amarna geleefd hebben. Werd zij daar door de koning vanwege Kijê heen verbannen?
Hiertegen spreekt het feit, dat ook haar dochters bij inscripties steeds hun afstamming van Nofretete benadrukken, wat zij zonder een koninklijke toestemming niet hadden mogen doen. Het lijkt meer op een door de koningin zelf gekozen scheiding van haar echtgenoot. We kennen de mogelijkheid van een echtscheiding in Egypte, ook op initiatief van de vrouw. Welis-

waar bezitten we tot nu toe geen document over zo'n echtscheiding in het koningshuis, maar informele scheidingen zoals bij ons zullen daar ook wel eens voorgekomen zijn. Zou dit vermoeden juist blijken, dan zijn alle naar voren gebrachte redenen zuiver speculatief. Was dit misschien om religieuze redenen? Of wilde Echnaton tegen het einde van zijn regering een beetje tegemoet komen aan het oude geloof en verzette Nofretete zich daartegen? Voor beide vermoedens bestaat niet het geringste bewijs. Of waren zuiver persoonlijke redenen de oorzaak, was het ergernis of jaloezie? Of had ze gewoon genoeg van haar in zijn politieke en menselijke eisen steeds onverdraagzamer en dictatorialer wordende echtgenoot?

Als enig tastbaar feit van haar verdwijning blijft een sterker naar buiten treden van haar oudste dochter, Merit-Aton over, op het gebied van de cultus en de buitenlandse betrekkingen. Bij het offer aan Aton neemt zij de plaats in van haar moeder, en de buitenlandse koningen laten in hun spijkerschriftcorrespondentie met Echnaton vol eerbied de groeten overbrengen aan 'Majati, Heerseres van het Paleis'. Zij draagt verder de titel van 'Koningsgemalin', als ererang, om de plaatsvervanging van haar moeder in de cultus mogelijk te maken en bovendien de met haar positie overeenkomende titel 'Grote Koningsdochter'.[34]

Haar zusje Ankhes-en-pa-Aton draagt eveneens de titel 'Koningsgemalin' en is nu plaatsvervangster van Merit-Aton in de cultus en blijft daarnaast eenvoudig 'Koningsdochter'. De oudere zuster heeft de bevoorrechte rol van een First Lady in het dertiende en op z'n laatst in het veertiende regeringsjaar overgenomen en was toen tussen de vijftien en twintig jaar oud, want haar geboorte moet zeker voor de troonsbestijging van Echnaton plaats gevonden hebben.

In het zestiende regeringsjaar veranderde de positie van Merit-Aton plotseling op dramatische wijze. Kijê baarde Echnaton een dochter, en de koning benoemde deze tot troonopvolgster, respectievelijk tot erfdochter. De rang van Kijê steeg daardoor automatisch. Hoewel zij niet ook tegelijk 'Grote Koninklijke Echtgenote' wordt, duikt zij toch plotseling in het protocol op de tweede plaats na de koning op, waar eerder Nofretete en na haar verdwijning van het hof Merit-Aton stonden. Zij kreeg een eigen paleis en een eigen kapel met haar naam in de Atontempel.[35] Er moet echter voor Merit-Aton een wereld zijn ineengestort: minstens drie jaar lang stond de jonge vrouw naast de koning op het hoogste punt van haar macht en had zij in het zekere vooruitzicht geleefd, zelf de troon te kunnen bestijgen of op zijn minst aan de zijde van een door haar gelegitimeerde troonopvolger de macht van de troon te krijgen. De herinnering aan de grote voorouder Hatschepsut was bij de Amarna-koninginnen zeker nog aanwezig. Merit-Aton was echter ook een karakteristieke erfgename van de grote voorgangsters en voorgangers van haar dynastie. Zij besloot ervoor te gaan vechten.

Wij kunnen ons enkel voorstellen hoe zij gezocht heeft naar bondgenoten, eerst in haar familie, en dan onder de hoge militairen en ambtenaren. Dat was erg gevaarlijk, want de koning had nog niets aan kracht ingeboet. Men mag echter ook niet vergeten, dat de schok van de voormalige bezetting door de Hyksos nog steeds zeer sterk als nationaal trauma onder het volk leefde en vooral bij de militairen, zodat een appelleren aan nationalistische gevoelens tegen deze 'vreemde', die daar plotseling van bijslaapster tot koningin-moeder verheven was, zijn uitwerking niet gemist zal hebben. Ambtenaren en generaals zullen zich ook al wel ingesteld hebben op Merit-Aton als de 'Macht van morgen' en zullen er bang voor zijn geweest, dat zij door de kliek van de 'nieuwe' verdreven zouden kunnen worden. We kunnen er bij Nofretete, Ankhes-en-pa-Aton en andere familieleden zonder meer van uit gaan, dat zij Kijê niet erg mochten, maar haar na de geboorte van een door de koning erkende erfdochter pas echt begonnen te haten.

Maar er kwam eerst nog een zeer bittere tijd voor de familie van de koning. We zien op resten van reliëfs in de tempelkapel van Kijê bij de verering van Aton, de koning met Kijê in staande houding, dus op een manier, zoals eerder bij Echnaton met Nofretete en/of hun gemeenschappelijke dochters was gebeurd. En erger nog: Merit-Aton en Ankhes-en-pa-Aton liggen op hun buik voor Kijê en haar dochter op de grond.[36]

De koning sterft waarschijnlijk een natuurlijke dood in zijn zeventiende of het begin van zijn achttiende regeringsjaar, hoewel dat, zoals zoveel uit deze tijd, ook niet helemaal zeker is. Hij werd begraven in het vroeger voor hem en Nofretete voorbereide rotsgraf in de buurt van Tell-el-Amarna, echter in zijn eentje.

Op een bepaald moment werd zijn mummie uit de sarcofaag gerukt en vernietigd; een deel van zijn begrafeniskleding werd echter nog door de uitgravers uit onze eeuw teruggevonden.
Over de daaropvolgende jaren tot de troonsbestijging van Toetanchamon (waren het er drie, vier of vijf?) ligt wederom een dicht waas van uitwisselingen, naamswisselingen en andere duidelijke aanwijzingen van een hevige machtstrijd in Amarna, waarbij het zowel om persoonlijke invloed, politiek als om religie ging. Heel langzaam tekenen zich door de nieuwste vondsten en nieuwe duidingsmogelijkheden de omtrekken af van wat er gebeurd zou kunnen zijn.
In de eerste tijd was Kijê als vorstin en moeder van de erfprinses aan de macht. Uit deze tijd stamt wellicht het bericht dat bij de opgravingen in de oude Hettitische hoofdstad, het huidige Boghazkoy, gevonden werd en dat in de Hettitische taal geschreven is.
'Terwijl mijn vader,' zo meldt de Hettitische koning Murschili II over zijn vader Schuppiluliuma, 'in het land Karkemisch (een Syrische vesting) verbleef... stuurde hij een leger... naar het land Amqa (in Libanon, een toenmalig in de Egyptische invloedssfeer liggend gebied). Toen de mensen van Misra (Egypte) over de verwoesting van Amqa hoorden, werden zij door vrees bevangen. Inderdaad, om de toestand nog moeilijker te maken, stierf hun heerser Nib-khuru-riasch (volgens de nieuwste onderzoeken een weergave van de troonnaam Nefer-kheprу-Rê van Echnaton[37]) en de koningin van Egypte, Dahamunzu, die nu weduwe geworden was, stuurde mijn vader een gezant en schreef hem de volgende woorden: "Mijn man is dood, en ik heb geen zoon. Men zegt dat jij veel zonen hebt. Als je mij een van jouw zonen stuurt, dan zal hij mijn echtgenoot worden, want ik wil geen van mijn dienaren (onderdanen) nemen, om hem tot mijn echtgenoot te maken..."'[38]
De Hettitische koning was aanvankelijk erg wantrouwend en stuurde een speciale gezant naar Egypte, die echter na zijn terugkomst alles bevestigde, en een Egyptische boodschapper bracht bijna gelijktijdig een nieuwe brief van de koningin, waarin zij de juistheid van de vragen nogmaals onderstreepte en Schuppiluliuma bezwoer om zo snel mogelijk een prins te sturen. Dus liet de koning zich ompraten en stuurde zijn zoon

Zannanza met een escorte. Maar de 'mannen en paarden uit Egypte' onderschepten hem nog voor de grens en vermoordden hem.

Men heeft zich lange tijd afgevraagd, wie die koningin Dahamunzu wel geweest kan zijn, die deze verbazingwekkende en erg op een staatsgreep lijkende brief aan de koning van een vijandelijk land geschreven heeft, die nog maar kort tevoren een veldtocht tegen Egyptisch gebied leidde. De chronologische gebeurtenissen zijn ongelukkigerwijs in de bewuste tijd zowel voor Egypte als voor het land Hitti niet helemaal opgehelderd. Egyptologen waren lange tijd van mening, dat de als eerst overleden genoemde Nibkhururia eigenlijk Toetanchamon onder zijn troonnaam Neb-khepru-Rê geweest moet zijn en dat Dahamunzu een verschrijving van de naam van zijn weduwe Ankhes-en-Amun was. Het is nu echter waarschijnlijker dat het bij de dode gaat om Echnaton, wat ook door de vermelding van de veldtocht tegen Amqa ondersteund wordt. In dat geval kan de briefschrijfster alleen maar Kijê geweest zijn, en in de moderne egyptologie heerst vergaande overeenstemming over het feit dat Dahamunzu geen naam, maar de weergave van de Egyptische titel 'Echtgenote van de Koning' is.[39] Precies deze titel droeg Kijê in dezelfde tijd; de dochter van Echnaton, Merit-Aton, had de overledene 'mijn vader' genoemd; Nofretete, (die ook tot de kring van 'verdachten' hoorde) en de vrouw van Toetanchamon heetten echter 'Grote Koninklijke Echtgenotes' en werden volgens het toentertijd al in hoge mate protocol-bewuste internationale spraakgebruik nooit alleen maar als 'Koningsgemalin' vermeld, helemaal afgezien van vele andere argumenten, die tegen hen als schrijfsters van deze brief spreken.

Zo zou een van de raadsels van Amarna eenduidig opgelost zijn, als er niet weer nieuwe vragen opgedoken waren: hoe kon Kijê in een brief niet alleen de koning, maar ook de zeker zeer wantrouwige Hettitische speciale gezant als waarnemer ervan overtuigen dat zij in staat zou zijn een echtgenoot tot farao te maken (waarbij we het aanvullende probleem van een buitenlander maar niet eens zullen stellen). Dat zou alleen maar denkbaar kunnen zijn, indien zij na de dood van Echnaton niet alleen de macht had kunnen uitoefenen, maar dat ook op in-

drukwekkende wijze kon aantonen, en zich op zijn minst tot het eind van het verblijf van de gezant geen andere mededinger om de troon had laten zien. En verder is het de vraag, waarom zij niet haar dochter van Echnaton, die toch volgens Egyptisch gebruik een veel sterkere aanspraak op de troon had dan Kijê, als echtgenote van een toekomstige koning aangeboden heeft. Zeker was deze toentertijd nog erg jong, maar we weten dat er ook andere dynastieke huwelijken met minderjarigen plaatsgevonden hebben. Maar in zo'n verwarrende tijd was niettemin veel mogelijk, wat anders nauwelijks had kunnen gebeuren.
De oppositie tegen Kijê in Egypte moet echter sterk zijn geweest, en we mogen daarachter Nofretete - als zij toen nog leefde - de koningsdochters en vooral de militaire bevelhebbers zien, want deze worden ook nadrukkelijk in de Hettitische annalen verantwoordelijk gesteld voor de moord op prins Zannanza. Van Egyptische zijde wordt natuurlijk met geen woord gerept over deze hele affaire. Daarvoor zijn de sporen van een mislukte staatsgreep door Kijê te duidelijk: zij wordt op gewelddadige wijze gedood, evenals haar kleine dochter en meteen daarna wordt ook haar nagedachtenis verwijderd - veel grondiger dan dat eerder met Hatschepsut gebeurd was.
Op alle reliëfs en muurschilderingen worden de namen van haar en haar dochter geschrapt en door andere vervangen, zodat we tot op vandaag de naam van de kleine niet kennen. Haar beeltenis werd omgewerkt en kreeg in plaats van de voor Kijê typische pruik met lokjes de 'prinsesselokjes', daarbij ook nog eens de naam van een van de dochters van Echnaton en voor haar kleine dochter kwam dikwijls een (zogenaamde?) dochter van Merit-Aton of Ankhes-en-pa-Aton in de plaats. De reeds voorbereide en kostbare doodskist van Kijê werd, na een passende omwerking van namen en titels, een paar jaar later gebruikt in een noodgraf voor Semenchkarê in het Dal der Koningen.
Wie echter meteen na de dood van Kijê de troon bezette, is niet helemaal duidelijk - hoe kon het anders in dergelijke tijden. De steeds weer als verbazingwekkend betrouwbaar gebleken priester-historicus Manetho zegt, dat Echnaton door 'diens dochter Achencheres' zou zijn opgevolgd, en zij weer door twee koningen met dezelfde naam. Het Griekse 'Achencheres' is ontstaan uit de troonnaam 'Ankh-khepru-Rê', en deze is in-

derdaad onder de vondsten in Amarna aangetroffen, op zegels en andere kleine voorwerpen, af en toe in mannelijke, af en toe in vrouwelijke vorm. De Duitse egyptoloog Rolf Kraus concludeert uit een precieze taalkundige, archeologische en historische onderzoeking, dat Manetho ook hier gelijk heeft gehad: op Echnaton/Kijê (die nooit de troon bestegen heeft) volgt Merit-Aton met de troonnaam 'Ankhet-khepru-Rê'. Zij wordt opgevolgd na een huwelijk door Semenchkarê als koning, die de troonnaam van zijn vrouw in mannelijke vorm overnam. Daarmee zou Merit-Aton de vierde, door vondsten aangetoonde heerseres op de faraotroon zijn.
Semenchkarê stamt uit een zijlijn van het koningshuis. Hij was, net als zijn jongere broer Toetanchamon, de kleinzoon van een van de dochters van Amenophis III en Teje. Of de generaals bij Merit-Aton aangedrongen hebben dit huwelijk te sluiten, of dat dit om andere persoonlijke of politieke redenen is gebeurd, is onduidelijk. Opvallend is dat in het noordelijke paleis van Nofretete bij nieuwe opgravingen tamelijk veel zegels gevonden zijn met de namen van de prins Semenchkarê en Toetanchamon (nog in zijn oude naamvorm als Toetenchaton).[40.]
Had Nofretete de beide jonge prinsen uit de familie van haar schoonmoeder, met wie zij goed overweg kon, opgenomen, beschermd, opgevoed en op de troon gezet? Dat zou echter betekenen, dat zij omstreeks deze tijd nog geleefd moet hebben. Gezien het volledige ontbreken van haar grafgiften in het graf van Echnaton is dat niet uitgesloten, maar ook niet te bewijzen. In dit geval kan men ook vermoeden, dat zij de eenjarige regering van haar dochter en de drie jaar durende van haar beschermeling overleefd heeft en met het paar Toetanchamon-Anchesenamun (zoals deze prinses zich na haar huwelijk met Toetanchamon noemt) naar hun nieuwe residentie Memphis is getrokken. Toetanchamon had niet alleen al in zijn eerste regeringsjaar vrede gesloten met de Amun-priesters, maar ook Tell-el-Amarna verlaten, dat al snel door het zand bedekt, als steengroeve gebruikt en ten slotte vergeten werd.
De laatste koning van de 18de dynastie, Haremhab, sloeg de hele Amarnatijd over, omdat hij zijn regeringsjaren vanaf de dood van Amenophis III telde: hij gebruikte ook steenblokken uit de Aton-tempels voor zijn eigen bouwwerken. Maar de plan-

Vorige bladzijde: zuil van de hofambtenares 'Grote van het huis Kehen'. Kalksteen, 34 cm hoog, 17 cm breed, Vroege Tijd, 1ste dynastie, 2900-2800 v.Chr. Kestner Museum, Hannover

Boven: Bediende blaast oven aan. Beschilderde scherf, fragment van een kruik. Egyptisch Museum van de Karl-Marx-Universiteit, Leipzig

Rechts: Herodotus merkte al op dat bij de Egyptenaren de vrouwen op de markt zitten. En zo was het duizend jaar voor hem ook al. Tekening: Susan Weeks

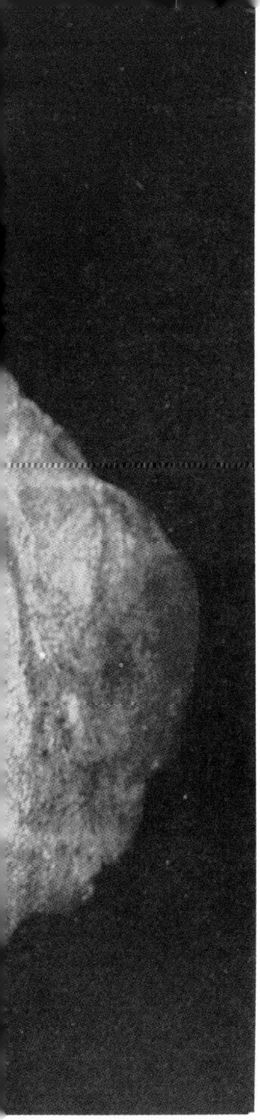

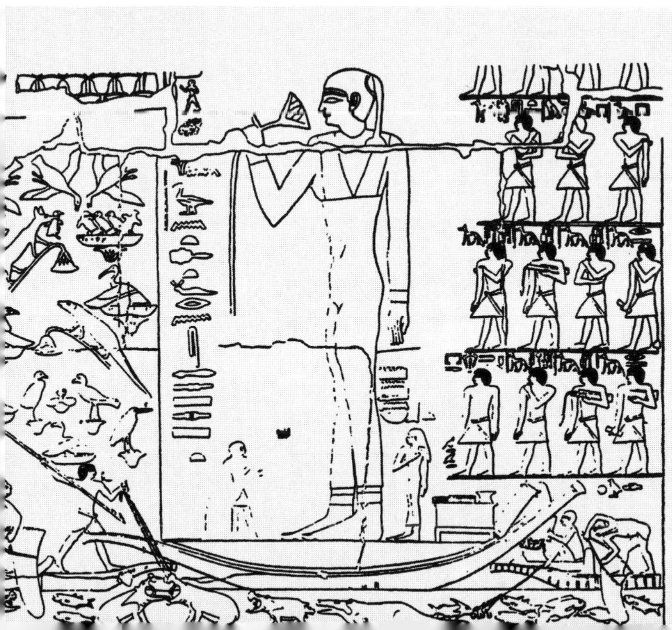

Links: Meesteres van de schrijfkunst en van het archief: Godin Seschat met griffel en schrijfplankje. Muurreliëf in een tempel in Luxor

Links: prinses Idut neemt op een boottocht haar schrijfplankje mee

Volgende blz: Godinnen leiden de farao op de juiste weg. Leisteen, sporen van beschildering, 93 cm hoog, 49 cm breed, 46 cm diep, Oude Rijk, 4de dynastie, 2740 v.Chr. Egyptisch Museum, Kaïro

Vorige bladzijde. Imert-nebes, eerste echtgenote van een god uit de 12de dynastie. Hout, beschilderd, ingelegd met glas en brons, 48 cm hoog, sokkel 21 x 9,5 cm, Middenrijk, 1900 v.Chr. Rijksmuseum van Oudheden, Leiden

Linker bladzijde: Niet van koninklijke afkomst, maar stammoeder: Tetischêre. British Museum, Londen

Links: Amun doet de Ka overgaan op Hatschepsut

Links: Echnaton en zijn dochter Merit-Aton met koningskroon. Lege kardoezen duiden op onrustige tijden. (Graf)zuil uit kalksteen, 18de dynastie, 1370 v.Chr. Egyptisch Museum van het Staatliche museen Preußischer Kulturbesitz, Berlijn

Boven links: Koningin Teje - de belangrijkste vrouw achter Amenophis III en Echnaton. Steatiet, 7 cm hoog, 5 cm breed, 5 cm diep, Nieuwe Rijk, 18de dynastie, 1355 v.Chr. Egyptisch Museum, Kaïro

Rechtsboven: Steeds weer nieuwe vondsten - Sphinx-kopje van Hatschepsut, gevonden in 1986. Graniet, 16,5 cm hoog, Nieuwe Rijk, 18de dynastie, 1450 v.Chr. Egyptisch Museum van het Staatliche Museen Preußischer Kulturbesitz, Berlijn

Rechtsmidden: Hatschepsut in haar 'Rode Kapel' offert Amun-Min met dubbelkroon. De gestalte en naam van deze laatste zijn duidelijk te zien

Rechtsonder: Kijê - later door de haarlok van een prinses in Merit-Aton veranderd - met haar dochter. Fragment van een kalksteenreliëf, 22 cm hoog. Verzameling Norbert Schimmel

Vorige bladzijde: Baviaan als goddelijke stammoeder met de naam Merit-Neith. Assuangraniet, 19 cm hoog, sokkel 16 x 12 cm en 4 cm hoog

Boven: Reliëffragment met de naam van Amenemhet III en koningin Sobeknofru. Albast, 50 cm breed, eind 12de dynastie, 1790 v.Chr. Egyptisch Museum, Staatliche Museen Preußischer Kulturbesitz, Berlijn

Rechts: Nofretete en Echnaton brengen ter gelegenheid van het twaalfde regeringsfeest een offer. Deel van een balustrade uit harde, kristallijnen kalksteen, Amarna tijdperk. Egyptisch Museum, Kaïro

Links: Aapje, gans en kat op grafmuur. Muurschildering in het graf van Thebe, nr. 120 (Anen), 19de dynastie

Beneden: Stempel van regentes of vrouwelijke farao Hotep-Neith

Helemaal beneden: nog helemaal intact: de 'Heilige Familie' offert Aton. Graf van Ipy, Amarna. Tekening: Norman Davies

Volgende bladzijde: waarschijnlijk de mummie van Hatschepsut

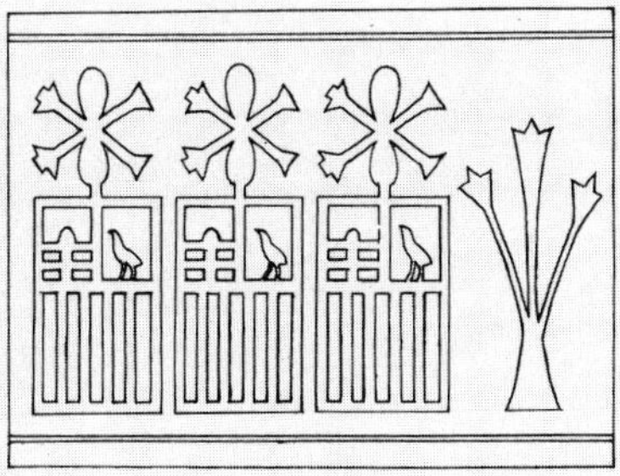

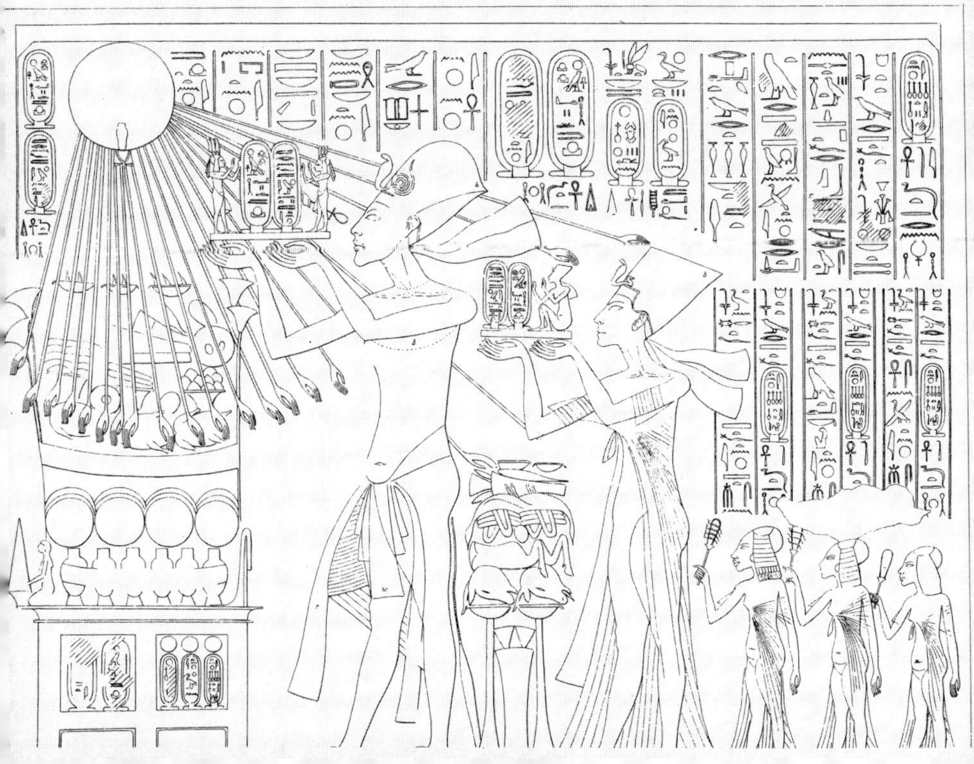

matige vervolging en vernietiging van de 'Boosdoener van Amarna', zoals Echnaton nu genoemd werd, begon pas onder de Ramessiden, die in hun koningslijsten elke vermelding van de koningen en koninginnen tussen Amenophis III en Haremhab verwijderden. Dat was het einde van de tijd van Amarna, waarvan de kunstzinnige en geestelijke gevolgen niettemin door zijn blijven werken. Het waren hier de vrouwen, die op velerlei gebieden een veelbetekenende rol gespeeld hebben.

De laatste vrouwelijke farao

Er wordt soms beweerd dat Hatschepsut voor altijd het matriarchaat onmogelijk gemaakt zou hebben in Egypte. Dat klopt sociologisch al niet, omdat men de heerschappij van een vrouw niet aan kan duiden als matriarchaat - Groot-Brittannië, Denemarken zijn en Oostenrijk of Rusland waren geen matriarchaten, ondanks hun regerende vrouwelijke monarchen. En deze bewering klopt ook historisch niet, omdat ons nog twee ande- re vrouwelijke troonsbestijgingen bekend zijn in Egypte. Kan men die van Merit-Aton nog als een bijzonder geval in een volledig chaotische tijd kenmerken, zo liggen de verhoudingen tweehonderd jaar later veel duidelijker, als er met Tausret, ook wel als Tewosre geschreven, wederom een koningin de troon bestijgt.

Het was een onrustige tijd, toen Sethos II omstreeks 1210 v.Chr. koning werd na zijn belangrijke vader Merenptah met aan zijn zijde zijn (half)zusje Tausret als 'Grote Koninklijke Echtgenote'. Libische bedoeïenen en ontslagen soldaten plunderden Boven-Egypte, niet zonder hulp van corrupte ambtenaren en priesters; de eerste berovingen in het Dal der Koningen werden in deze tijd gemeld, en Sethos II, Tausret en beider gunsteling Bay, een geboren Hurriet uit Syrië, hadden hun handen vol om de aanspraken van een pretendent van Amenmesse, die gedurende een paar jaar op zijn minst gedeelten van het staatsgebied beheerst moet hebben, af te wijzen vanuit hun hoofdstad in de Delta. Ongeveer 1191 v.Chr. volgde een haremvrouw de nog onmondige zoon van de overleden vader Siptah op de troon op. Hij moet een erg ongelukkige kindertijd gehad hebben. Zijn mummie laat zien, dat hij tengevolge van kinderverlamming een korter en verlamd rechterbeen had;[41] zijn stiefmoeder

Tausret, die voor hem het regentschap uitoefende, hield niet van hem, en ten slotte - hier ligt het beslissende verschil met het gedrag van Hatschepsut tegenover Thutmosis III - liet zij hem ombrengen, ongetwijfeld met de hulp van Bay, 'Grootkanselier van alle Landen', zoals hij zich liet noemen.
Tausret werd in 1198 v.Chr. gekroond, telde haar regeringsjaren vanaf de dood van haar echtgenoot Sethos II en nam zoals elke farao de vijf 'Grote Namen' aan. Zij heeft in de weinige jaren van haar alleenheeerschappij bouwwerken laten oprichten in Palestina, Sinaï en Egypte. Belangrijke overblijfselen zijn alleen van haar dodentempel in westelijk Thebe en van haar graf in het Dal der Koningen tot ons gekomen, die opvallen door erg kwaliteitsvolle wandschilderingen. Er vond in haar regeringstijd een gebeurtenis plaats, waar zij geen invloed op kon uitoefenen, maar die voor Egypte, zelfs voor de ontwikkeling van de gehele oude wereld zeer belangrijk geweest is: 'zeevolken', een bonte mengeling van uit het westen en noorden afkomstige en over de Middellandse Zee komende stammen en volken, namen de macht over in het kort tevoren door binnenlandse strubbelingen in elkaar gestorte rijk van de Hettieten, de vroegere tegenstander en sinds de tijd van Ramses II bondgenoot van Egypte. Daardoor werd niet alleen gedurende langere tijd het evenwicht in het Nabije Oosten verstoord, stond Egypte niet alleen bloot aan de aanvallen van de zeevolken en de Libiërs, maar vielen ook de ijzerertsgroeven van Anatolië in handen van de uit het noorden binnendringende stammen, waaruit zich het Griekse rijk vormde, terwijl Egypte zonder eigen ijzererts en de daardoor veroorzaakte zwakheid in de bewapening, steeds meer verloor aan wereldpolitieke betekenis. Deze gebeurtenissen waren aan Manetho nog bekend. In zijn geschiedenis heet die koningin Thuoris, en hij bericht, dat gedurende haar heerschappij 'Troje vernietigd' zou zijn.
Op z'n laatst twee jaar na haar troonsbestijging wordt zij als farao opgevolgd door Setnacht, stichter van de 20ste dynastie.[42] We weten niet of zij een natuurlijke dood stierf of vermoord werd. Zij werd op zijn minst tijdelijk in het voor haar voorbereide koningsgraf bijgezet. Haar niet met alle zekerheid geïdentificeerde mummie liet bij een röntgenonderzoek geen sporen van een gewelddadige dood zien.[43] Met haar werd de reeks

vrouwen, die gekroond en met volledige titulatuur als farao op de troon van Egypte gezeten hebben, afgesloten.

De regerende Goddelijke Echtgenotes

Maar Tausret was niet de laatste vrouw die over een groot deel van Egypte met de machtsbevoegdheden van een farao heeft geheerst. De politieke oorsprong van de als 'Dynastie van de Maagden' aangemerkte, over Boven-Egypte heersende Goddelijke Echtgenotes ligt in de eindtijd van het Nieuwe Rijk. De latere Ramessiden, die in Tanis in de Delta resideerden, verloren steeds meer aan werkelijke macht over Boven-Egypte, waarvan de feitelijke machthebber de steeds sterker wordende hogepriester van de Amuntempel in Karnak werd. Onder Ramses XI (1110-1080 v.Chr.) tekende zich steeds duidelijker een driedeling van het rijksgebied af, die bij het begin van de 3de Tussentijd vanaf 1080 v.Chr. dan ook officieel werd: de farao's, meestal van Libische afkomst, regeerden vanuit Tanis over de delta inclusief Memphis tot iets ten zuiden van Fayyum; de 'Koningszoon van Kusch', Panhesi, eens gouverneur en militair bevel- hebber van de koning in Nubië, maakte zich zelfstandig, waarmee Nubië voor altijd verloren ging voor Egypte; het gebied van de 1ste cataract tot zuidelijk van Fayyum wordt als 'Godsstaat van Amun' beheerst door de hogepriester van Amun. In deze situatie volgen vader en zoon elkaar op als in een dynastie.

De betrekkingen tussen de Godsstaat en de farao's van Tanis waren in het algemeen niet slecht. De soevereiniteit van de koning werd althans in theorie erkend, hoewel de hogepriester nu ook aanspraak maakt op koninklijke titels en voorrechten.

Men mengt zich zo min mogelijk in de aangelegenheden van de ander, en er vinden zo nu en dan ook dynastieke huwelijken plaats. Zo worden er verder ook prinsessen uit Tanis naar Thebe gezonden als 'Goddelijke Echtgenotes van Amun', waarbij hun plichten beperkt bleven tot de zuiver priesterlijke taken van een godsgemalin. Ergens in deze tijd moet de zede ontstaan zijn, dat deze prinsessen als godsgemalinnen niet mochten huwen en maagd moesten blijven, eerder op politiek-dynastieke gronden dan op religieuze, hoewel natuurlijk ook deze benadrukt werden. De eerste van deze ongehuwde godsgemalinnen is volgens de zeer precieze onderzoekingen van de Franse archeoloog Michel Gitton vermoedelijk Makarê geweest, een dochter van farao Psusennes I (circa 1054-1004 v.Chr.). Zij is op een reliëf van de tempel van Chon in een district van Karnak in het volle ornaat van een godsgemalin uitgebeeld. Naast haar naam Makarê, waarbij waarschijnlijk met opzet de troonnaam Hatschepsut nagebootst werd, voerde zij ook nog een eigen troonnaam, 'Mut-em-hat'.[44] Toen haar doodskist uit het beroemde verzegelde omhulsel van de faraomummies van Der-el-Bahari geopend werd, trokken de verzamelde egyptologen hun wenkbrauwen van verbazing op: tussen de benen van de zorgvuldig gebalsemde en omwikkelde mummie lag nog een kleinere mummie, zo te zien die van een kind. Dit kind moest klaarblijkelijk van haar zijn; maar aangezien zij niet gehuwd was, moest het ontstaan zijn uit een buitenechtelijke verbinding of was het zelfs de bevestiging van Griekse berichten over tempelprostitutie. De röntgenopnames van de mummies hebben echter de 'eer' van de godsgemalin gered: in het kleine mummieomhulsel zat niet een kind, maar een jonge baviaan.[45]

Maar ook deze vondst stelt ons weer voor problemen - zoals altijd in een levende wetenschap roepen de gevonden antwoorden weer nieuwe vragen op. Was het gewoon het lievelingshuisdier van Makarê? Aapjes werden vaak gehouden door de van dieren houdende Egyptenaren, en men ziet ze zelfs in de grafschilderingen onder de stoelen van de grafeigenaren hun sprongen maken, vaak in het vertrouwde gezelschap van een tamme gans of een kat. Of was het een heilig dier van Thot, de god van het weten en de magie? Juist in de 3de Tussentijd nemen de begrafenissen van heilige dieren in zorgvuldig gemummificeerde vorm toe; maar het meebegraven in een doodskist met een menselijke mummie is sinds de oudste tijd niet meer voorgekomen.

Al is Makarê dan ook de eerste ongehuwde godsgemalin geweest, de volledige macht over de inwoners van Thebe lag in de eerste eeuwen uitsluitend in handen van de hogepriester van Amun, die onbeperkt over de godsstaat heerste. De dynastieën van de hogepriesters werden zo nu en dan onderbroken door overweldigers - de tijden waren onrustig, en waar zich een grote macht verzamelt, bestaan ook grote bedreigingen.

Daar kwam pas verandering in, zover we dat uit inscripties weten, onder Osorkon III (759-749 v.Chr.), een vanuit Bubabis in de Delta regerende deelheerser van Libische afkomst, die begrepen had hoe hij door het inzetten van zijn dochter Schepenupet I als godsgemalin van Amun de heerschappij van de godsstaat in handen kon krijgen. Zij moet een zeer opmerkelijke vrouw geweest zijn. Zij hield niet alleen de touwtjes van de regering in handen, maar wist ook de functie van godsgemalin in een heel nieuw instituut te veranderen dat, verbazingwekkend genoeg, door alle veroveraars en wisselende dynastieën van de volgende tweehonderdvijftig jaar gerespecteerd werd, tot de inval van de Perzen in 525 v.Chr.
Een essentieel fundament van deze machtsstructuur was het niet-gehuwd zijn van de godsgemalin, verbonden met - en dat was het nieuwe - de adoptie van de opvolgster door de regerende godsgemalin tijdens haar leven, die vaak ook, zoals de troonopvolgers van de 12de dynastie als mede-regent tot de dood van de oudere gemeenschappelijk aan het ambt deelnamen. Dit systeem bleek geniaal te zijn: het verzekerde de macht en mogelijkheden van het instituut, en was zo gemakkelijk te hanteren, dat ook sterke en machtige farao's het erkenden en gebruikten, doordat ze hun zusters of dochters lieten adopteren, zonder dat men ook maar eenmaal van twisten of zelfs gewelddadigheden iets te horen kreeg. Aangezien de praatzucht in de grafbiografieën van hoge ambtenaren uit die tijd bekend en berucht is, zou het verwonderlijk geweest zijn, als zulke incidenten geen sporen hadden achtergelaten. Een voor de onrustige 3de Tussentijd en de Late Tijd opmerkelijk lange regeringstijd van de zeven godsgemalinnen - rekening houdend met de medeheer- schappij is het vijftig jaar - is tekenend voor een zeer bekwaam gevoerde politiek.[46] Toen in 745 v.Chr. Kaschta, de koning van Nubië (Kusch), waarvan de hoofdstad destijds Napata aan de 4de Nijl-cataract was, Thebe bezette, adopteerde Schepenupet diens dochter Amenirdis, leefde echter verder in het volle bezit van haar titel tot ongeveer het jaar 700. Amenirdis I was godsgemalin onder de Nubische farao's Pije, Schabaka en Schabataka, die ook wel de Meroïtische (25ste) dynastie genoemd wordt. Zij adopteerde de dochter van Pije, Schepenupet II, die tot in de tijd van Tahar-

qas (680-664 v.Chr.) regeerde over de inwoners van Thebe, aan het eind samen met Amenirdis II, dochter van Taharqas en daarmee tegelijk haar nicht. Zij overleefden de invasie van de Assyriërs in 650 v.Chr., waarbij de rest van de rijkdommen geplunderd werd die in de tempels achtergebleven waren na de rooftochten en diefstallen uit de tijd van de Ramessiden, zoals gouden godsbeelden, bekleding van het godsschip van Amun bestaande uit goud en edelstenen en ook de uit een goud-zilverlegering bestaande metalen buitenkant van de Hatschepsut-obelisk verdween bij deze voor Thebe verschrikkelijk verwoestende plundering.
Boven-Egypte bleef ook na de terugtrekking van de Assyriërs verder onder de heerschappij van de Nubische farao's, ook toen in Beneden-Egypte vanaf 664 v.Chr. Psammetik I de troon besteeg en bepaald had, dat Sais de nieuwe hoofdstad zou worden. Door een zeer slim gevoerde politiek, die bestond uit het uitoefenen van druk, omkoping en het appelleren aan nationalistische gevoelens bereikte hij, dat de beide gezamenlijk regerende godsgemalinnen Schepenupet II en Amenirdis II in 656 v.Chr. besloten zijn dochter Nitikris I te adopteren, zodat er meerdere jaren lang een gemeenschappelijke Nubisch-Saitische overheersing over de inwoners van Thebe, een soort condominium, bestaan heeft. Dit werd nog eens onderstreept door de persoon van de Opper-gouverneur Monthuemhat, stammend uit een oude Thebische familie, die met grote vaardigheid onder de Nubiërs en onder de Assyriërs gewerkt had en ook onder Psammetik I zijn ambt vervulde.[47]
De macht van de godsgemalinnen bereikte onder de heerschappij van Nitokris I over de godsstaat haar hoogtepunt. Nitokris drong de macht van de hogepriester van Amun zo ver terug, dat de beslissende stap van haar adoptiefdochter en opvolgster, om zelf de titel en het ambt van een 'eerste profete van Amun van Karnak' over te nemen, helemaal in de lijn der verwachting lag.[48] Bij de koninklijke privileges waarover haar voorgangsters al beschikten, kwam nu ook de voltrekking van de tot nu toe alleen aan de koning voorbehouden rituele handelingen in de tempel en de viering van het oeroude koningsjubileum, het Sed-feest,[49] door de godsgemalin.
Nitokris nam zelfs het sacrale en oeroude gebruik van de ko-

ning over, namelijk om een Horusnaam aan de zijne toe te voegen, wat blijkt uit de in de kardoes geschreven namen.[50] De opperheerschappij van de farao's werd daarbij nooit betwijfeld, haar feitelijke voortzetting hing af van een ingewikkeld evenwicht tussen de persoonlijkheid van de godsgemalin, die van de farao, de bekwaamheden van de hoge Thebeïsche ambtenaren en van de buitenpolitieke, economische en militaire omstandigheden van die tijd.

Nitokris I adopteerde Ankhnes-nefer-ib-Rê, dochter van Psammetik II, in 595 en stierf op hoge leeftijd in 586 v.Chr. na een zeventigjarige regeringstijd als godsgemalin van Amun - een record, dat door geen enkele farao vanaf Phiops II geëvenaard werd.[51]

Ankhnes-nefer-ib-Rê adopteerde volgens oud gebruik een dochter van koning Amasis (570-526 v.Chr.), die de naam Nitokris II kreeg. Met de eerste Perzische overheersing vanaf 525 v.Chr. verdween het regentschap van de godsgemalin over de 'godsstaat' Boven-Egypte; er bleven weliswaar ook verder hogepriesteressen in de tempel van Karnak bestaan, ook in de Perzische en Ptolemeïsche tijd, maar zij oefenden geen politieke macht meer uit.

De omvang van haar cultische en politieke taken kwam overeen met de grootte van de hofstaat van de godsgemalinnen. Een grote staf van vrouwelijke en mannelijke ambtenaren en priesters stond haar terzijde. Er zijn ons tot nu toe meer dan negentig verschillende ambtstitels uit deze tijd bekend, en meer dan tweehonderdveertig namen van de dragers zijn door de tijd heen bewaard gebleven,[52] waarbij het ook hier, zoals we al in het oude Egypte vastgesteld hebben, erg moeilijk is om in elk afzonderlijk geval een onderscheid te maken tussen priesterlijke plichten, bestuurswerkzaamheden en zuivere hofrangen, wat niet helemaal verrassend is bij al die wisselende instituties van de regerende godsgemalinnen.

Het hof van godsgemalinnen heette het 'Huis van de Godsverering'. Aan het hoofd stond de 'Grote Huisgouverneur van de godsverering', die tegelijkertijd het omvangrijke landbezit als 'Opper-domeinen-opzichter' bestuurde. Daartoe ressorteerde onder hem een grote schare van schatkameropzichters, schrijvers, veld- en kudde-opzichters, handwerkers, boeren en knechten. Wanneer we toevallig te weten komen dat Nitokris I over bezittingen in zeven districten in Boven-Egypte en in vier districten in Beneden-Egypte van bij elkaar 3300 aruren, dat is ongeveer 900 hectare, beschikte, waar naast de opbrengsten ook nog de aanzienlijke leveringen van de tempel bij kwamen[53] en wanneer men nog de Oudegyptische hang naar bureaucratie voor ogen houdt, dan kan men zich van de grootte en betekenis van dit bestuur wel een goede voorstelling maken.

De 'Grote Huisgouverneurs' waren machtige heren, wier optreden aan dat van koninklijke viziers herinnert, en die zich vaak in reusachtige graven aan de westzijde van Thebe lieten begraven. De graven van zelfs hoge ambtenaren uit het Nieuwe Rijk lijken, vergeleken met die uit de Late Tijd, op armzalige hutten in plaats van paleizen! Er bestonden ook bij hen door meerdere generaties heen te volgen ambtsopvolgingen binnen dezelfde familie.

We kennen uit de tijd van Psammetik I sinds het jaar 639 v.Chr. een 'Eerste Opper-Generaal van het Huis van Godsverering'.[54] Zijn hoge militaire rang is eerder een teken van de invloed van de koning van Boven-Egypte, dan van een leger onder het commando van de godsgemalin. In elk geval ontbreken afgezien van deze 'generaal-veldmaarschalk' verdere militaire titels aan het hof van Thebe.

Zeer omvangrijk was natuurlijk ook de vrouwelijke hofhouding van de godsgemalinnen, waarover we al in eerdere hoofdstukken te spreken kwamen. Zo volstaat hier een korte herinnering: aan het hoofd van alle priesteressen, ambtenaressen en hofdames stond de 'Overste van de Hofdames van de Godsverering', die zowel bestuursmatige als priesterlijke functies had. In rang volgden haar de 'Grote Hofdame', waarvan ons al een als hoge ambtenares en priesteres met de fier toegevoegde titel 'schrijveres' bekend is. De eenvoudige 'volgelinge', in zoverre zij geen andere titel of rang bekleedt, kan beter als hofdame dan als ambtenares gezien worden. Het waren, zoals hun stambomen laten zien, in de meeste gevallen dochters of echtgenotes uit oude families uit Thebe, net zoals eenvoudige priesteressen en een schare muzikantes en 'danseressen van het Huis van de Godsverering'.

Dit Thebe van de regerende godsgemalinnen was een oude, ietwat aan lager wal geraakte en slaperige residentie. De farao's hadden hun zetel allang laten verplaatsen naar de Delta, die de politieke en economische basis vormde van het steeds minder gewicht hebbende Egypte. Het verlies van Nubië bracht voor Egypte niet alleen met een uitblijven van het goud en van belangrijke veeleveringen een goed te voelen economisch verlies mee, maar Thebe was ook wat betreft het handelsverkeer een doodlopende steeg geworden. De Nijlhavens waren niet langer vertrek- en aankomstpunt van handelsvloten, en de woestijnwegen naar de oases van Libië, naar Soedan en naar de havens van de Rode Zee werden door steeds minder en steeds kleiner wordende karavanen genomen. De farao's keerden zelfs na hun dood niet terug naar het Dal der Koningen, en zo had men ook het dorp van de grafbouwers Der-el-Medineh verlaten, een voelbaar verlies, niet alleen aan economische kracht en arbeidsplaatsen, maar ook aan de beste kunstenaars en handwerkers.

We weten niet precies, waar de godsgemalinnen met hun hof resideerden, want hun paleis, zoals de paleizen van alle eerdere farao's, bestond uit ongebakken leemstenen en is allang vervallen. Misschien hebben zij hun residenties ook op andere plaatsen laten bouwen, waarschijnlijk binnen de ommuring van de grote tempel, die een zekere bescherming tegen rondzwervende bendes bood. Vooral Medinet Habu, de reusachtige dodentempel van Ramses III, was met zijn vestingachtige, dikke muren erg geliefd als woon- en bestuursplaats in de Late Tijd. Terwijl de oude, voorname en dichtbevolkte woonstad Thebe op de rechter Nijloever tussen Luxor en Karnak langzaam verviel, gaf men meer en meer de voorkeur aan de tempelhoven en -pleinen van de westzijde voor de woonbehoeften boven de tot landelijk stadje geworden voormalige metropool.

Er waren echter nog steeds bekwame handwerkers in Thebe en de godsgemalinnen en hun hof waren de met een goede smaak begiftigde opdrachtgevers. De nieuwbouw bereikte niettemin in de verste verte niet meer de omvang van die uit het Nieuwe Rijk, de reliëfs werden plomper en werden kwalitatief minder; soms ontstonden er echter nog wel voortreffelijke meesterwerken, vaak als kopieën van oude voorbeelden uit

het Nieuwe, het Midden- en vooral uit het Oude Rijk. Op de oude begraafplaatsen werden de nieuwe reusachtige graven van de ambtenaren steeds uitgestrekter, en zoals in de nu gebouwde tempeldelen zijn op de wanden de gracieuze silhouetten van de godsgemalinnen te zien.
Zij vooral ook vormden de geprefereerde klantenkring van de plaatselijke handwerkkunst, en naast sieraden, cosmeticapotjes, glazen zalfpotjes en versierde meubels hebben we uit deze tijd een groot aantal amuletachtige godsfiguurtjes, vaak voortreffelijke kleine bronzen beeldje, dodendienaren van faience, de zogenaamde Uschebti, en vooral beeldjes van de godsgemalinnen zelf, die de smaak van de hofkunstenaars alsook van de opdrachtgeefsters alle eer aandeden. Op dezelfde elegante wijze dragen zij bij het uitvoeren van cultushandelingen de allang ouderwetse kleding van priesteressen uit het Middenrijk en de geraffineerde, doorzichtig-dunne, van plisséstof gemaakte modekleding uit hun eigen tijd. De gierekap zit erg decoratief op de kleine priesterlijke kogelpruik, alsook op de hoofse hoge getrapte pruiken, en de twee hoge gouden veren als symbolen van Amun op een laag gouden diadeem bekronen de verrukkelijke aanblik.
Op deze manier lijkt het Thebe van de eerste helft van de 1ste eeuw v.Chr. voor ons bijna een absolute idylle, behalve dat er in de plaats van Serenissimus een Serenissima stond. Slechts met moeite en na het doorwerken van dikke geschiedenisboeken – waarin deze tijd erg stiefmoederlijk behandeld wordt – wordt het ons duidelijk, dat ook deze wereld, net zoals elke andere periode in de geschiedenis van de mensheid, niet ideaal was.
Naast de overvallen, bezettingen, plunderingen en gevechten om de macht waren er ook natuurrampen, zoals aardbevingen, die aan de hoge stenen bouwwerken van de tempel zeker meer schade aanrichtten dan aan de lemen huizen van de bewoners, maar ook de vaak vermelde geweldige overstromingen van de Nijl, die hele stadsdelen wegspoelden.
De godsgemalinnen moeten bij zulke catastrofes, die bovendien in het centraal bestuurde Egypte vaak hongersnoden van ongekende omvang tot gevolg hadden, verantwoordingsbewust en bekwaam gehandeld hebben. In elk geval horen we

van de vanaf de Ramessiden- tot de Romeinse tijd anders zo opstandige, stakende en spotlustige inwoners van Thebe geen kwaad woord over de godsgemalinnen. Het centrum van de Egyptische literatuur bevond zich niettemin allang niet meer in Boven-Egypte en voor de Benedenegyptische dichters en schrijvers lag Thebe helemaal buiten hun gezichtsveld; in elk geval waren het niet de regerende godsgemalinnen en hun maagdelijke hoven, die in de juist uit de Late Tijd rijk overgeleverde sprookjes, noch in verhalen of satires de dichterlijke fantasie geprikkeld hebben, maar waren het de farao en de prinsen.

De laatste rustplaats van de regentessen is telkens veel kleiner en bescheidener dan de graven van hun ambtenaren, maar goed beschermd, en vooral in overeenstemming met die van de gelijktijdig regerende farao's: zij liggen in de tempelvoorhoven, zoals de koningsgraven van Tanis en Sais.[55] Nog vandaag de dag ziet de bezoeker van het grote tempelcomplex van Medinet Habu nadat hij doorgelopen is onder een als een Syrische vesting nagebouwde 'Hoge Poort' aan de linkerzijde vier naast elkaar staande kapellen, die een architectonische eenheid vormen.

De beide middelste, helemaal uit steen gehouwen, zijn tamelijk goed bewaard gebleven en tonen kleurige reliëfs en inscripties. In het achterste deel, onder een tongewelf, begint de grafschacht met de grafkelder, waarin - wederom net als in de koningsgraven - soms meerdere godsgemalinnen gemeenschappelijk begraven zijn. Van Schepenupet I tot Ankhnes-nefer-ib-Rê liggen hier alle regentessen van de godsstaat, die gedurende een heel tijdperk hun niet uit te wissen stempel op Egypte gedrukt hebben.

8. GELIJKWAARDIGE PARTNERS

De beroemde Bazelse rechtshistoricus J.J. Bachofen spreekt in zijn hoofdstuk 'Het moederrecht' reeds in 1861 over het 'zich bij voorkeur op het moederrecht baserende land van de Nijl', en sindsdien werd deze benaming lange tijd ook door egyptologen gebruikt, wanneer ze de plaats van de vrouw of de betrekkingen tussen man en vrouw in het Oude Egypte in een bruik- bare formule wilden uitdrukken. Want dat in dit opzicht het land van de Nijl afweek van Europa, was reeds de grondleggers van de egyptologie opgevallen, en velen gingen in hun enthousiasme zo ver, van een matriarchaat of op zijn minst een land met matriarchale trekken te spreken. Natuurlijk was de interesse aan het begin van deze jonge wetenschap voor dit soort vraagstukken relatief klein, want het ging er eerst vooral om met schrift-, taal- en opgravingsonderzoek de basis voor verder werk te leggen. Tegenwoordig weten we dat deze termen, stammend uit vroeg mythenonderzoek en volkenkunde, niet voor Egypte opgingen. Of überhaupt ooit ergens in de maatschappelijke realiteit van de mensheid van een matriarchaat in de strikte zin van het woord als 'alleenheerschappij van vrouwen op politiek en religieus gebied en in gezinsverband'[1] sprake is geweest, wordt tegenwoordig sterk betwijfeld; waarschijnlijk is het aan Griekse mythen over de Amazonen ontleend, net zoals de eerste egyptologische inzichten in de maatschappelijke toestand van het land van de Nijl op Griekse bronnen berustten.
Iets anders ziet het eruit met het 'moederrecht', dat in de moderne sociologie, als gevolg van het zoeken naar zo wetenschappelijk mogelijk klinkende uitdrukkingen, die soms ook precie- zer bepaalbaar en nauwer afgebakend zijn, het liefst als 'matrilineariteit' wordt weergegeven. Hieronder verstaat men erfopvolging puur in de vrouwelijke lijn, waarbij echter niet – zoals in het matriarchaat – mannen als erfgenamen worden uitgesloten, doch rang, plaats en bezit van hun moeders of de broers daarvan worden geërfd. De Toearegs, nomaden in Centraal-Sahara met een Berbers dialect, zijn hier een voorbeeld van. Zo is bij hen de zoon van een adellijke vrouw en een hori-

ge een adellijke jongen, en het kind van een man van adel en een slavin een slaaf; de opvolger van de stamvorst, van de Amenokal, is in de regel de zoon van zijn zuster; na de huwelijksvoltrekking behoort de man tot de familie (beter: de clan) van de vrouw. Zo was het bij de Toearegs althans in 1938 nog, toen ik een tijdlang bij hen leefde. Of zij tegen de toenemende druk van de Algerijnse Republiek, waar ze sinds de bevrijding van het Franse juk min of meer onder vallen, en tegen de islamitische fundamentalisten opgewassen zijn, is onzeker. Dit voorbeeld van de Toearegs, waarbij zich moeiteloos een aantal andere voorbeelden uit de wereldcultuur aansluiten, is niet alleen als illustratie van het begrip 'moederrecht' zeer interessant. Zoals te verwachten, beperkt de voorkeurspositie van de vrouw zich niet alleen tot de erfopvolging. Bij kwesties die de stam aangaan, zit ze in een raad en ze heeft daarin haar eigen stem; zij is het ook, die de huwelijkspartner uitkiest. En compleet tegengesteld aan allerlei volkenkundige en sociologische richtingen, die de achting voor de vrouw uit de landbouw laten ontstaan, hebben we hier met een puur nomadische, op veeteelt gerichte groep mensen te maken. En de Toearegs verstoren nog een ander mooi fabeltje, als zouden matrilineaire samenlevingen altijd bijzonder vredelievend zijn: de Toearegs waren altijd extreem oorlogszuchtig, en vaak waren het de vrouwen, die de meest agressieve besluiten namen.

Matrilineaire samenlevingen bestaan niet alleen nu; we kennen ze in de hele geschiedenis. In de buurt van Egypte hebben we een voorbeeld: het Noordsoedanese Rijk van Meroë, dat zich zelf met de Egyptische naam 'Kusch' aanduidde en bestond vanaf de negende eeuw v.Chr. tot aan de vierde eeuw v.Chr. Hier werd de koning volgens matrilineaire erfopvolging, dus aan de hand van de afkomst van zijn moeder, gekozen.[2] Daarbij was in dit Rijk de koningsmoeder, de kandake, een instituut, zoals we in het zesde hoofdstuk hebben gezien. Was dit die Afrikaanse ondergrond, de 'Hamitische erfenis', die toch sinds zeer vroege tijden zijn sporen in Egypte had achtergelaten, zoals veel onderzoekers dachten?

Als je hier vluchtig naar kijkt, wordt het hele tijdsbeeld wel erg troebel. Toen het Rijk van Meroë ontstond, was de Egyptische cultuur en samenleving al millennia lang gevormd en was

Egypte met het einde van het Nieuwe Rijk het hoogtepunt van zijn ontwikkeling reeds gepasseerd. Maar ook in Nubië en in de Soedan hadden zich sinds het Stenen Tijdperk zoveel volksverhuizingen voorgedaan, dat het amper mogelijk is over het einde van het vierde millennium uitspraken te doen die maatschappelijke (denk aan de verhoudingen tussen mensen onderling) of culturele invloeden op Egypte betreffen.
Daarbij komt dat 'Hamitisch' een taalgroep is en dus net zo weinig identiek aan een culturele, laat staan antropologische eenheid is als het 'indogermaans' of 'semitisch'.
Het belangrijkste echter: Egypte is, voor zover we na kunnen gaan, nooit een matrilineaire samenleving geweest. Koning of koningin werden niet via matrilineaire weg beëdigd, in ieder geval niet als regel of in de meeste gevallen. We hebben in het zesde hoofdstuk gezien hoe verschillend het verloop van de overerving in het koninkrijk geweest is; dat weliswaar met graagte en vanwege voor de hand liggende familiebelangen een koningsgemalin uit de directe familie werd gekozen, maar dat ook de zoon van een 'burgerman' of van een concubine de troon zonder noemenswaardige legitimiteitsproblemen kon bestijgen. Zeer zeker kon men al vanaf de eerste tijd in Egypte *ook* van de moeder erven, waarbij het haar vrijstond te bepalen, wie haar eigendommen in handen kreeg. Maar de kinderen uit het huwelijk van een koningsdochter en een 'burgerman' waren zeker geen prinsessen of prinsen.
Het is klaarblijkelijk onmogelijk, de positie van de vrouw in Egypte en haar verhouding tot de man in een korte, bondige formulering samen te vatten, vooral wanneer men zich hierbij zo nadrukkelijk op het rechtspositionele aspect richt. Mensen en hun onderlinge relaties zijn echter veelsoortiger en gecompliceerder, en gaan in het aangaan en voortzetten van hun relaties veel verder dan strikt juridisch mogelijk is.
Het is niet verwonderlijk dat er in de egyptologie, net als in iedere andere wetenschap die mens en cultuur betreft, ook waar het gaat om de belangstelling voor de waardering van de positie van de vrouw grote verschillen zijn geweest en nog steeds zijn; men zou bijna van trends kunnen spreken. Na de eerste periode van groot enthousiasme onder de eerste egyptologen, kwam de zo noodzakelijke tijd van het koeliewerk, wat het geduldig

verzamelen, vertalen en duiden van inscripties, papyrusrollen en het uitgraven van tempels en graven nu eenmaal is. Eerst richtte de zakelijke belangstelling zich vooral op de geschiedenis en daarmee op namen, gegevens en bijvoorbeeld een chronologische opvolgingslijst van de farao's. Hierna kwam de interesse voor de Oudegyptische mens en de poging om zijn religie, maar ook zijn dagelijkse leven beter te kunnen doorgronden. Ook op dit gebied werd, voortbordurend op het werk van vroegere generaties egyptologen, veel terrein gewonnen; nieuwe zaken kwamen aan het licht. De golf van enthousiasme voor de 'hoge positie van de vrouw in het Oude Egypte' bereikte een nieuw hoogtepunt. Daarbij schoot men nogal eens zijn doel voorbij, noemde een enkele eigenschap in alle naïviteit meteen bepalend voor het geheel en slechts tijdelijke verschijnselen werden op de hele geschiedenis van de maatschappij geprojecteerd. Sinds enkele decennia, zeker de laatste jaren, is er een duidelijke tendens in de tegenovergestelde richting. Niet alleen worden de feiten nauwkeuriger bekeken en teruggebracht tot hun werkelijke proporties, maar ook is de fundamentele interpretatie wat vrouwen in het Oude Egypte betreft geheel gewijzigd; zo zouden zij helemaal geen bevoorrechte positie ingenomen hebben en generlei achting, laat staan rechten hebben genoten. En ook deze reactie is begrijpelijk, niet alleen als reactie op de overdreven visie van de periode daarvoor, maar vanwege de zeer menselijke neiging vanuit het eigen tijdsbeeld te oordelen, te beoordelen of zelfs te veroordelen - dan neemt men al snel de maatstaf van de gelijke rechten of de emancipatie ter hand, met de grote lading die deze begrippen in onze tijd hebben, en dat levert voor de Egyptische vrouwen een aanzienlijke achterstand op. Dat deze tijdgebonden maatstaf ten aanzien van de vrouwen aan de Nijl absoluut niet gehanteerd kan worden, wordt vaak over het hoofd gezien.
Wanneer men dus tegenwoordig spreekt over de positie van de vrouw in Egypte als zou die 'overwegend beheerst zijn door de patriarchale structuur', omdat de echtgenoot 'op grond van zijn inkomen voor het onderhoud van de familie verantwoordelijk was',[3] dan is ten eerste de benaming 'patriarchaat' (immers louter om financiële redenen) verkeerd gebruikt, ten tweede zijn er, zoals we gezien hebben, ook gevallen, waarin

het de vrouw was die het gezin onderhield, zonder dat men meteen van 'matriarchaal bepaalde structuren' sprak en ten slotte horen beide begrippen helemaal niet bij de Egyptische samenleving en de sekseverhoudingen.
In tegenstelling tot onze twijfel aan een puur matriarchaat, zijn er absoluut talrijke voorbeelden van het patriarchaat in de vorm van een juridische, financiële, politieke, ja menselijke macht van de man over de vrouw, zowel in de geschiedenis (denk maar aan Rome) als nu, maar zodra we zo'n voorbeeld van nabij gaan bekijken, zien we meteen dat het in vele opzichten niet op Egypte toepasbaar is.
Veel gedifferentieerder spreekt de in de egyptologie ruimschoots zijn sporen verdiend hebbende Wolfgang Heck in zijn inleiding van de catalogus bij de prachtige, eenmalige tentoonstelling (eenmalig vooral ook daarom, omdat het nauwelijks voorstelbaar lijkt, dat zoveel topstukken uit alle grote musea van de wereld nog eens bij elkaar zullen worden gebracht) 'Nofret - Die Schöne' in Hildesheim.[4] Hij probeert daarin tegenover het Egyptische begrip van de 'waarheid' als enig wereldordenend principe, de 'werkelijkheid' te zetten. Daarbij wordt een zeer belangrijk onderscheid tussen het Egyptische denken en het onze zichtbaar, waar ook wij in de eerste hoofdstukken op zijn gestuit, nameljik dat de 'Ma'at', de wereldorde slechts een deel, ja een uitvloeisel van de 'waarheid' is.
Wanneer nu de waarheid en de werkelijkheid als elkaar uitsluitende begrippen worden gezien, op zo'n manier dat er voor 'waarheid' niet veel anders overblijft dan schone schijn, dan kan dat op een dualistisch, in Europa lange tijd overheersend denkpatroon slaan,[5] maar het Egyptische denken in twee-heden en tweeledigheden doet dat zeker geen recht. En verder valt ons op dat Heck weliswaar met het volste recht afwijzend staat tegenover het gebruik van begrippen als emancipatie, samen beslissen en gelijke rechten met betrekking tot Oudegyptische vrouwen, maar tegelijkertijd toch hun maatschappelijke positie aan dit soort termen toetst. We hadden reeds in een eerder hoofdstuk het gevaar van de verkeerde gevolgtrekking gezien, door erop te wijzen dat uitzonderingen op de ideale verhouding tussen man en vrouw nog niet betekenen, dat deze er nooit geweest is.

Als we goed kijken naar het uitzonderlijk grote aantal voorbeelden uit alle millennia die we in dit boek zijn tegengekomen en die alleen al uit ruimtegebrek vanzelfsprekend geen aanspraak op volledigheid maken, zien we duidelijk, hoe vaak en vergaand juist in de verhouding tussen man en vrouw waarheid en werkelijkheid in Egypte met elkaar overeenstemmen, zelfs wanneer we deze begrippen voor ons eigen gemak tegenover elkaar willen zetten, wat de Egyptenaren zeker niet deden. Bijzonder overtuigend is dit vooral op gebieden, waar dat wat met 'werkelijkheid' bedoeld wordt, natuurlijk nadrukkelijk op de voorgrond treedt, namelijk op de arbeidsmarkt, waarin de dagelijkse praktijk alras de overhand over zulke diepgravende theorieën of mooie idealen krijgt, zodra ze niet meer overeenstemmen. Maar als landarbeidster of handwerkster, als verkoopster of als dienstmaagd, nooit bemerken we dat de Egyptische vrouw minder wordt gewaardeerd, slechter wordt betaald of harder moet werken dan haar mannelijke collega's, waarbij haar sociale positie altijd gelijk is aan die van mannen met hetzelfde beroep in eenzelfde tijd. Voor vrouwen gelden ook geen uitzonderingsregels, maar de stelling 'vrouwen en mannen zijn voor de wet gelijk' gaat in Egypte volledig op. In alle processen waarbij vrouwen betrokken zijn, worden ze net zo behandeld als mannen, of ze nu aanklager, aangeklaagde of getuige zijn en of het nu om een pot met vet, de overerving van haar bezit of een zware aanklacht gaat. Ook als aangeklaagde staan ze voor dezelfde rechtbank en hebben ze met hetzelfde vonnis rekening te houden, of het nu om een kleine diefstal, om heling van uit graven gestolen goederen of zelfs om een complot tegen de koning gaat. En er is geen sprake van specifieke vrouwenvervolgingen juist om het vrouw-zijn, zoals bijvoorbeeld bij heksenjachten het geval is, noch van verklaringen waarin men vrouwen te onmondig zou vinden om zich voor het gerecht te verantwoorden. Van 'gelijkstelling' in Egypte kan men dus zonder meer spreken, op juridisch gebied namelijk.

In ieder opzicht is hier de verhouding tussen de seksen onderling anders dan in andere culturen. Deze verschillen berusten niet op economie, klimaat of levenswijze. Het beste voorbeeld tegen zo'n gelijkschakeling vormt de Soemerische cultuur: zij ontstond ongeveer in dezelfde tijd als de Egyptische, aan het einde van het vierde millennium v. Chr. tijdens de overgang van het Stenen naar het Koperen Tijdperk; deze cultuur ontwikkelde zich in een regelmatig overstroomd dal, was gebaseerd op landbouw en veeteelt en kende stedelijke centra; en toch is de verhouding tussen de seksen bij hen, net als de religie, de dodencultus, de kunst en de denktrant heel anders dan in Egypte. En met dit begrip van de denktrant stuiten we op het wezenlijke, dat ook alle andere culturele uitingen alsmede de vorm van de samenleving en de sekseverhoudingen tot stand heeft gebracht: het wezen en de stijl van het Egyptische denken. Reeds vanaf de allereerste tijd konden de Egyptenaren zich het Al slechts voorstellen als een tweeledigheid, als uit zijnseenheden bestaand die elkaar completeerden en als puzzelstukken volmaakt in elkaar grepen. Egypte was voor hen 'De Beide Landen', het koningschap werd belichaamd door de beide goden Horus en Seth en de 'Beide Heerseressen', de kroongodinnen Nekhbet en Uto.

Deze manier van denken in tweeledigheden noemt men tweevoudig denken, weer van een geheel andere structuur dan het dualistische. In het dualistische denken staan de beide begrippen vijandig tegenover elkaar, ze sluiten uit, en één ervan is telkens drager van al het positieve, waar het andere zich dan totaal op het negatieve heeft gericht, zoals God en de duivel, lichaam en ziel, dag en nacht en derhalve, in het dualistische denken, ook man en vrouw. Het Egyptische tweevoudige denken (er zijn zeker meer soorten tweevoudig denken, net zoals er ook verschillende dualistische en enkelvoudige denkwijzen zijn) was voor de eerste onderzoekers, zodra ze het ontdekt hadden, werkelijk zeer bevreemdend en het scheen ook ieder logisch denken tegen te spreken.[6] Toen de naam van een van de oudste Scheppergoden, Atum, zowel vertaald bleek te kunnen worden met 'die is' als met 'die niet is', kwam dat wat onlogisch, ja 'verward' over, net als de beschrijving van de zon, de ene keer als zijnde mannelijk, wanneer de zonnegod 's avonds de hemelgodin bevrucht, de andere keer als vrouwelijk, wanneer ze 's ochtends als de hemelgodin Uterus verschijnt en het zonnekind in zich draagt. Daarbij komt een veelvoud aan beelden voor de schepping en het Al, hemel en aarde, het leven na de dood, die allemaal geldig en gelijkwaardig waren. 'A-logisch' of 'pre-logisch' waren nog de mildste woorden die men voor het Oudegyptische denken overhad. Tegelijkertijd bewonderde men de zichtbare omvang en duur van de Oudegyptische cultuur en haar sterk ontwikkelde techniek en vroeg men zich af, hoe dit alles met elkaar te rijmen viel.

Wij zijn tegenwoordig, nu we met meerdimensionale logische systemen werken en in de quantummechanica uitgaan van het complementaire gedrag van de allerkleinste deeltjes, het Egyptisch denken veel beter gaan begrijpen en we kunnen ons in het veelvoud aan beelden inleven in de symbolische taal die staat voor een veelvoud aan aspecten, die een naderbijkomen tot het anders niet zegbare bewerkstelligen. De basis van al deze Egyptische beelden en symbolen blijft echter altijd het tweevoudige denken, waarin zich het Ene of het Al in tweeledigheid ontvouwt. Zo beginnen de verschillende scheppingsverhalen in Egypte altijd met het Niet-Zijn (door ons meestal naar Grieks voorbeeld met 'chaos' vertaald), het Oerwater Nun, waaruit de Schepper - als God of Godin - naar voren komt. Zonder dat dit duidelijk uitgesproken wordt, is daarmee uit het 'Niets', dat toch het potentieel voor alles wat worden kan bevat, de eerste tweeheid ontstaan. Want de chaos, Nun, verdwijnt niet met de schepping, maar blijft naast de wereld in wording bestaan en bedreigt deze en vult haar tegelijkertijd aan, want slechts door een duik in het Oerwater-Niets kan vernieuwing en geboorte plaatsvinden, bij goden en mensen, hemellichamen en aarde, zij het na de crisis in het leven na de dood, zij het tijdens het slapen, of zij het met de uit Nun ontstaande Nijloverstroming.

De schepper heeft zodoende het gehele scheppingspotentieel in zich en wordt dus androgyn, als mannelijk-vrouwelijk voorgesteld, zoals we in het vijfde hoofdstuk hebben gezien.[7] Het Scheppende, wat je hier dus eigenlijk zeggen moet, brengt in de mythen op verschillende manieren het eerste godenpaar voort, de eerste volmaakte tweeheid, omdat ze man en vrouw zijn en daardoor de schepping al voortplantend voort kunnen zetten. Zo ontstaan de goden, waaronder, wederom moeilijk voor ons te begrijpen, ook heel abstracte, die we 'begrippen' zouden kunnen noemen, zoals droogte en vochtigheid, duisternis en licht; in ieder geval steeds paarsgewijs. Zo ontstaan ook, zoals al het leven, de mensen, en wel vanzelfsprekend in de vorm van een paar, dat zoals alle paren van de schepping door zijn wederzijdse aanvulling en vervolmaking voor het instandhouden van de wereldorde en voor het voortgaan door middel van een dagelijks opnieuw scheppen noodzakelijk is en daaraan niet alleen zijn logische grond, maar ook zijn waarde ontleent.

Deze waarde heeft het menselijke paar, hebben man en vrouw, niet alleen in de Egyptische mythe, die tenslotte net als iedere andere kunstuiting in zijn vorming aan het Egyptisch denken ontsproten is. Zoals er in het koninkrijk vrouwen nodig waren, om de koning pas werkelijk tot een volledig, handelsbekwaam Geheel te maken,[8] en zoals in de cultus de priesteres een even noodzakelijke functie als de priester vervulde om het goddelijke sterker te maken, aan te roepen, dan wel gunstig te stemmen, zo waren voor de menselijke gemeenschap mannen en vrouwen niet alleen nodig om biologisch te overleven, maar om door middel van hun wederzijdse vervolmaking, hun samen-zijn, of modern gezegd, elkaars partner zijn een Geheel te vormen. Dit beantwoordde naar Egyptisch idee aan de zin van de schepping en daarmee aan de Ma'at, maar deze 'waarheid' was heel wat meer dan een mooie droom. Deze waarheid verwerkelijkte zich in het dagelijks leven, in het werk, in het huwelijk, in mogelijkheden en rechten, in de verhouding tussen man en vrouw, waarover dit boek uiteindelijk gaat.

Zoals er geen absolute waarheid bestaat en zoals er geen werkelijkheid zonder uitzonderingsgevallen bestaat en zoals er meer dan genoeg mensen zijn, die bewust of onbewust in strijd met de idealen - of, om grote woorden te vermijden, de omgangsnormen - handelen, zo kwamen er in Egypte natuurlijk ook scheidingen en forse ruzies voor; zo waren er farao's en arbeiders, kortom: mannen in iedere klasse, die zich als ware macho's gedroegen; zo waren er geleerden die in hun geschriften alleen tegen en over mannen spraken en zo waren er (op het laatst) sprookjes waar wel eens een boze vrouw in voorkwam.

Dat echter zijn allemaal bewijzen van de vanzelfsprekendheid, dat ook de oude Egyptenaren doodgewone mensen met al hun vergissingen en fouten waren. Hoe oneindig groot is daarentegen het aantal voorbeelden en bewijzen, die meer dan drieduizend jaar overleefd hebben, van de gelijkwaardigheid van man en vrouw in het Oude Egypte!

NOTEN

(de volledige titels worden in de literatuurlijst vermeld)

Hoofdstuk 1: De Grote Zielsvreugde

1 Hermann, Liebesdichtung, 148
2 Schott, Liebeslieder, 10
3 Hermann, Liebesdichtung, 3, Anm. 4
4 Schulze, Horusfalke, 148
5 Hermann, Liebesdichtung, 149, Anm. 53
6 Hermann, Liebesdichtung, 3, Anm. 1
7 Schulze, Hatschepsut pass.
8 Hunke, Allahs Sonne, 312
9 LÄ IV, 1127
10 Brunner-Traut, Literatur, 27
11 Fecht, Stilistische Kunst, 47
12 Fecht, Stilistische Kunst, 44
13 Hermann, Liebesdichtung, 66
14 Drioton, Comptes, 140
15 Schulze, Hatschepsut pass.
16 Brunner-Traut, Ägypter, 129
17 Hermann, Liebesdichtung, 82
18 Hunke, Allahs Sonne, 328
19 Brunner, Lehren, 966
20 Schott, Liebeslieder, 112

Hoofdstuk 2: Verblijd haar hart, zolang je leeft!

1 Lüddekens, Eheverträge, 1181
2 Hunke, Im Anfang, Einl.
3 Wenig, Frau, 46
4 Schmitz, Königstochter, 660
5 Montet, Ägypten, 63
6 Théodoridès, Frau, 280
7 Brunner, Enthaltsamkeit, 1229; Westendorf, Keuschheit, 416
8 Hunke, Im Anfang, 59
9 Hunke, Tod, 37
10 v. Beckerath, Abriß, 49
11 Gardiner/Sethe, Letters, 9
12 Störk, Erotik, 4
13 Hermann, Liebesdichtung, 165
14 Omlin, Papyrus, 39
15 Eggebrecht, Ägypten, 159
16 Schulze, Horusfalke, 222
17 Bonnet, Reallexikon, 94
18 Allam, Ehe, 1168
19 Gödecken, Meten, 11
20 O.c.
21 Schulze, Sturz, 16
22 Lüddekens, Eheverträge, 21
23 Lüddekens, o.c., 23
24 Lüddekens, o.c., 69
25 Allam, Ehe, 1170
26 Lesko, Women, 24
27 Schott, Liebeslieder, 115
28 Brunner-Traut, Ägypter, 227; Lesko, Women, 30
29 Schott, Liebeslieder, 106
30 Schott, Liebeslieder, 108
31 Müller, Eheethik, 352
32 Hunke, Im Anfang, 199
33 Allam, Ehe, 1178
34 Romer, Königsgräber, 248
35 Allam, Ehe, 1162
36 Schott, Liebeslieder, 141
37 Lüddekens, Eheverträge, 119
38 Hunke, Im Anfang, 24
39 Platon, Timaios, 104
40 Lesko, Women, 41

41 Stein, Herodot, II, 35
42 Lesko, Women, 25

Hoofdstuk 3: Draag haar, zoals zij jou droeg

1 Schott, Liebeslieder, 107
2 Brunner, Schule, 741
3 Sandison, Empfängnisverhütung, 1227
4 Sandison, Frauenheilkunde, 295
5 Schott, Liebeslieder, 114
6 Stein, Herodot, II, 84
7 Wolf, Kulturgeschichte, 279
8 Leviticus 12
9 Wolf, Ägypten, 181
10 Brunner-Traut, Ägypter, 56
11 Brunner-Traut, Hebamme, 1074
12 Sandison, Frauenheilkunde, 296
13 Hornung, Totenbuch, 367
14 Beltz, Mythen, 55
15 Schulze, Hatschepsut, 182
16 Allam, Familie, 107
17 Franke, Verwandtschaftsbezeichnungen, 329
18 Schulze, Sturz, 136
19 Hornung, Totenbuch, 13
20 Hornung, o.c., 95
21 Brunner, Religion, 136
22 Hornung, Totenbuch, 435
23 Schulze, Sturz, 218
24 Feucht, Kind, 425
25 Romer, Königsgräber, 122
26 Wenig, Frau, 13

Hoofdstuk 4: Leidster van de vrouwelijke artsen

1 Graefe, Gottesgemahlinnen, 41
2 Baines, Schreiben, 695
3 Bonnet, Reallexicon, 806
4 Bonnet, o.c., 699
5 Schulze, Horusfalke, 212
6 Lesko, Women, 16
7 Schulze, Sturz pass.
8 Lauer, Saqqara, 86
9 Wenig, Frau, 14
10 Kaplony, Inschriften, 224
11 Schulze, Horusfalke, 244
12 Brunner, Berufsbewertung, 715
13 Der Manuelian, Essay, 2
14 Ghalioungui, Physicians, 18
15 Ghalioungui, o.c., 19
16 Vittmann, Taricheut, 233
17 Martin-Pardey, Wesir, 1227
18 Kaplony, Iripat, 177
19 Schmitz, Truchseß, 771
20 Lesko, Women, 19
21 Graefe, Gottesgemahlinnen, 49
22 Brack, Titel, 183
23 Schulze, Sturz, 208
24 Goedicke, Heqanakhte, 100
25 Helck, Seschat, 886
26 Müller, Friseuse, 332
27 Schulze, Schöne, 47
28 Seeber, Klagefrau, 444
29 Schulze, Schöne, 55
30 Brunner-Traut, Literatur, 51
31 Bakir, Slavery, 64
32 Bakir, o.c., 98
33 Kaplony, Totenpriester, 679
34 Schulze, Horusfalke, 28
35 Helck, Opferstiftung, 589
36 Gödecken, Meten, 228, 262
37 Der Manuelian, Essay, 1
38 Kaplony, Totenpriester, 601
39 Allam, Gerichtsbarkeit, 538

Hoofdstuk 5: Zij die goden voortbracht

1 Assmann, Neith, 49
2 Roeder, Götterwelt, 80
3 Roeder, o.c., 90
4 Roeder, Mythen, 41
5 Hunke, Im Anfang, 44
6 Hornung, Der Eine, 232
7 Barta, Epilog, 81
8 Altenmüller, Herrin, 1154
9 Schulze, Hatschepsut, 90
10 Hunke, Tod, 134
11 Barta, Epilog, 8
12 Schulze, Hatschepsut, 96

13 O.c.
14 Kaplony, Inschriften, I, 373
15 Der Manuelian, Essay, 2
16 Der Manuelian, o.c., 9
17 Altenmüller, Pyramident., 16
18 Spiegel, Unas, 134
19 Seipel, Königin, 467
20 Bonnet, Reallexikon, 607
21 Schulze, Schöne, 55
22 Seeber, Klagefrau, 445
23 Wildung, Sesostris, 88
24 Schulze, Sturz, 206
25 Nofret 2, 40
26 Gitton/Leclant, Gottesgemahlin, 792
27 Bonnet, Reallexikon, 607
28 Helck, Amtsverkauf, 231
29 Gitton, Divines, 29
30 Gitton, Ahmose Nofretere, 102
31 Gitton, Clergé, 227
32 Lacau, Chapelle, XVII
33 Lacau, o.c., 26
34 Lacau, o.c., 316
35 Lacau, o.c., 319
36 Lacau, o.c., 321
37 Lacau, o.c., 328
38 Bonnet, Reallexikon, 607
39 Wenig, Frau, 16

Hoofdstuk 6: Mooier dan alles

1 Schott, Liebeslieder, 95
2 Schulze, Hatschepsut, 31
3 Schulze, o.c., 66
4 Goedicke, Stellung, 84
5 Lesko, Women, 6
6 Helck, Nofret 2, 9
7 Schulze, Horusfalke, 186
8 Lehner, Tomb, pass.
9 Seipel, Hetepheres I, 1172
10 Allam, Geschwisterehe, 568
11 Wolf, Funde, 188
12 Meyer, Titel, 254
13 Meyer, o.c., 260
14 Schulze, Hatschepsut, 28
15 Seipel, Chent-Kaus, 931
16 Seipel, Königsmutter, 538
17 Kaiser, Reput, 261
18 Brunner, Geburt, 187
19 Bell, Luxor, 257
20 Gitton, Divines, 57
21 Gitton, o.c., 60
22 Gitton, o.c., 61
23 Redford, History, 73
24 Handelingen 8, 27
25 Zivie, Ibis, 117
26 Goedicke, Dokumente, 81
27 Schulze, Horusfalke, 200
28 Beckerath, Abriß, 18
29 Lichtheim, Literature, 1, 19
30 Schulze, Sturz, 196
31 Schulze, o.c., 197
32 Weber, Harimsverschwörung, 987
33 Ermann, Ägypten, 161
34 Ermann, o.c., 162
35 Ermann, o.c., 163
36 Ermann, o.c., 162

Hoofdstuk 7: Heerseres over beide landen

1 Krauss, Erbe, 28
2 Kaiser, Umm el-Qaab, 250
3 Schlichting, Neith-hotep, 394
4 Helck, Meret-Neith, 93
5 Ermann, Ägypten, 104
6 Stein, Herodot II, 100
7 v. Beckerath, Königsnamen, 57
8 Spiegel, Soziale, 20
9 v. Beckerath, Abriß, 27
10 v. Beckerath, Sobeknofru, 1050
11 Lacau, Chapelle, 100
12 Lacau, o.c., 281
13 Seipel, Hatschepsut, 1047
14 Seipel, o.c., 1047
15 Redford, History, 60, Anm. 27
16 Seipel, Hatschepsut, 1048; Meyer, Thutmosis I., 537
17 Ratié, Reine, 297

18 Harris, X-Raying, 135
19 Germer, Mumie, 87
20 Schmitz, Teje, 305
21 Szafránski, Buried, 257
22 Tefnin, Statuaire, pass.
23 Lacau, Chapelle, 27
24 Ratié, Reine, 305
25 Schulze, Hatschepsut, 223
26 Ratié, Reine, 322
27 Kees, Ägypten, 153
28 Aldred, Echnaton, 210
29 Hornung, Der Eine, 245
30 Hornung, o.c., 244
31 Brunner-Traut, Nofretete, 520
32 Helck, Kijê, 160
33 Helck, o.c., 161
34 Krauss, Ende, 36
35 Helck, Kijê, 163
36 Helck, o.c., 163
37 Krauss, Erbe, 36
38 Desroches, Tutenchamun, 202
39 Helck, Kijê, 164
40 Helck, o.c., 167
41 Harris, X-raying, 159
42 Kichener, Tausret, 244
43 Harris, X-raying, 160
44 Gitton, Gottesgemahlin, 797
45 Harris, X-raying, 174
46 Gitton, Gottesgemahlin, 797
47 v. Beckerath, Abriß, 52
48 Seipel, Anchnesmerirê, 264
49 Graefe, Gottesgemahlin, 112
50 Gitton, Gottesgemahlinnen, 798
51 Bianchi, Nitocris, 515
52 Graefe, Funktionäre, 243
53 Gitton, Gottesgemahlin, 807
54 Graefe, Verwaltung, 111
55 Stadelmann, Grab, 114

Hoofdstuk 8: Gelijkwaardige partners

1 Franke, Verwandtschaftsbezeichnungen, 327
2 Wenig, Meroë, 98
3 Seipel, Staat, 156
4 Helck, Nofret 2, 9
5 Hunke, Ende, 33
6 Hunke, o.c., 28
7 Troy, Queenship, 12
8 Troy, o.c., 3

LITERATUURLIJST

1. Afkortingen

ADIK - Abhandlungen des Deutschen Archäologischen Instituts, Kairo
ASA - Annales du Service des Antiquités en Égypte
ÄgAbh - Ägyptologische Abhandlungen, Wiesbaden
ÄgFo - Ägyptologische Forschungen, Glückstadt
AnOr - Analecta Orientalia, Rom
CAH - The Cambridge Ancient History, Cambridge 1971
HÄB - Hildesheimer Ägyptologische Beiträge, Hildesheim
JEA - Journal of Egyptian Archeology, London
JNES - Journal of Near East Studies, Chicago
LÄ - Lexikon der Ägyptologie, Wiesbaden
MÄS - Münchner Ägyptologische Studien, Berlin
MDIK - Mitteilungen des Deutschen Archäologischen Instituts, Kairo
Rärg - Reallexikon der Ägyptischen Religionsgeschichte, Berlin
ZÄS - Zeitschrift für ägyptische Sprache und Altertumskunde, Berlin

2. Lijst

Aldred, Cyril: Echnaton, Gott und Pharao Ägyptens. Bergisch Gladbach 1968.
Allam, Schafik: Ehe. LÄ I, 1162.
Allam, Schafik: Familie, Struktur. LÄ II, 104.
Allam, Schafik: Gerichtsbarkeit. LÄ II, 536.
Allam, Schafik: Geschwisterehe. LÄ II, 568.
Altenmüller, Brigitte: Herrin des Himmels, Herrin der Beiden Länder. LÄ II, 1154.
Altenmüller, Hartwig: Vooral LÄ I, 720.
Altenmüller, Hartwig: Himmelgöttin. LÄ II, 1211.
Altenmüller, Hartwig: Markt. LÄ III, 1191.
Arnold, Dieter: Deir el Bahari. LÄ I, 1017.
Arnold, Dieter: Familie - soziale Funktion. LÄ II, 101.
Arnold, Dieter: Familiengrab. LÄ II, 103.
Arnold, Dieter: Vom Pyramidenbezirk zum "Haus für Millionen Jahre"; MDIK 34, 1978.
Arnold, Dieter en Settgast, Jürgen: Fünfter Vorbericht über die von DIK unternommenen Arbeiten in Qurna; MDIK 26, 1970.
Assmann, Jan (Hrsg.): Fragen an die altägyptische Literatur. Wiesbaden 1977.
Assmann, Jan: Furcht. LÄ II, 359.
Assmann, Jan: Gott. LÄ II, 756.
Assmann, Jan: Muttergottheit. LÄ IV, 266.

Assmann, Jan: Neith spricht als Mutter und Sarg; MDIK 28, 2 1972.
Baines, John R.: Schreiben. LÄ V, 694.
Bakir, Abd El-Mohsen: Slavery in Pharaonic Egypt. ASA, Suppl. 18, 1978.
Barta, Winfried: Der Epilog der Götterlehre von Memphis. MDIK 28, 1 1972.
Barta, Winfried: Bemerkungen zur Etymologie und Semantik der Götternamen von Isis und Osiris. MDIK 34, 1978.
Barta, Winfried: Zur Darstellung der Kolossalstatuen Amenophis' IV. aus Karnak. ZÄS 102, 2, 1975.
Barta, Winfried: Legitimation. LÄ III, 961.
Beckerath, Jürgen v.: Abriß der Geschichte des Alten Ägypten. München 1971.
Beckerath, Jürgen v.: Eje. LÄ I, 1211.
Beckerath, Jürgen v.: Handbuch der ägyptischen Königsnamen. MÄS 20, 1984.
Beckerath, Jürgen v.: Meretamun. LÄ IV, 88.
Beckerath, Jürgen v.: Sobeknofru. LÄ V, 1050.
Beckerath, Jürgen v.: Ein Wunder des Amun bei der Tempelgründung in Karnak. MDIK 37, 1981.
Behrens, Peter: Phallus. LÄ IV, 1018.
Beinlich, Horst: Umarmung. LÄ VI, 843.
Bell, Lanny: Luxor Temple and the Cult of the Royal Ka. JNES 44, 1985.
Beltz, Walter: Die Mythen der Ägypter. Düsseldorf 1982.
Bergmann, Jan: Isis. LÄ III, 186.
Bianchi, Robert: Nitocris I. und II., LÄ IV, 515/517.
Bianchi, Richard S.: Tätowierung, LÄ VI, 145.
Bidoli, Dino: Die Papyrusfunde. MDIK 26, 1970.
Bleeker, C.J.: The Rainbow. A Collection of Studies in the Science of Religion. Leiden 1975.
Bonnet, Hans: Die Libation ein Fruchtbarkeitsritus? MDIK 14, 1956.
Bonnet, Hans: Reallexikon der ägyptischen Religionsgeschichte, 2. Aufl. Berlin 1971.
Brack, Artur: Diskussionsbeitrag zu dem Titel HKRT NJSWT. Festschrift Helck. Hamburg 1984.
Brovarski, Edward: Tempelpersonal. LÄ VI, 387.
Brunner, Hellmut: Abstammung. LÄ I, 13.
Brunner, Hellmut: Berufsbewertung. LÄ I, 715.
Brunner, Hellmut: Enthaltsamkeit. LÄ I, 1229.
Brunner, Hellmut: Erziehung. LÄ II, 23.
Brunner, Hellmut: Fruchtbarkeit. LÄ II, 336.
Brunner, Hellmut: Fruchtbarkeitsgötter. LÄ II, 643.
Brunner, Hellmut: Die Geburt des Gottkönigs. ÄgAbh 10, 1964.
Brunner, Hellmut: Geburtslegende. LÄ II, 475.
Brunner, Hellmut: Grundzüge einer Geschichte der altägyptischen Literatur. Darmstadt 1966.

Brunner, Hellmut: Lehren. LÄ III, 966.
Brunner, Hellmut: Metrik. LÄ IV, 120.
Brunner, Hellmut: Grundzüge der altägyptischen Religion. Darmstadt 1983.
Brunner, Hellmut: Schule. LÄ V, 741.
Brunner, Hellmut: Trunkenheit. LÄ VI, 773.
Brunner-Traut, Emma: Ekstase. LÄ I, 1212.
Brunner-Traut, Emma: Fabel. LÄ II, 69.
Brunner-Traut, Emma: Geier. LÄ II, 513.
Brunner-Traut, Emma: Geierhaube. LÄ II, 515.
Brunner-Traut, Emma: Hebamme. LÄ II, 1074.
Brunner-Traut, Emma: Liebe. LÄ III, 1034.
Brunner-Traut, Emma: Altägyptische Literatur. In: Neues Handbuch d. Literaturwissensch.; Bd. 1: Altorientalisch Lit. Wiesbaden 1978.
Brunner-Traut, Emma: Namenstilgung. LÄ IV, 338.
Brunner-Traut, Emma: Nofretete. LÄ IV, 519.
Brunner-Traut, Emma: Satire. LÄ V, 490.
Brunner-Traut, Emma: Stilwandel. LÄ VI, 41.
Brunner-Traut, Emma: Der Tanz im Alten Ägypten. ÄgFo 6, 1958.
Brunner-Traut, Emma: Tanz. LÄ VI, 215.
Brunner-Traut, Emma: Die alten Ägypter. Verborgenes Leben unter Pharaonen. Stuttgart 1974.
Brunner-Traut, Emma: Volkserzählungen. LÄ VI, 1057.
Curto, Silvio: Krieg. LÄ III, 774.
Daumas, François: Geburtshaus. LÄ II, 462.
Daumas, François: Hathor. LÄ II, 1024.
Decker, Wolfgang: Schwimmen. LÄ V, 765.
Derchain-Urtel, Maria Theresia: Tait. LÄ VI, 185.
Der Manuelian, Peter: An Essay in Document Transmission: Nj-k3-'nh and the earliest hrjw-rnpt. JNES 45, 1986.
Desroches-Noblecourt, Christiane: Tut-Ench-Amun. London 1963.
Desroches-Noblecourt, Christiane: La femme au temps des Pharaons. Paris 1986.
Drioton, Étienne: Comptes Rendus. In: Revue d'Égyptologie, 13, Paris 1961.
Eggebrecht, Arne (Hrsg.): Das Alte Ägypten. München 1984.
Erman, Adolf: Ägypten und ägyptisches Leben im Altertum. Hildesheim 1977.
Erman, Adolf: Die Literatur der Ägypter. Leipzig 1923.
Fecht, Gerhard: Prosodie. LÄ IV, 1127.
Fecht, Gerhard: Ptahhotep und die Disputierer. MDIK 37, 1981.
Fecht, Gerhard: Stilistische Kunst. In: Handbuch der Orientalistik, Ägyptologie, Literatur. Leiden 1970.
Fecht, Gerhard: Die Wiedergewinnung der altägyptischen Verskunst. MDIK 19, 1963.
Feucht, Erika: Verjüngung und Wiedergeburt. In: FS Helck. Hamburg 1984.

Feucht, Erika: Gold, Verleihung des. LÄ II, 731.
Feucht, Erika: Halsschmuck. LÄ II, 933.
Feucht, Erika: Kind. LÄ III, 424.
Feucht, Erika: Mutter. LÄ IV, 253.
Fischer, Henry G.: Kopfstütze. LÄ III, 686.
Fischer, Henry G.: Priesterin. LÄ IV, 1100.
Franke, Detlef: Verwandtschaftsbezeichnungen. LÄ VI, 1032.
Franke, Detlef: Altägyptische Verwandtschaftsbezeichnungen im Mittleren Reich. Hamburg 1983.
Gardiner, A.H. en Sethe, Kurt: Egyptian Letters to the Dead. London 1928.
Germer, Renate: Die angebliche Mumie der Teje. Probleme interdisziplinärer Arbeiten. In: FS Helck. Hamburg 1984.
Ghalioungui, Paul: The Physicians of Pharaonic Egypt. Kairo 1983.
Ghalioungui, P. en Wagner, G.: Terres cuites de l'Égypte grécoromaine de la collection Ghalioungui. MDIK 30, 2, 1974.
Gitton, Michel: Ahmose Nofretere. LÄ I, 102.
Gitton, Michel: Le clergé féminin au Nouvel Empire. Acts 1st ICE, Berlin 1979.
Gitton, Michel: Les divines épouses de la 18e dynastie. Besançon 1984.
Gitton, Michel en Leclant, Jean: Gottesgemahlin. LÄ II, 792.
Giveon, Raphael: Skarabaeus. LÄ V, 968.
Gödecken, Karin Barbara: Eine Betrachtung der Inschriften des Meten im Rahmen der sozialen und rechtlichen Stellung von Privatleuten im ägyptischen Alten Reich. Wiesbaden 1976.
Goedicke, Hans: Die Stellung des Königs im Alten Reich. ÄgAbh. 2, Wiesbaden 1960.
Goedicke, Hans: Königliche Dokumente aus dem Alten Reich. ÄA 14, Wiesbaden 1967.
Goedicke, Hans: Ein Brief aus dem Alten Reich. MDIK 22, 1967.
Goedicke, Hans: Studies in the Heqanakhte Papers. Baltimore 1984.
Goedicke, Hans: Vergöttlichung. LÄ VI, 990.
Görg, Manfred: Komparatistische Untersuchungen an ägyptischer und israelitischer Literatur. Wiesbaden 1977.
Graefe, E.: Bericht über die Arbeit an einem Korpus der Funktionäre und Priester der Thebanischen Gottesgemahlinnen. Acts 1st. ICE, Berlin 1970.
Graefe, Erhart: Untersuchungen zur Verwaltung und Geschichte der Institution der Gottesgemahlin des Amun vom Beginn des Neuen Reichs bis zur Spätzeit. ÄgAbh. 37. Wiesbaden 1981.
Graefe, Erhart: Schepenupet I - III. LÄ V, 581.
Grieshammer, Reinhard: Feuer. LÄ II, 206.
Guglielmi, Waltraud: Konservierung. LÄ III, 684.
Guglielmi, Waltraud: Papyrusboot. LÄ IV, 670.
Guglielmi, Waltraud: Stilmittel. LÄ IV, 22.
Gundlach, Rolf: Tefnut. LÄ VI, 296.

Hagemann, Sabine: Webstuhl. LÄ VI, 1160.
Harris, James E. en Weeks, Kent R.: X-Raying the Pharaos. London 1973.
Hayes, William C.: Varia from the Time of Hatshepsut. MDIK 15, 1957.
Heerma van Voss, Matthieu: Nechbet. LÄ IV, 366.
Helck, Wolfgang: Amtsverkauf. LÄ I, 231.
Helck, Wolfgang: Beischläferin. LÄ I, 684.
Helck, Wolfgang: Domänenvorsteher. LÄ I, 1120.
Helck, Wolfgang: Heile Welt. LÄ II, 1086.
Helck, Wolfgang: Kija. LÄ III, 422.
Helck, Wolfgang: Kijê. MDIK 40, 1984.
Helck, Wolfgang: Kultureinfluß, fremder. LÄ III, 869.
Helck, Wolfgang: Mahlzeiten. LÄ III, 464.
Helck, Wolfgang: Meketaton. LÄ IV, 22.
Helck, Wolfgang: Meret-Neith. LÄ IV, 93.
Helck, Wolfgang: Neferneferuaton, Neferneferurê. LÄ IV, 378.
Helck, Wolfgang: Neith-Hotep. LÄ IV, 394.
Helck, Wolfgang: Ni-maat-Hap. LÄ IV, 507.
Helck, Wolfgang: Opferstiftung. LÄ IV, 589.
Helck, Wolfgang: Politische Gegensätze im alten Ägypten. HÄB 23, Hildesheim 1984.
Helck, Wolfgang: Preise. LÄ IV, 1081.
Helck, Wolfgang: Bemerkungen zu den Pyramidenstädten im Alten Reich. MDIK 15, 1957.
Helck, Wolfgang: Scheidung. LÄ V, 559.
Helck, Wolfgang: Semenchkarê. LÄ V, 837.
Helck, Wolfgang: Seschat. LÄ V, 884.
Helck, Wolfgang: Sklaven. LÄ V, 982.
Helck, Wolfgang: Tusratta. LÄ VI, 811.
Helck, Wolfgang: Vormundschaft. LÄ VI, 1076.
Hermann, Alfred: Altägyptische Liebesdichtung. Wiesbaden 1959.
Hickmann, Ellen: Gesang. LÄ II, 556.
Hickmann, Ellen: Musiker. LÄ IV, 232.
Hoffman, Michael: Egypt before the Pharaos. The prehistoric foundations of Egyptian Civilisation. New York 1979.
Holaubek, Johanna: Vater. LÄ VI, 913.
Hornung, Erik: Zur geschichtlichen Rolle des Königs in der 18. Dynastie. MDIK 15, 1957.
Hornung, Erik: Meisterwerke altägyptischer Dichtung. Zürich 1978.
Hornung, Erik: Das Totenbuch der Ägypter. Zürich 1979.
Hornung, Erik: Der Eine und die Vielen. Ägyptischer Gottesvorstellungen. Darmstadt 1983.
Hunke, Sigrid: Allahs Sonne über dem Abendland. Unser arabisches Erbe. Stuttgart 1987.
Hunke, Sigrid: Das Ende des Zwiespalts. Zur Diagnose und Therapie einer kranken Gesellschaft. Bergisch Gladbach 1971.

Hunke, Sigrid: Im Anfang waren Mann und Frau. Vorbilder und Wandlungen der Geschlechterbeziehungen. Hamm 1955, Hildesheim 1955/1987.

Hunke, Sigrid: Tod, was ist dein Sinn? Pfullingen 1986.

Junge, Friedrich: Küche. LÄ III, 830.

Känel, Frédéric v.: Selqet. LÄ V, 830.

Kaiser, Werner: Zu den nsw.t ms der älteren Bilddarstellungen und der Bedeutung von rpw.t. (Zu den Königskindern der älteren Bilddarstellungen und der Bedeutung von Reput.) MDIK 39, 1983.

Kaiser, Werner en Dreyer, Günter: Umm el-Qaab, II. Vorbericht. MDIK 38, 1982.

Kákosy, László: Mehret-weret. LÄ IV, 3.

Kákosy, László: Die weltanschauliche Krise des Neuen Reiches. ZÄS 100/1, Berlin 1973.

Kaplony, Peter: Iripat. LÄ III, 177.

Kaplony, Peter: Die Definition der Schönen Literatur im Alten Ägypten. Wiesbaden 1977.

Kaplony, Peter: Die Inschriften der ägyptischen Frühzeit. Wiesbaden 1963.

Kaplony, Peter: Totenpriester. LÄ VI, 679.

Kees, Hermann: Ägypten. München 1933.

Kees, Hermann: Die ägyptische Literatur. Handbuch d.Orientalistik. Leiden 1970.

Kemp, Barry J.: Dating Pharaonic Cemeteries. MDIK 31, 2 1975.

Kichener, Kenneth A.: Tausret. LÄ VI, 244.

Krauss, Rolf: Das Erbe der Amarnazeit. HÄB 7, 1981.

Krauss, R.: Meritaten as Ruling Queen of Egypt and Successor of Her Father Nipkhururia-Akhenaten. Acts 1st ICE, Berlin 1979.

Kuhlmann, K.P.: Ptolemais - Queen of Nectanebo I. Notes on the Inscription of an unknown Princess of the 30th dynasty. MDIK 37, 1981.

Lacau, Pierre en Chevrier, Henri: Une Chapelle d'Hatshepsout à Karnak. Kairo 1977.

Lauer, Jean-Philippe: Saqqara. Bergisch Gladbach 1972.

Leclant, Jean: Achamonrau. LÄ I, 52.

Leclant, Jean: Amenirdas I. und II. LÄ I, 196.

Leclant, Jean: Gotteshand. LÄ II, 813.

Leclant, Jean: Taharqa. LÄ VI, 161.

Leclant, Jean: Tefnout et les Divines Adoratrices thébaines. MDIK 15, 1957.

Lehner, Marc: The Pyramid Tomb of Hetep-Heres and the Satellite Pyramid of Khufu. Mainz 1985.

Leipoldt, Johannes: Die Frau in der antiken Welt und im Urchristentum. Leipzig 1954.

Lesko, Barbara: The Remarkable Women of Ancient Egypt. Berkeley 1977.

Letellier, Bernadette: Gründungszeremonien. LÄ II, 912.

Lichtheim, Miriam: Ancient Egyptian Literature. Bd. 1 u. 2. Berkeley 1975.
Lüddekens, Erich: Eheurkunden. LÄ I, 1181.
Lüddekens, Erich: Ägyptische Eheverträge. ÄgAbh. 1, 1960.
Lüddekens, Erich: Mitgift. LÄ IV, 150.
Lurje, I.M.: Studien zum altägyptischen Recht. Weimar 1971.
Marciniak, Marek: Une inscription commémorative de Deir el-Bahari. MDIK 37, 1981.
Martin, Karl: Vogelfang, -jagd. LÄ VI, 1051.
Martin-Pardey, Eva: Uchhotep. LÄ VI, 821.
Martin-Pardey, Eva: Wesir, Wesirat. LÄ VI, 1227.
Meeks, Dimitri: Liebeslieder. LÄ III, 1048.
Meyer, Christine: Neferurê. LÄ IV, 382.
Meyer, Christine: Regentin. LÄ V, 206.
Meyer, Christine: Satamun II. LÄ V, 485.
Meyer, Christine: Thutmosis I. LÄ VI, 536.
Meyer, Christine: Zum Titel "Hmt Njswt" bei den Töchtern Amenophis' III. und IV. und Ramses' II. In: FS Helck. Hamburg 1984.
Montet, Pierre: Ägypten. Leben und Kultur in der Ramses-Zeit. Stuttgart 1978.
Montet, Pierre: Hathor et le Papyrus. Kémi 14, Paris 1957.
Montet, Pierre: Reines et Pyramides. Kémi 14, Paris 1957.
Mrsich, Tycho: Erbe. LÄ I, 1235.
Müller, Christa: Friseuse. LÄ II, 331.
Müller, Christa: Gärtnerin. LÄ II, 372.
Müller, Christa: Haar. LÄ II, 924.
Müller, Christa: Körperpflege. LÄ III, 668.
Müller, Christa: Müllerin. LÄ IV, 212.
Müller, C en Detlef, G.: Was lehrt uns die ägyptische Literatur über die Eheethik im Nillande? Wiesbaden 1977.
Müller, Dieter: Gottesharîm. LÄ II, 815.
Munro, Peter: Frühform oder Deckname des Jati in Heliopolis. MDIK 37, 1981.
Murnane, William J.: The Sed-Festival: A Problem in Historical Method. MDIK 37, 1981.
Nofret - Die Schöne. Ausstellungskataloge. München 1984; Hildesheim 1985.
Omlin, Jos. A.: Der Papyrus 55001 und seine satirisch-erotischen Zeichnungen und Inschriften. Turin 1971.
Osing, Jürgen: Geruch. LÄ II, 555.
Otto, Eberhard: Chentkaus. LÄ I, 930.
Otto, Eberhard: Prolegomena zur Frage der Gesetzgebung und Rechtsprechung in Ägypten. MDIK 14, 1956.
Otto, Eberhard: Wesen und Wandel der altägyptischen kultur. Berlin 1969.
Plantikow-Münster, Maria: Gottesmutter. LÄ II, 816.
Platon: Timaios. Sämtl. Werke, Bd. 5. Hamburg 1985.

Quaegebeur, Jan: Taimhotep. LÄ VI, 184.
Ratié, Suzanne: La Reine Hatchepsout. Leiden 1979.
Redford, Donald B.: History and Chronology of the 18th Dynasty of Egypt. Toronto 1967.
Redford, Donald B.: Meretaten. LÄ IV, 90.
Roeder, Günter: Amarna-Blöcke aus Hermopolis. MDIK 14, 1956.
Roeder, Günter: Die Ägyptische Götterwelt. Zürich 1959.
Roeder, Günter: Mythen und Legenden um Ägyptische Gottheiten und Pharaonen. Zürich 1960.
Romer, John: The Tomb of Thutmosis III. MDIK 31, 2, 1975.
Romer, John: Royal Tombs of the Early Eighteenth Dynasty. MDIK 32, 1976.
Romer, John: Sie schufen die Königsgräber. Die Geschichte einer altägyptischen Arbeitersiedlung. München 1986.
Sandison, A.T.: Empfängnisverhütung. LÄ I, 1227.
Sandison, A.T.: Eunuchen. LÄ II, 46.
Sandison, A.T.: Frauenheilkunde und -sterblichkeit. LÄ II, 295.
Schlichting, Robert: Kuß. LÄ III, 901.
Schlichting, Robert: Liebeszauber. LÄ III, 1053.
Schlichting, Robert: Neith. LÄ IV, 392.
Schlichting, Robert: Sexualethos. LÄ V, 919.
Schmitz, Bettina: Gottestochter. LÄ II, 824.
Schmitz, Bettina: Königstochter. LÄ III, 660.
Schmitz, Bettina: Teje. LÄ VI, 305.
Schmitz, Bettina: Truchseß. LÄ VI, 771.
Schott, Siegfried: Altägyptische Liebeslieder. 2. Aufl. Zürich 1950.
Schulze, Peter H.: Herrin Beider Länder. Hatschepsut. Berg. Gladbach 1976.
Schulze, Peter H.: Auf den Schwingen des Horusfalken. Die Geburt der ägyptischen Hochkultur. Berg. Gladbach 1980.
Schulze, Peter H.: Der Sturz des göttlichen Falken. Berg. Gladbach 1983.
Schulze, Peter H.: Die Schöne im Morgenlicht. Die Frau in der ägyptischen Frühzeit. Berg. Gladbach 1985.
Seeber, Christine: Klagefrau. LÄ III, 444.
Seeber, Christine: Renenutet LÄ V, 232.
Seidlmayer, Stephan: Zu einigen Architekturinschriften aus Tell el-Amarna. MDIK 39, 1983.
Seipel, Wilfried: Achnesmerirê. LÄ I, 101.
Seipel, Wilfried: Achmose. LÄ I, 101.
Seipel, Wilfried: Ahhotep I. und II. LÄ I, 98.
Seipel, Wilfried: Anchesenpaaton. LÄ I, 262.
Seipel, Wilfried: Chekeret-nesut. LÄ I, 915.
Seipel, Wilfried: Chent-Kaus LÄ I, 930.
Seipel, Wilfried: Staat und Gesellschaft. In: Eggebrecht, Ägypten.
Seipel, Wilfried: Harim. LÄ II, 982.
Seipel, Wilfried: Harimsdame. LÄ II, 986.

Seipel, Wilfried: Hatschepsut. LÄ II, 1045.
Seipel, Wilfried: Zur Chronologie der Verfemung Hatschepsuts durch Thutmosis III. Acts 1st ICE, Berlin 1979.
Seipel, Wilfried: Hetepheres I. und II. LÄ II, 1172.
Seipel, Wilfried: Königin. LÄ III, 464.
Seipel, Wilfried: Königinnentitel. LÄ III, 473.
Seipel, Wilfried: Königsmutter. LÄ III, 538.
Shaw, Jan M.E.: Egyptian Chronology and the Irish Oak Calibration. JNES 44, Chicago 1985.
Simpson, William K.: Meresanch I-III. LÄ IV, 78.
Sourouzian, Hourig: Une tête de la reine Touy à Gourna. MDIK 37, 1981.
Spalinger, Anthony: Mut-nedjmet. LÄ IV, 252.
Spiegel, Joachim: Soziale und weltanschauliche Reformbewegungen im Alten Ägypten. Heidelberg 1950.
Spiegel, Joachim: Poesie und Satire. In: Handbuch der Orientalistik, Literatur. Leiden 1970.
Spiegel, Joachim: Das Auferstehungsritual der Unas-Pyramide. ÄA 23, Wiesbaden 1971.
Spuler, B.: Handbuch der Orientalistik, Literatur. Leiden 1970.
Stadelmann, Rainer: Das Grab im Tempelhof. Der Typus des Königsgrabes in der Spätzeit. MDIK 27, 1, 1971.
Stadelmann, Rainer: Khaefkhufu = Chefren. In: FS Helck. Hamburg 1984.
Stadelmann, Rainer: Pyramidenstadt. LÄ V, 10.
Stadelmann, Rainer: Die lange Regierung Ramses' II. MDIK 37, 1981.
Stein, Heinrich (Hrsg.): Herodot, Neun Bücher der Geschichte. Essen z.j.
Staehelin, Elisabeth: Hautfarbe. LÄ II, 1068.
Staehelin, Elisabeth: Knoten. LÄ III, 459.
Sternberg, Heike: Sachmet. LÄ V, 326.
Störk, Lothar: Ackerbau. LÄ I, 61.
Störk, Lothar: Erotik. LÄ II, 4.
Szafránski, Zbigniev: Buried Statues of Mentuhotep II, Nebpehtirê and Amenophis I. MDIK 41, 1985.
Tanner, Rolf: Adoption. LÄ I, 66.
Tanner, Rolf: Bemerkungen zur Sukzession der Pharaonen in der 12., 17. und 18. Dynastie. ZÄS 101, 2 und 102, 1, 1974/75.
Tawfik, Sayed: Aton Studies. MDIK 29, 1, 1973.
Tawfik, Sayed: Was Nefernefruaten the immediate successor of Akhetaten? MDIK 37, 1981.
Tefnin, Roland: La Statuaire de Hashepsout. Bruxelles 1979.
Théodoridès, Aristide: Frau. LÄ II, 280.
Théodoridès, Aristide: Freiheit. LÄ II, 298.
Troy, Lana: Pattern of Queenship in ancient Egyptian myth and history. Uppsala 1986.

Tulhoff, Angelika: Thutmosis III. München 1984.
Valbelle, Dominique: Meresger. LÄ IV, 79.
Vandersleyen, Claude: Tetischeri. LÄ VI, 458.
Velde, Hermann te: Mitregentschaft. LÄ IV, 155.
Verhoeven, Ursula: Semat-weret. LÄ V, 836.
Vernus, Pascal: Namensgebung. LÄ IV, 326.
Vittmann, Günter: Taricheut. LÄ VI, 233.
Walle, Baudouin van de: Humor. LÄ III, 74.
Weber, Manfred: Harimsverschwörung. LÄ II, 987.
Weber, Manfred: Harimszöglinge. LÄ II, 991.
Wenig, Steffen: Amenophis IV. LÄ I, 214.
Wenig, Steffen: Die Frau im Alten Ägypten. Wien 1969.
Wenig, Steffen: Meroë. LÄ IV, 98.
Wente, Edward F.: Some Graffiti from the Reign of Hatshepsut. JNES 43/1, 1984.
Westendorf, Wolfhart: Aphrodisiaka. LÄ I, 336.
Westendorf, Wolfhart: Beschneidung. LÄ I, 728.
Westendorf, Wolfhart: Geburt. LÄ II, 459.
Westendorf, Wolfhart: Götter, androgyne. LÄ II, 633.
Westendorf, Wolfhart: Krankheit. LÄ II, 758.
Westendorf, Wolfhart: Keuschheit. LÄ III, 415.
Westendorf, Wolfhart: Schwangerschaft. LÄ V, 757.
White, John B.: A Study of the language of love in the Song of Songs and ancient Egyptian poetry. Missoula 1978.
Wildung, Dietrich: Ahnenkult. LÄ I, 111.
Wildung, Dietrich: Erschlagen der Feinde. LÄ II, 14.
Wildung, Dietrich: Falke. LÄ II, 97.
Wildung, Dietrich: Sesostris und Amenemhet. Ägypten im Mittleren Reich. München 1984.
Wolf, Walther: Kulturgeschichte des Alten Ägypten. Stuttgart 1962.
Wolf, Walther: Funde in Ägypten. Geschichte ihrer Entdeckung. Göttingen 1966.
Wolf, Walther: Das Alte Ägypten. München 1971.
Wysocki, Zygmunt: The discoveries ... in the Temple of Queen Hatshepsut. MDIK 39, 1983.
Wysocki, Zygmunt: The results ... in the Hatshepsut-Temple at Deir el-Bahari. MDIK 40, 1984.
Zivie, Alan Pierre: Ibis. LÄ III, 115.
Zivie, Christiane M.: Nitokris. LÄ IV, 513.

CHRONOLOGISCHE TABEL

Vanaf het begin van de Egyptische tijd tot aan het begin van de Christelijke jaartelling ontbreken de exacte jaartallen en moet men er altijd 'ongeveer' bij denken. Dit geldt in het bijzonder voor de Vroege Tijd, waarin de verschillen bij sommige auteurs 150 jaar kunnen bedragen, en voor verwarrende tijden als de Tussenperiodes en Amarna met verschillen tot 50 jaar. Deze tabel is slechts een hulpmiddel om de in het boek voorkomende namen en gebeurtenissen in een groter historisch raamwerk te kunnen zien. Het hele tijdperk ligt voor Christus.

Afkortingen: F = Koning; Vr.F = regerende Koningin; Vr.R = Regentes; Kgn = Koningsgemalin; Km = Koningsmoeder; Kd = Konigsdochter; G = God; Vr.G = Godin; GG = Godsgemalin

Vroege Tijd

3100-2950	Eenwording van het land; ontstaan van een cultuur; eerste bekende F zoals Ka, Skorpion en Narmer= 0de Dynastie
2950-2800	1ste dynastie; F o.a. Horus Aha, Dscher, Wadschi, Dewen; Vr.F of Vr.R Neith-hotep en Merit-Neith; eerste ambtenaressen en dodenpriesteressen
2800-2650	2de dynastie; F staat eerste vrouwelijke troonopvolgers toe; overgang van de Dynastie door Km

Oude Rijk

2650-2570	3de dynastie: F Djoser bouwt eerste stenen piramiden; F Snofru, Kgn Hetepheres
2570-2450	4de dynastie; F o.a. Cheops, Chefren, Mykerinos; Piramiden van Gise; belangrijke Kgn, priesteressen en vrouwelijke ambtenaren

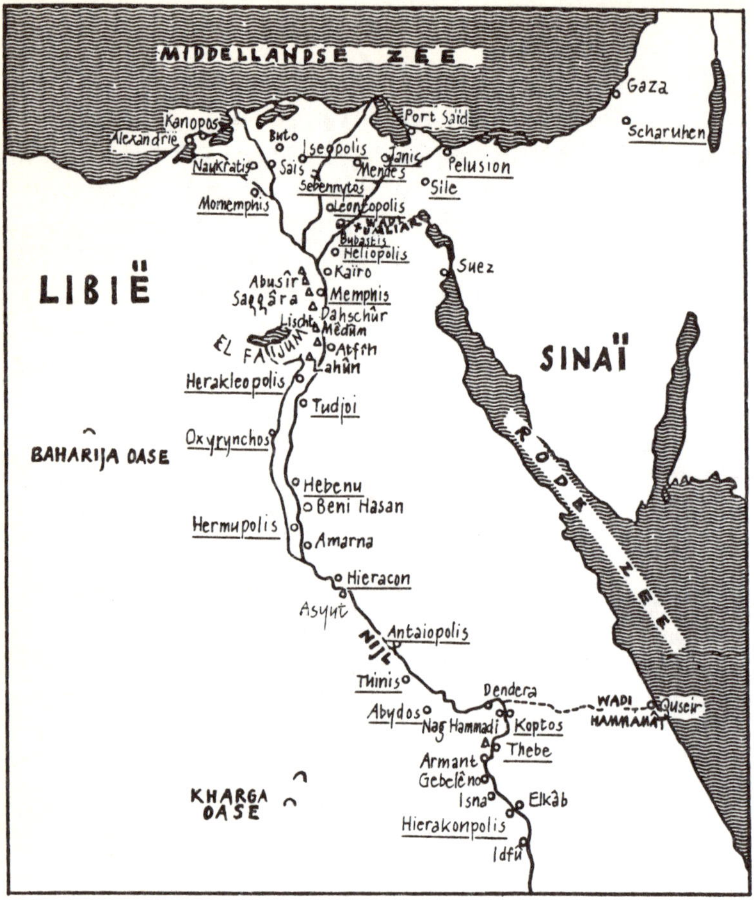

Het Nijldal ligt erg beschermd: in het westen door de zandwoestijn van de Sahara, in het oosten door een woest berglandschap. Hier kon de hoogstaande Egyptische cultuur zich ontwikkelen en meer dan drieduizend jaar behouden blijven. Het centrum van het land - en daarmee de hoofdstad - verplaatste zich als gevolg van politiek/militaire, economische en dynastieke eisen: oorspronkelijk lag het tussen Abydos en Naqâda, tijdens het Oude Rijk in Memphis (het huidige Kaïro), in het Middenrijk aan de ingang van El Faijum, in de beginperiode van het Nieuwe Rijk in Luxor, later in de Delta (Tanis en Sais). Boven-Egypte werd in de

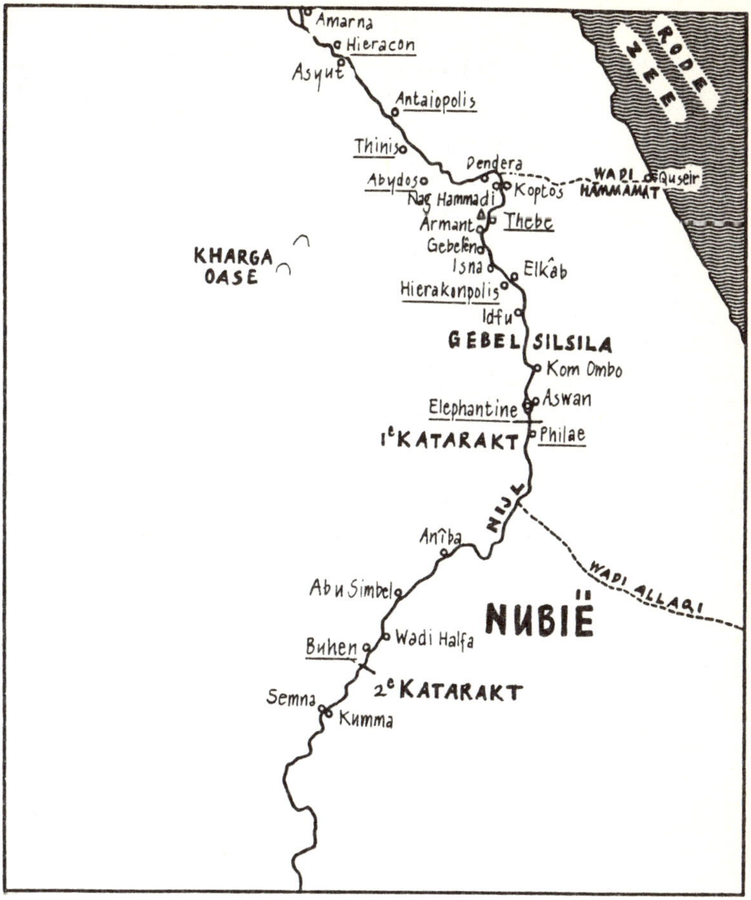

late periode voor de farao van de 'Goddelijke echtgenotes van Amun' vanuit Luxor geregeerd.

Nubië, dat ten zuiden van de Egyptische grens lag, bij Assoean, was steeds een belangrijk handelsgebied voor Egypte. Het behoorde echter alleen tijdens het hoogtepunt van de politieke macht als een soort protectoraat bij Egypte. Dit was tijdens de 12de, maar vooral tijdens de 18de t/m de 20de dynastie. Vanaf de tiende eeuw voor Christus vormde zich hier een eigen rijk, waarvan de koningen gedurende een periode van bijna honderd jaar als farao's over Egypte heersten.

2450-2300	5de dynastie; geboortegeschiedenis F als 'zoon van Rê'; Kd Idut als schrijfster
2300-2155	6de dynastie; F Phiops I: eerste haremcomplot; Merirênkhnes, Kgn en Km, Vr.R voor Phiops II; laatste Vr.F Nitokris

1ste Tussentijd

2155-2040	7de-10de dynastie; F o.a. Achtoes en Merikarê

Middenrijk

2134-1991	11de dynastie begint in Thebe nog tijdens de 10de; F Antef en Mentuhotep; Kgn vergroten het staatsgebied door erfenissen
1991-1785	12de dynastie; F Amenemhet I-IV en Sesostris I-III; Amenemhet I vermoord; bloeiperiode van kunst en literatuur; eerste GG; Vr.F Nefrusobek 1789-1785

2de Tussentijd

1785-1650	13de-16de dynastie; Eg. onderkoningen en vreemde overheersing (Hyksos)
1650-1551	17de dynastie in Thebe vergroot haar gebied. Vanaf 1575 F Ta'o I, Kgn Tetischêre, en zoon Ta'o II, Kgn Ahhotep openen de strijd tegen Hyksos. Vr.R Ahhotep helpt zonen Kamose en Ahmose bij de bevrijding van Egypte.

Nieuwe Rijk

1551-1350	18de dynastie; F Ahmose en Kgn Ahmes-Nefertari starten met de wederopbouw, Kgn sticht priesteressencollege; politieke en religieuze betekenis van de 'GG van Amun'; F Amenophis I (1525-1505) verovert Nubië. F Thutmosis I (1505-1493) verovert wereldrijk vanaf de Eufraat tot in Soedan; eerste koningsgraven in het 'Dal der Koningen', maakt Kd Hatschepsut tot

	erfprinses; huwelijk met F Thumosis II (1493-1490), Kd Nofrurê. Vr.R voor stiefzoon Thutmosis III (1490-1436); ze bestijgt de troon als 'Makarê'; een meer dan 21 jaar durende succesvolle regeerperiode; jaren na haar dood 'uitwissing'. Thutmosis III vestigt heerschappij in noorden en zuiden, F Amenophis II. Thutmosis IV en Amenophis III houden bezit. Amenophis III, Kgn Teje (1403-1365): vrede, welvaart, reusachtige bouwwerken; het Aton-geloof dringt door. 1365-1349 F Amenophis IV-Echnaton en Kgn Nofretete stichten Tell el-Amarna, vereren slechts Aton en zijn de enige tussenpersonen. Bijzonder hoge religieuze en politieke rol van koninklijke vrouwen. 1354 Nofretete verdwijnt; bijvrouw Kijê Kgn en Km; probeert na Echnatons dood Hettische prins voor zich te winnen, omgebracht door Egyptische leger. Nofretetes dochter Vr. F Merit-Aton, trouwt F Semenchkarê, die wordt opgevolgd door F Toetanchamon met Kgn Ankhesenamun (1346-1336). Einde van de dynastie met soldaten-F Eje en Haremhab
1305-1196	19de dynastie; F o.a. Ramses II (1290-1224); vrede met Hettiten; grote betekenis van koninklijke vrouwen, in het bijzonder Kgn Nefertari (tempel Abu Simbel en graf in het Dal der Koningen). Zoon Merenphat (1224-1214), oorlog tegen de Libiërs; na strijd om de troon Vr.F Tewosre (Tausret) (1199-1196)
1196-1080	20ste dynastie; Ramses III (1162-1156) overwint moeizaam de Libiërs en zeevolken; gevaarlijk haremcomplot. Onder laatste Ramessiden tot aan dood Ramses XI in 1080 vervalt het rijk zowel binnen als buiten de grenzen

3de Tussentijd

1080-714	21ste-24ste dynastie heerschappij in Beneden- en Midden-Egypte, Boven-Egypte 'Godsstaat van Amun' in handen van hogepriesters, daarna onder 'GG van Amun', die in Thebe zetelen. Opvolging door adoptie, ook in volgende dynastieën

Late Tijd

714-332	25ste (Kuschitische), 26ste (Saitische) dynastie. Vanaf 525 Perzische en weer snel verdwenen Egyptische F; einde van GG

Ptolemeïsche Tijd

332-30	Griekse overheersing; kgn Arsinoë, Vr.F Cleopatra

Romeinse Tijd

vanaf 30	Romeinse provincie; vanaf 100 na Chr. verchristelijking

REGISTER

adel 205-206, 239
adoptie 46, 67, 79, 101, 197
afstamming 136, 141, 145, 233
Aha 136, 161-162
Ahhotep 131, 142, 148, 172
Ahmes-Nefertari 123-125, 144, 148,1 50, 172
Ahmose 36, 115, 132, 143, 144, 148
Ahmose (koningin) 149
'Al', het 29, 211
Amarna-tijd 87, 150, 183-184, 193
ambtenaren, abtenaressen 31, 84, 88-97, 119
Amenemhet I 120, 156
Amenemhet III 166
Amenirdis I en II 197
Amenopis I 148-149, 179
Amenopis II 148, 176, 179
Amenopis III 36-37, 126, 135, 138-139, 141-142, 146, 159, 177, 193-193
Amenopis IV (= Echnaton) 17-17, 30, 37, 87, 139-142, 146, 150, 177, 192-193
Amun 36, 88, 108-110, 113, 123-124, 126, 146-147, 168-169, 171, 180, 198, 202
Anchesenamun (= Ankhes-en-pa-Aton) 37, 139, 185, 187, 188, 190, 191
Anchnesmerirê II 152
androgyn 108,171, 212
Anii 58-59, 65
Ankhes-en-pa-Aton: zie Anchesenamun
Ankhnes-nefer-ib-Rê 199, 203
Arabieren, Arabisch 27, 40
arts, vrouwelijke arts 68, 71, 91
aspect 212
Athene, inwoonster van Athene 62-63
Aton 181-183, 185
Atum, Atum-Rê 18, 48, 72, 108, 133, 211
Babylonië 62, 123, 138-139
beeld 68, 211-212
begrafenis 99, 102-103, 118, 145, 189
Beide Heerseressen 112
'de Beide Kiekendieven' 99, 117-119
beschrijvingslied 15, 38, 40-41
bijvrouw 94-95, 135, 185-186
Bint-Anat 140
boer 39, 45, 77-78, 96-97, 115
boerengeschiedenis 97
boerin 96
boomgodin 19
boomliederen 25-26
Boven-Egypte 46, 83, 93-94, 112, 118, 162, 193, 195, 198-199, 201-202
brief aan gestorvene 60, 113
buitenlandse politiek 141-143, 173
burgerij 39 40
Cheops 44, 69, 117, 136, 145, 154
Chnum 70, 108, 146
Christendom, christelijk 118, 146
conceptie 66
concubine 50, 78, 94, 172, 207
cultus 86, 111, 113-116, 119-120, 125, 127, 133, 150-151, 168, 173, 202, 213
cultusbeeld 114, 125-126
Dal der Koningen, Koninginnen 31, 175-176, 191, 193-194, 201
danseres 31, 71, 92, 99, 119, 126, 201
deeltijdarbeid 95, 104
deern 62
Demosthenes 62
denken, Egyptisch 10, 21, 29, 33, 41, 68, 84, 108, 113, 135, 172, 209, 211-213
Der-el-Bahari 132, 143, 146, 149, 166, 171, 176, 179-180, 196
Dêr-el-Medineh 30, 37, 57-58, 60, 66, 78, 105, 201
deurklaagzangen 24, 41
dichteres 13-14, 17, 30, 39
dochter 67, 85-86
Dodenboek 41, 49-50, 72, 76
dodengericht, dodengerecht 75-76
dodenoffer 96
dodenpriester(es) 78, 91, 103 104
domein 100, 125, 125, 130
doodstraf 158-159
drost, vrouwelijke drost 93, 159
dualisme 113, 209-211
dualistisch 74, 209-211
echtgenoot 55
echtgenote 44-45, 55
eenheid 113
eigendom 52-54, 94, 101
eigenschappen 109, 112
eindrijm 27, 30
emancipatie 181, 208
erfdochter, erfprinses 93, 99, 119, 128, 166, 187-189
erfenis, erfopvolging 53-54, 80, 101, 104, 205-206

erotiek 21, 22, 25, 34, 47-52
erotische papyrus 48-52
ethiek 58, 60, 66, 75
eunuchen 134
evangelie 146-147
fabel, dierfabel 30, 51
fallus 48-50, 117
familie 11
farao 34-35, 44, 49, 75-76, 83, 89-90, 94, 103-104, 110-111, 115-118, 120-121, 124, 129, 132, 134-136, 140, 143, 190, 194-195, 197-198, 201, 203, 208
farao, vrouwelijke 11, 87, 127, 153, 161-162, 195
Fayyum 166, 195
geboorte 69-72, 147
geboortegeschiedenis, geboortelegende 69, 146-148
gelijke rechten 32, 97, 181, 208, 210
geslachtsverkeer 46, 48, 122
gezelschapsfeest 57, 63
gierenkap 141, 152, 202
god 51-53, 72, 108-109, 111, 32-133, 182, 212
godenbeeld 59, 113-114, 170, 182
godin 107-112
godsgemalin 11, 46, 83, 94, 121-122, 127-130, 140, 148-151, 168-169, 195-203
godshand 122, 128
godskind, godenkind 69, 145-147
godsvader 128-129
goud 14, 18, 21, 90, 201
graf 77-78, 96, 120-121, 254, 162, 165, 184, 192, 194, 200, 203
grafrovers 37, 105, 176-177, 193
granaatappel 18
Grieken, Griekenland 45, 50, 57-58, 61-63, 74, 91, 122, 138, 161, 194, 264
Grote Huisgouverneurs 200
Grote Naam 112, 132, 166, 171, 182, 194
gynaecologie 68
handwerkster 98-100
harem, vrouwenhuis 44, 94, 121, 134-135, 155-157, 174
haremcomplot 152-156, 158
Haremhab 185, 193
hart, ziel, zielsvreugde 17, 75-77
Hathor 14, 19, 21, 32-33, 36, 48, 51, 99, 109-113, 115, 118-120, 130, 169, 184
Hathor-hymne 21, 33, 120
Hatschepsut 11, 19, 28, 36, 88, 110-111, 126-127, 146, 149, 161-162, 166-172, 175, 176, 188, 191, 193-194, 196, 197
Heerseres van Beide Landen 19, 167-169
Heerseres van het huis 57, 95, 102, 134
Heilige Bruiloft 146, 183
heksenproces 210
Heliopolis 18, 19
Heqanachte, brieven van 78, 97-98
Heqet 70, 112
herdersidylle 22
Herodotus 9, 63 68, 122, 164
hetaeren, prostituée 62, 95
Hetep-heres I-III 104, 136, 165
Hettieten, Hettitisch 142, 189-191, 194
hiëratisch 28, 31, 85
hiernamaals, het leven na de dood 50, 78, 89, 96, 111, 117-118, 159, 180, 211-212
hiëroglyfen 28, 31, 48, 85, 133, 163, 179
hofstaat 199-201
hofdame 83, 94
hogepriester, hogepriesteres 11, 93-94, 125, 129-130, 176, 195-197
Hooglied 15, 148
Horus, Horusvalk 72, 90, 108-109, 111, 118, 128, 132, 162-163, 170-171, 199, 211
Hotep-Neith 136, 161-162
Huni 137
Hurriten, Hurritisch 46
huwelijk 39, 43-45, 79, 135, 192
huwelijk met broer of zus 137-139
huwelijkscontract 43, 52-56
huwelijkssluiting 43, 52, 137
Hyksos, heerschappij van de Hyksos 143, 167, 173, 188
Idut 86
Imert-nebes 121-122
individu 35
ingeslotene 123, 126
intimiteit 37, 40
Ichtu-iru, schrijfster 83
Isis 69, 72, 99, 109-111, 119, 184
Ka 146-147, 180
Kandake 151
kapster 99
kardoes, kardoesring 133, 182, 185, 198
Khent-kaus I 145
Kijê 185-192
kind 43, 53-54, 66, 115, 173, 196

kinderloosheid 67
klaagvrouwen 99
koning 10-11, 34, 110-111, 114, 117, 125, 128-129, 131-136, 141, 146-147, 155-156, 158, 173, 182-183, 186, 190-191, 207, 213
koningin 84, 118, 120, 135-137, 142, 146, 148, 161, 167, 172, 173, 183, 189-190, 207
koninginnepaleis 134-135, 146, 156, 186, 192
koningsdochter 44, 117, 119, 132, 136-138, 183, 186-187, 207
koningsgemalin 87, 90, 93, 99, 123-124, 126, 132, 134-136, 140-142, 150-151, 161, 187, 193, 207
koningshof 39, 66, 89, 114
koningshuis 10, 57, 122, 137-138, 186
koningslijst 73, 130, 145, 154, 161, 167, 193
koningsmoeder 11, 80, 91, 104, 119, 132, 135, 144-145, 147, 149-152, 185, 188, 206
koningsmoord 155-157
koningssierraad als titel 94
koningszuster 136, 149
kraamhuisje 69
kroning 111-112, 127, 129, 145, 150, 168-170, 171, 194
kroon, kroongodin 112, 117, 133
kroonprins(es) 128, 156
Late Tijd 54, 88, 91-92, 113-114, 134, 203
leerling 79, 85
legitimiteit 70, 137, 145, 147, 171, 175, 207
leidster 89, 91
levenshuis 71
lezen en schrijven 30, 65-66, 83-85, 88, 91
liefde 21, 27, 32, 42
liefdeslied, liefdesgedicht 10, 13, 42, 43, 92, 117
loon 97, 99, 101
Ma'at 75, 110, 122, 133, 169, 184
maagd, maagdelijkheid 43, 46, 123, 146, 195
magie 25, 29, 67, 68, 76, 92, 96, 129, 135, 158-159, 180, 184, 196
Makarê 196
Manetho 152, 164-165, 167, 174, 180, 191, 194
markt, marktvrouw 9, 58
Mastaba-graf 20, 86, 91
matriarchaat 193, 205
matrilineairiteit 73, 205-208
medische wetenschap, geneeskunde 68
meisje 67, 85
Meket-Aton 185, 186
melk 32, 34, 148, 170
Memphis 18, 84, 115, 162, 192, 195
menit 70, 120
mens, mensengestalte 84, 207, 212
Merenptah 107, 110, 193
Meresankh I 145
Merit-Amun I 148
Merit-Aton 87, 139, 185, 187-188, 190-193
Merit-Neith 162-163
Meroë, Meroïtisch 151, 197, 206
Mesechenet 70, 72
Methyer 109
metriek 27, 28, 30, 34
Middenrijk 35, 43, 68, 73, 84-86, 89, 94, 97-98, 100, 110, 118-121, 133, 141, 173, 201
middenstand 45, 54, 59, 66, 79
Min 113
minnezang 15, 29, 39, 40
Mitanni-Rijk 142, 174, 185
moeder 10, 42, 43, 52, 65-81, 107, 109, 112
moederlijk erfdeel 73-74, 79-80, 207
moeder-echtgenote 110
moedergodin 109
moedernaam 72-73
moederrecht 205-206
molenaarster 99
monogamie 57
monotheïsme 139, 182
morgenlied 22
mummie 92, 119, 136, 143, 154, 160, 175-178, 189, 193-196
mummificering 50, 91-92, 177, 196
Mut 38, 141
Mut-Nedjmet 185
muziek 33
muzikante 71, 99, 119, 200
Mykerinos 104, 155, 165
mythe, mythologie 32, 70, 72, 108, 119, 139, 148, 168, 169, 205, 212-213
naam, naamgeving 72-73, 132, 146, 199
Narmer 136
Naunachte 79
Nebes Neith 53
Nebet 93
Neith 107-108, 110, 113, 117, 162-163
Nekhbet 71, 112, 118, 141, 211
Nektanebos 55, 107

Nephtys 99, 119, 184
Ni-maat-hap 145
Nieuwe Rijk 49, 65, 79, 93, 100, 105, 123, 130, 132, 140, 148, 157, 169, 176, 195, 200, 201, 206
Nijl 18, 86, 112, 168
Nitokris 145
Nitokris I en II 83, 198-199
Nofretete 28, 37, 87, 141, 182-185, 190, 192
Nofru-rê 128, 150
Nubië 36, 100, 133, 151, 157, 167, 195, 201, 207
Nut 72, 107, 109, 110, 184
obelisk 180, 198
oergodin 109
Oerwater 72, 108, 122, 212
offer, offerhandeling, offercultus 25, 78, 102, 113, 125, 128, 169, 183, 187
onvrouwelijk 84, 171-172, 181
Opper-Generaal 200
opzichtster 89
orakel 168, 171
Osiris 42, 49, 72, 99, 109-11, 113, 118-119
Osorkon III 46, 197
Oude Rijk 20, 36, 41, 43, 50, 53, 58, 69, 73, 75, 85, 90, 92, 109, 115, 129, 133, 136, 146, 201
Oude Testament 15, 52, 69, 108
ouders 45, 136
paar 212-213
pacifisme 174, 206
Pallakiden 123
papyrus 21, 30
parfum 98
partner, partnerschap 10, 32, 35, 57, 63, 96, 209-211, 213
partnerkeuze 43-44
patriarchaat 208-209
Pepi 104
Pepi I (= Phiops) en II 93, 152, 155, 165, 199
Peseschat 91
piramide, piramidestaat 116-117, 133, 137, 152, 154-155, 164-165
piramidetekst, piramidespreuk 34, 41, 111, 117
Plato 46, 62
polygamie 57
pornografie 49
preutsheid 24, 47
priester 90, 102, 114-115, 133, 157, 213
priesteres 46, 71, 84, 91-92, 114-116, 119-123, 130, 148, 169, 199-200, 213
priesterressencollege 125, 130, 148, 150
prins(es) 39, 86, 117, 138, 195, 202, 207
proces(stukken) 157, 210
processie 169, 170-171
profeet, profetes, hogepriester(es) 116, 119, 123-124, 128
Ptah 18, 84, 108
Ptahhotep 58, 100
Ptolemeus 34, 138, 161
Punt, Puntexpeditie 88
Ramses II 66, 107, 131, 135, 140, 167, 180, 194
Ramses III 58, 157-158, 160, 201
Ramses V 17, 30
rangorde 90, 145, 187
Rê 48, 69, 72, 107, 111, 146
recht 210
rechtbank, gericht, gerecht 45, 79-80, 105-106
rechtspersoon 56, 105
regentes 11, 80, 151-153, 163, 167, 172, 203
reinheid 46, 114, 123, 125
religie 32, 35, 71, 108-108, 112-113, 158, 182, 183, 189, 207, 211
revolutie 54, 86
rijkdom 36, 100
ritme 27, 120
ritueel 30, 87, 102, 116, 119, 125, 129, 198
Rode Kapel 126-127, 150, 168, 171, 179
Rome, Romeinse tijd 45, 112, 151, 209
Sais 107, 130, 198, 203
Sakhmet 18, 52, 113, 158, 184
Saqqara 31, 86, 161-162, 167
Sat-Amun 140
Satet 130
schaamdeel 48, 50
scheiding 55-56, 61-62, 186
schepen, vrouwelijke 10, 105
Schepenupet I en II 197, 203
schepping, Schepper 10-11, 18, 33, 42, 107-108, 110, 113, 122, 129, 133, 171, 181, 183, 211
Schepster, Scheppergodin 107-111, 212
school, leerling(e) 30, 40, 65-66, 86
schrift, lettertekensysteem 27-28, 46, 84-85
schrijfpalet 84, 86-87
schrijfster, schrijver 30, 83, 94, 105, 200
Sed-feest 111, 112, 145, 170, 173, 197

sekseverhouding 32, 209-211
seksueel 47,122
Semenchkarê 140, 191-192
Senakhtenrê 143
Seschat 83-84, 98
Sesostris I 120-121, 155-156
Seth 52, 208, 211
Sethos I 17
Sinuhe, geschiedenis van 120-121, 156
sistrum 70, 99, 120
Sit-neb-sekhtu (boerin) 98
slaaf, slavin 36, 95, 99-100, 206
Snofru 45, 69, 117, 137, 145
Sobeknofru 166-167
Soemeriërs 210
Sothis (=Sirius) 15
spotlust 25, 49, 89, 167, 202
staking 37, 58
standbeeld 83, 171, 178-179, 183, 202
stèle 89, 123, 162, 182
stichting voor de doden 103
stijl 30, 32, 36, 63, 183, 211
strijdwagen 49, 183
taal 49
taricheut, inzoutster 91-92
Tausret: zie Tewosre
tederheid 33-34
Teje 37, 135, 140-142, 150, 177-178, 185, 192
Tell-el-Armarna 18, 139, 182-184, 193
tempel 66, 71, 94, 114, 118-119, 123, 125, 130, 133, 168-170, 174, 183, 201-203
Tetischerê 143, 172
Tewosre (=Tausret) 161, 193-194
Thebe 30, 78, 105, 181-182, 195, 198, 200-201, 203
Thoëres 68, 112
Thot 51, 75, 83, 117, 128-129, 146, 151, 196
Thutmosis I 132, 149-150, 167, 169, 171-172, 175
Thutmosis II 150, 167, 176-177
Thutmosis III 83, 125-127, 150, 167-168, 171-173, 175-177, 179-180, 194
Toearegs 206
Toetanchamon 18, 37, 76, 175, 184, 189-190, 192
troon 11, 120, 133, 170, 188, 191
troongodin 111
troonopvolging 149, 153-154, 157-158, 163-164, 197
tweegeslachtig, androgyn 108
tweeheid, tweeledigheid 113, 209, 211, 212
uitwissing 154, 278-282, 189, 191
Unas 86, 111
Userkaf 70, 90, 115
Uto 113, 211
vader 52, 85-86
vadergod 109
vers 28-29
verwantschap 138, 161-162
verwekking, vruchtbaarheid 50, 67, 121-122, 183
verzorging 96, 102-103, 114
vizier, vrouwelijke vizier 90, 93, 102, 155, 158, 200
voeden, borstvoedingsperiode 66
voedster 77, 86, 99, 126, 176
vogeljacht 20-21
voogd 56, 63, 80
Voor-Azië 38, 100
voorbehoedmiddelen 66
voorstellingen van en geloof in het leven na de dood 75-76, 104-105, 118, 184
Vorstin 93, 151
vrijheid, seksuele 71, 147
vroedvrouw 71, 147
Vroege Tijd 29, 50, 73, 84, 93, 96, 103, 134, 155, 162
vroomheid 38
vrouwen, het slaan van 59
vrouwen in het openbaar 9
vrouwen-bezit 9, 55-56
vrouwen-erfrecht 54
vrouwen-graf 81
vrouwen-juridische positie 10
vrouwen-sterfte 71
vrouwenzaken 55-56
vruchtbaarheid 112
wedergeboorte 110, 145
weduwnaar, weduwe 47, 60
weefster 90, 98
wereldgodin 107-109
wereldorde 20-21, 33, 58, 110, 129, 133, 164, 209, 213
wetenschap 68, 71, 196
wieg, bakermat 72, 134
wijding 125, 127
wijsheidsleren 30, 41, 58
wilde gans 21
woordspel 29-30
zangeres 126
zeevolken 194
ziel 146
zonde 38
zoon 67, 85, 147
zwangerschap(stest) 67

BRONNEN EN FOTO'S

Siegfried Scott: *Oud-Egyptische liefdesliederen* 2de druk Zürich: Artemis Verlag 1950.

De weergave van de gedichten geschiedt met de welwillende toestemming van Artemis Verlag.

Egyptisch Museum, Kaïro (blz. 2/3 beneden, 10/11 boven, 10/11 beneden, 16, 20 linksboven, 22 beneden); Egyptisch Museum van de Staatliche Museen Preußischer Kulturbesitz, Berlijn (blz. 20 rechtsboven/foto: Margarete Büsing, 22 boven); Egyptisch Museum van de Karl-Marx-Universiteit, Leipzig (blz. 14/15 boven); Cyril Aldred: *Echnaton. God en farao van Egypte* Bergisch Gladbach: Lübbe 1968 (blz. 23 beneden); fotoarchief Marburg (blz. 19 onder); fotoarchief Preußischer Kulturbesitz, Berlijn (blz. 1/foto: Margarete Büsing); B.V. Bothmer (blz. 20 rechtsbeneden); British Museum, London (blz. 6 boven, 18); Emma Brunner-Traut: *Die Alten Ägypter. Verborgenes Leben unter Pharaonen* Stuttgart enz.: Kohlhammer 1974 (blz. 2 boven, 3 boven, 6/7 boven, 15 boven, 23 linksboven); Christiane Desroches Noblecourt: *La femme aux temps des Pharaons* Paris: Stock/Laurence Pernoud 1986 (blz. 15 beneden); The Griffith Institute, Ashmolean Museum, Oxford (blz. 12); Otto Harrassowitz Verlag, Wiesbaden (blz. 23 rechtsmidden); James E. Harris/Kent R. Weeks: *X-Raying the Pharaos* New York: Charles Scribner's Sons (blz. 24); Fotoarchief Hirmer, München (blz. 4, 19 boven); Peter Kaplony: *Kleine Beitrage zu den Inschriften der ägyptischen Frühzeit* Wiesbaden: Otto Harrassowitz 1966 (blz. 21); Kestner-Museum, Hannover (blz. 13); Barbara S. Lesko: *The Remarkable Women of Ancient Egypt* Berkeley: Scribe Publications 1978 (blz. 14 beneden); Lotos Film, Eberhard Thiem, Kaufbeuren (blz. 20 rechtsmidden); Museo Egizio, Turijn (blz. 6 beneden); Pelizaeus Museum, Hildesheim (blz. 8, 12); Rijksmuseum van Oudheden, Leiden (blz. 17); Service des Antiquités d'Egypte, Kaïro (blz.9).